Kohlhammer

Die Autor:innen

Prof. Dr. Sabine Trepte leitet das Fachgebiet Medienpsychologie am Institut für Kommunikationswissenschaft der Universität Hohenheim.

Prof. Dr. Leonard Reinecke ist Professor für Medienwirkung und Medienpsychologie am Institut für Publizistik der Johannes Gutenberg-Universität Mainz.

Dr. Johanna Schäwel ist wissenschaftliche Mitarbeiterin des Fachgebiets Medienpsychologie am Institut für Kommunikationswissenschaft der Universität Hohenheim.

Sabine Trepte
Leonard Reinecke
Johanna Schäwel

Medienpsychologie

3., erweiterte und überarbeitete Auflage

Verlag W. Kohlhammer

Dieses Werk einschließlich aller seiner Teile ist urheberrechtlich geschützt. Jede Verwendung außerhalb der engen Grenzen des Urheberrechts ist ohne Zustimmung des Verlags unzulässig und strafbar. Das gilt insbesondere für Vervielfältigungen, Übersetzungen, Mikroverfilmungen und für die Einspeicherung und Verarbeitung in elektronischen Systemen.

Die Wiedergabe von Warenbezeichnungen, Handelsnamen und sonstigen Kennzeichen in diesem Buch berechtigt nicht zu der Annahme, dass diese von jedermann frei benutzt werden dürfen. Vielmehr kann es sich auch dann um eingetragene Warenzeichen oder sonstige geschützte Kennzeichen handeln, wenn sie nicht eigens als solche gekennzeichnet sind.

Es konnten nicht alle Rechtsinhaber von Abbildungen ermittelt werden. Sollte dem Verlag gegenüber der Nachweis der Rechtsinhaberschaft geführt werden, wird das branchenübliche Honorar nachträglich gezahlt.

Dieses Werk enthält Hinweise/Links zu externen Websites Dritter, auf deren Inhalt der Verlag keinen Einfluss hat und die der Haftung der jeweiligen Seitenanbieter oder -betreiber unterliegen. Zum Zeitpunkt der Verlinkung wurden die externen Websites auf mögliche Rechtsverstöße überprüft und dabei keine Rechtsverletzung festgestellt. Ohne konkrete Hinweise auf eine solche Rechtsverletzung ist eine permanente inhaltliche Kontrolle der verlinkten Seiten nicht zumutbar. Sollten jedoch Rechtsverletzungen bekannt werden, werden die betroffenen externen Links soweit möglich unverzüglich entfernt.

3., erweiterte und überarbeitete Auflage 2021

Alle Rechte vorbehalten
© W. Kohlhammer GmbH, Stuttgart
Gesamtherstellung: W. Kohlhammer GmbH, Heßbrühlstr. 69, 70565 Stuttgart
produktsicherheit@kohlhammer.de

Print:
ISBN 978-3-17-039154-3

E-Book-Formate:
pdf: ISBN 978-3-17-039155-0
epub: ISBN 978-3-17-039156-7
mobi: ISBN 978-3-17-039157-4

Für den Inhalt abgedruckter oder verlinkter Websites ist ausschließlich der jeweilige Betreiber verantwortlich. Die W. Kohlhammer GmbH hat keinen Einfluss auf die verknüpften Seiten und übernimmt hierfür keinerlei Haftung.

Geleitwort zur Reihe

Erkenntnisse der Psychologie werden täglich in den Medien transportiert. Junge Erwachsene drängeln sich um einen Studienplatz in diesem Fach. Denn die meisten Fragen der Gesellschaft von Morgen sind nicht ohne die Vorgehensweisen und Ergebnisse dieser Wissenschaft des menschlichen Erlebens und Verhaltens zu beantworten. Großbaustellen wie die Bewältigung von Digitalisierung und Globalisierung (inklusive Pandemien) oder der gesellschaftliche Umbau in Richtung Nachhaltigkeit lassen sich im Grunde nur mit Erkenntnissen zu individuellen und sozialen Weisen des Erlebens, deren Entstehungsbedingungen und möglichen Verhaltensveränderungen von Einzelnen und Gruppen sinnvoll bearbeiten. Psychologie ist zugleich innerhalb der Wissenschaft – so eine Analyse der Zitiermuster in über 7 000 natur- und sozialwissenschaftlichen Fachzeitschriften – eine von sieben »hub sciences«, welche die Debatte zur Gewinnung wissenschaftlicher Einsichten bereichert und enge Verbindungen zu Nachbardisziplinen wie Neurowissenschaft, Psychiatrie, Gerontologie und andere Gebiete der Medizin auf der einen, Gesundheitswissenschaft und Public Health auf der anderen, Bildungswissenschaft auf einer dritten sowie Kommunikationswissenschaft, Recht, Volkswirtschaft und weitere Sozialwissenschaften auf einer vierten Seite aufweist. Ein Psychologiestudium erleichtert folglich den Zugang zu den Diskursen innerhalb dieser Disziplinen.

Das Studium der Psychologie erfolgt in Bachelor- und Masterstudiengängen, die auf Modulen basieren. Diese sind in sich abgeschlossen und bauen aufeinander auf. Sie sind jeweils mit Lehr- und Lernzielen versehen und spezifizieren, welche Themen und Methoden in ihnen zu behandeln sind. Aus diesen Angaben leiten sich Art, Umfang und Thematik der Modulprüfungen ab. Die Bände der Reihe *Grundriss der Psy-*

chologie konzentrieren sich auf das umgrenzte Lehrgebiet des Bachelorstudiums.

Da im Bachelorstudium die Grundlagen des psychologischen Fachwissens gelegt werden, ist es uns ein Anliegen, dass sich jeder Band der Reihe *Grundriss der Psychologie* ohne Rückgriff auf Wissen aus anderen Teilgebieten der Psychologie lesen lässt. Jeder Band der Grundrissreihe orientiert sich an einem der Module, welche die Deutsche Gesellschaft für Psychologie (DGPs) für die Psychologieausbildung ausgearbeitet hat. Damit steht den Studierenden ein breites Grundwissen zur Verfügung, welches die wichtigsten Gebiete aus dem vielfältigen Spektrum der Psychologie verlässlich abdeckt. Dieses ermöglicht nicht nur den Übergang auf den darauf aufbauenden Masterstudiengang der Psychologie, sondern auch eine erste Berufstätigkeit im psychologisch-assistierenden Bereich.

Zugleich können *Angehörige anderer Berufe, in denen menschliches Verhalten und Erleben Entscheidungsabläufe beeinflusst, von einem fundierten Grundwissen in Psychologie profitieren.* Die Bandbreite reicht vom Fachjournalismus und allen Medienberufen über den Erziehungs- und Gesundheitsbereich, die Wirtschaft mit Human Resources, Produktgestaltung, Marketing und diversen Managementprofilen bis hin zu Angehörigen des Justizsystems und Führungskräften in Politik, Polizei und Militär. Die wissenschaftliche Psychologie bietet insofern – bei ethisch vertretbarer Anwendung – Methoden und Erkenntnisse, über welche Menschen die Gesellschaft in positiver Weise verändern können. Daher können auch Studierende und Praktizierende aus anderen als den klassischen psychologischen Tätigkeitsfeldern vom Wissen eines Bachelors in Psychologie profitieren. Weil die einzelnen Bände so gestaltet sind, dass sie psychologisches Grundlagenwissen voraussetzungsfrei vermitteln, sind sie auch für Angehörige dieser Berufsgruppen geeignet.

Wir wünschen den Leserinnen und Lesern vielfältige Einsichten und Erfolge mit den Bänden der Reihe *Grundriss der Psychologie*.

Maria von Salisch
Bernd Leplow

Inhalt

Geleitwort zur Reihe 5

Vorwort 11

1 **Einleitung** 13
   1.1 Was ist Medienpsychologie? 14
   1.2 Medienpsychologie und Medienwissen 18
   Zusammenfassung 20
   Literaturempfehlungen 21

2 **Methoden der Medienpsychologie** 22
   2.1 Forschungsablauf, Forschungsqualität und Ethik ... 23
   2.2 Experiment 27
   2.3 Standardisierte Befragung 33
   2.4 Psychophysiologische Methoden 37
   2.5 Qualitative Methoden 45
   2.6 Inhaltsanalyse 49
   Zusammenfassung 53
   Literaturempfehlungen 54

3 **Medienselektion** 56
   3.1 Persönlichkeit 57
   3.2 Kognitive Diskrepanz und Dissonanz 64
   3.3 Soziale Identität, Selbstkonzept und Selbstwert 69
   3.4 Emotionen und Stimmungen 75
   3.5 Bedürfnisbefriedigung und persönliche
       Weiterentwicklung 83

	Zusammenfassung	85
	Literaturempfehlungen	86
4	**Medienrezeption**	**88**
4.1	Kognitive Verarbeitung von Medienbotschaften	89
4.2	Emotionen und affektive Dispositionen	93
4.3	Unterhaltungserleben	103
4.4	Parasoziale Interaktion und Identifikation	105
4.5	Involvement, Präsenzerleben und Flow	113
	Zusammenfassung	119
	Literaturempfehlungen	120
5	**Medienwirkungen**	**122**
5.1	Priming und Accessibility	123
5.2	Sozial-kognitive Theorie der Massenkommunikation	128
5.3	Soziale Vergleichsprozesse	134
5.4	Elaboration-Likelihood-Model	141
5.5	Narrative Persuasion	145
5.6	General Aggression Model	148
5.7	Differential Susceptibility to Media Effects Model	158
	Zusammenfassung	162
	Literaturempfehlungen	163
6	**Computervermittelte Kommunikation**	**165**
6.1	Paradigmen der CvK	165
6.2	Kontext und Affordanzen der CvK	170
6.3	Das Hyperpersonal Model	174
6.4	Social Identity Model of De-Individuation	178
6.5	Psychologische Prozesse in der CvK	183
	Zusammenfassung	199
	Literaturempfehlungen	200
7	**Mensch-Computer-Interaktion**	**202**
7.1	Entitäten der MCI	203
7.2	Modelle der MCI	208

	7.3	Artifizielle Entitäten als soziale Akteur:innen oder funktionale Objekte?	212
	7.4	Gestaltung und Wirkung artifizieller Entitäten	219
		Zusammenfassung	226
		Literaturempfehlungen	227
8		**Lernen, Wissen, Kompetenzen**	**229**
	8.1	Lernen mit Medien	230
	8.2	Wissen	238
	8.3	Medienkompetenz	240
		Zusammenfassung	246
		Literaturempfehlungen	246
Literatur			**248**
Stichwortverzeichnis			**287**

Vorwort

Medienpsychologie ist nach wie vor das spannendste Fach, das wir kennen. Medieninhalte bringen uns zum Lachen, sie inspirieren und initiieren politische Bewegungen. Wir lernen mit Medien, wir erfahren Selbstwirksamkeit und sie halten uns bis in die Nacht wach, wenn wieder mal etwas so spannend ist, dass wir es einfach nicht abschalten können. Gleichzeitig hassen, diskriminieren und diskreditieren Menschen andere, teilweise unbekannte Menschen mit Medien und nutzen die enorme Reichweite, die auch ganz normale Privatpersonen erhalten können, um populistisch falsche, rassistische und sexistische Botschaften zu verbreiten. Diese Nutzungsformen haben eines gemeinsam: Sie sind mitten im Leben, sie sind Teil unseres Alltags, sie begegnen uns in allen Lebenskontexten und -situationen; wir tragen Medien an unseren Körpern als ständige Begleiter mit uns. Daraus ergeben sich viele psychologische Fragestellungen, die gesellschaftlich debattiert werden. Zu Recht, wie wir finden. Wir brauchen die Antworten, um Medien funktional und gewinnbringend zu nutzen. Medienpsychologische Forschung befasst sich mit all diesen Phänomenen und Kontexten und auch mit der Zielrichtung des »guten Lebens«. Die Forschung liefert in vielen Fällen überraschende Antworten, die mit den Erwartungen der Öffentlichkeit und des Feuilletons brechen. Beispielsweise kann der soziale Vergleich mit erfolgreichen Influencer:innen individuelles Wachstum und Inspiration mit sich bringen, gewalthaltige Computerspiele sind längst nicht so schädlich wie oft vermutet, und Menschen fühlen sich wohler in der Nähe von Robotern, die auch mal zweifeln und eine fehlerhafte Antwort geben. Unser Fach Medienpsychologie hat enorm an Fahrt aufgenommen. Das erhöht die Vielfalt und Qualität der Studien und Theorien sowie im nächsten Schritt auch die Komplexität. Das brachte für uns auch einige Herausforderungen bei dem Verfassen dieses Buches mit sich: Welche neuen Theorien nehmen wir hinzu? Welche Studien wählen wir aus? Wann entscheiden wir uns für Tiefe und wann für eine breite Darstellung? Mit der dritten Auflage des Lehrbuches haben wir kaum einen Stein auf dem anderen gelassen. Geblieben sind Teile der Gliederung und einige Abbildungen, die wir für absolut zentral erachten. Text und Inhalt sind komplett neu. Besonderen Wert haben wir wieder auf die Qualität der vorgestellten Studien gelegt. Wir präsentieren viele Meta-Analysen, Studien mit anspruchsvollen Designs und robusten Ergebnissen und gehen dabei immer wieder auch auf die Forschungsqualität und Limitationen der einzelnen Forschungsfelder ein. Dabei machen wir es Ihnen nicht unbedingt einfach: An vielen Stellen im Buch gibt es keine Universalantworten auf die großen Fragen. Wenn das Forschungsfeld widersprüchliche Ergebnisse hervorgebracht hat, dann werden Sie diesen Widerspruch auch hier im Buch wiederfinden. Wenn eine traditionelle Theorie nicht bestätigt wurde, dann werden Sie das hier lesen. Das ist manchmal herausfordernd, vor allem, wenn ein Buch trotzdem noch innerhalb einer Vorlesung lesbar sein soll. Denn dieses Ziel wollten wir unbedingt aufrechterhalten. Das Lehrbuch Medienpsychologie kann als Lehrbuch innerhalb eines Semesters gelesen und gelernt werden. So machen wir es seit der ersten Auflage an unseren eigenen Universitäten. Darüber hinaus haben wir mit großer Freude festgestellt, dass unser Buch über die grundständigen Studiengänge hinaus auch in Aufbaustudiengängen gelesen wird. Das hat uns ganz besonders gefreut und auch darin bestärkt, dass wir mit dem ersten und zweiten Kapitel viel Kontext geben. Gerade im Hinblick auf die Definitionen von Medien, Kommunikation und Methoden ist dieser Band lesbar ohne ein zusätzliches Nachschlagewerk. Wenn wir eine Methode oder einen methodologischen Begriff nennen, dann erklären wir diese zuvor kurz und knapp im Methodenkapitel. Und nun wünschen wir Ihnen viel Freude mit diesem Band, der zwei Themen vereint, die die Menschen umtreiben wie kaum andere Themen: Medien und Psychologie.

Sabine Trepte, Leonard Reinecke & Johanna Schäwel
März 2021

1 Einleitung

Medienpsychologie ist ein lebensnahes Fach, dessen Themen fest im Alltag verankert sind. Die meisten Menschen verbringen täglich viele Stunden damit, das Internet zu nutzen, Zeitung zu lesen und Musik zu hören. Unser gesamter Alltag ist durch die Mediennutzung geprägt, sei es im Beruf oder in der Freizeit. Aus der Mediennutzung resultieren viele Fragen dazu, warum wir bestimmte Medieninhalte auswählen, wie wir uns während der Rezeption fühlen und welche Wirkungen diese Medienangebote auf unser Denken und Handeln haben. All diesen Fragen widmet sich die Medienpsychologie. In diesem Kapitel werden die grundlegenden Definitionen und das Selbstverständnis des Faches Medienpsychologie dargestellt. Hierzu definieren wir zunächst Medienpsychologie (▶ Kap. 1.1). Im Anschluss daran zeigen wir auf, dass Medienpsychologie auch das Wissen über Medienangebote, über Quoten, Reichweiten und repräsentative Nutzerzahlen beinhaltet (▶ Kap. 1.2). Wir begründen, warum diese Statistiken und Daten wichtig für die medienpsychologische Forschung sind und stellen die wichtigsten Recherche-Quellen zusammen.

1 Einleitung

1.1 Was ist Medienpsychologie?

Die Bezeichnung Medienpsychologie setzt sich aus dem Begriff »Medien« auf der einen und »Psychologie« auf der anderen Seite zusammen. Mit *Medien* sind sowohl Massenmedien als auch medienvermittelte bzw. unvermittelte Individualkommunikation gemeint.
Massenmedien sind Übertragungskanäle, die Informationen bzw. Inhalte an ein Publikum übermitteln, oder Organisationsformen, z. B. Radio, Fernsehen, Druck- und Pressemedien (Zeitung, Zeitschrift, Buch), Bild- und Tonträgermedien (Kino, Film, CD) oder computervermittelte Medien. *Massenkommunikation* bezieht sich auf die Kommunikation von und über (1) Inhalte, (2) die kontinuierlich und regelmäßig mithilfe von (3) Medien (4) einer Vielzahl von Personen übermittelt wird (Kunczik & Zipfel, 2005). Diese ist (5) öffentlich und ohne Zugangsberechtigung, (6) einseitig und ohne die Möglichkeit, dass Kommunikator:in und Rezipient:in die Rollen tauschen, sowie (7) ohne direkte Rückkopplung zwischen Rezipient:in und Kommunikator:in.
Individualkommunikation bezieht sich auf computervermittelte Kommunikationsmedien (z. B. Smartphone, Computer) oder die nicht-medienvermittelte Interaktion zwischen Menschen (Six et al., 2007). Bei computervermittelten Interaktionen werden Computer oder andere Formen von Informationstechnologie (z. B. Smartphones) verwendet, um eine (indirekte) Interaktion zwischen Personen zu ermöglichen (*computervermittelte Kommunikation*). Interagieren User:innen nicht miteinander, sondern direkt mit Anwendungen (z. B. Smartphone Apps) bzw. dem Computer, spricht man in der medienpsychologischen Forschung von *Mensch-Computer-Interaktion*. Die nicht-medienvermittelte Individualkommunikation findet zwischen zwei Menschen (Dyaden) oder in Gruppen statt und wird als *Face-to-Face-Kommunikation* bezeichnet.
Sowohl für die Massen- als auch für die Individualkommunikation spielen Sender:in, Empfänger:in und die vermittelte Botschaft eine Rolle. Mit dem Internet sind außerdem eine Reihe von Schnittmengen zwischen Individual- und Massenkommunikation entstanden. Die öffentlich lesbaren Inhalte auf sozialen Netzwerkseiten entsprechen beispielsweise sowohl den Kriterien der Massenkommunikation als auch denen der

computervermittelten Individualkommunikation. Konflikte bringt das nicht nur für die wissenschaftlichen Definitionen, sondern zuweilen auch für die User:innen (Schmidt, 2019).

Die Aufgabe der *Psychologie* ist es, das menschliche Erleben und Verhalten zu beschreiben, zu erklären und zu prognostizieren. Dementsprechend lässt sich die folgende Definition ableiten.

> **Definition**
>
> *Medienpsychologie*
> Medienpsychologische Forschung beschäftigt sich mit der Beschreibung, Erklärung und Prognose des Erlebens und Verhaltens, das mit Medien verknüpft ist, bzw. das vor, während oder nach der Mediennutzung stattfindet.

Das Fach Medienpsychologie lässt sich anhand zweier Ansätze gliedern: Erstens anhand der psychologischen Trias *Emotion, Kognition* und *Konation*; zweitens anhand der Teilaspekte der Mediennutzung *Selektion, Rezeption, Wirkung, medienvermittelte Kommunikation*.

Emotionen beschreiben das Fühlen und den Affekt, *Kognition* beschreibt das Denken. *Konation* bezeichnet das beobachtbare Verhalten.

Die *Medienselektion* bezieht sich auf jegliche medienbezogenen Gedanken, Gefühle und Verhaltensweisen, die vor der eigentlichen Medienrezeption stattfinden. Ganz besonders interessieren hier die Gründe für die Auswahl von Medieninhalten und -angeboten. *Medienrezeption* umfasst den Prozess der Mediennutzung im engeren Sinne. Es geht also um die Gedanken, Gefühle und Verhaltensweisen während der Mediennutzung. Die *Medienwirkung* umfasst dann schließlich den Einfluss der Mediennutzung auf die der Rezeption nachfolgenden Gedanken, Gefühle und Verhaltensweisen. Die *medienvermittelte Kommunikation* kann während der Medienselektion, -rezeption und -wirkung stattfinden. Wenn beispielsweise während und nach der Rezeption eines Nachrichtentextes in sozialen Medien mit anderen Leser:innen diskutiert wird, so handelt es sich um medienvermittelte Kommunikation.

1 Einleitung

Im Schnittbereich dieser inhaltlichen Dimensionen der Medienpsychologie ergeben sich zahlreiche Anwendungsbereiche, für die die medienpsychologische Grundlagenforschung zentrale Impulse liefert. Ein häufiges und entsprechend wichtiges Ziel dieser anwendungsorientierten medienpsychologischen Forschung ist es, praktische Strategien und Orientierungshilfen für die Mediennutzung im Alltag zu leisten. Ein wichtiges Beispiel hierfür ist Forschung zur *Medienkompetenz*, die sich auf die Frage bezieht, über welche Fähigkeiten und Fertigkeiten Menschen verfügen sollten, um Medienangebote so zu selektieren und zu nutzen, dass sie ihnen psychisch und physisch guttun und dass sie mit ihnen lernen, aber auch um deren kritische Seiten hinterfragen und sie gleichermaßen genießen und sich mit ihnen unterhalten zu können.

In Tabelle 1.1 sind beispielhaft einige Forschungsfragen zusammengefasst, die aus der Schnittstelle der beiden Strukturen (psychologische Trias und Teilaspekte der Mediennutzung) resultieren können (▶ Tab. 1.1). Die Tabelle gibt zudem einen Überblick über die Kapitel, in denen die jeweiligen Aspekte betrachtet werden.

Tab. 1.1: Beispiele für medienpsychologische Forschungsfragen bezogen auf Teilaspekte der Mediennutzung (erste Spalte) und Dimensionen des psychologischen Erlebens und Verhaltens (erste Zeile)

	Emotion	Kognition	Verhalten
Selektion (▶ Kap. 3)	Wie beeinflussen Stimmungen die Selektion unterhaltsamer Medieninhalte und warum hören wir gern traurige Musik?	Haben politische Einstellungen einen Einfluss darauf, welche Inhalte einer Zeitung wir lesen?	Warum gehen eher extravertierte Menschen weniger gern ins Kino als eher introvertierte Menschen?
Rezeption (▶ Kap. 4)	Wie entsteht Spannungserleben beim Anschauen eines Films?	Welche Rolle spielen Aufmerksamkeit, Verarbeitungstiefe und Involvement bei der Rezeption?	Wie verhalten sich Menschen während der Medienrezeption (z. B. lachen, schimpfen)?

1.1 Was ist Medienpsychologie?

Tab. 1.1: Beispiele für medienpsychologische Forschungsfragen bezogen auf Teilaspekte der Mediennutzung (erste Spalte) und Dimensionen des psychologischen Erlebens und Verhaltens (erste Zeile) – Fortsetzung

	Emotion	Kognition	Verhalten
Wirkung (▶ Kap. 5)	Kann die dauerhafte Nutzung gewalthaltiger Medien zur emotionalen Abstumpfung führen?	Wie beeinflussen persuasive Botschaften (z. B. Werbung oder Kampagnen) unsere Einstellungen?	Hat die Darstellung überschlanker Models in den Medien einen Einfluss auf das Essverhalten?
Computervermittelte Kommunikation (CvK) (▶ Kap. 6)	Welche psychophysiologischen Reaktionen zeigen sich während des Empfangens von Nachrichten?	Wie beeinflusst die Identifikation mit einer spezifischen sozialen Gruppe (z. B. politische Partei) die Online-Kommunikation?	Finden Menschen in sozialen Medien soziale Unterstützung?
Mensch-Computer-Interaktion (MCI) (▶ Kap. 7)	Empfinden Menschen gegenüber Agenten Emotionen wie Zuneigung oder Freundschaft?	Welche Gestaltungskriterien eines virtuellen Agenten beeinflussen, wie überzeugend er ist?	Legen Menschen gegenüber Computern ähnliche Maßstäbe der Kommunikation an wie gegenüber anderen Menschen?
Lernen, Wissen und Medienkompetenz (▶ Kap. 8)	Sind Rezipient:innen in der Lage, Medien so auszuwählen, dass sie ihnen guttun?	Verstehen Mediennutzer:innen rezipierte Medieninhalte und können sie einen Transfer auf ihren Alltag leisten?	Sind Medienutzer:innen in der Lage, Medien selbst zu erstellen und zu produzieren?

1.2 Medienpsychologie und Medienwissen

Medienpsychologie kann nicht ohne Medienwissen sinnvoll verstanden und beforscht werden. Aktuelle Statistiken und Daten zu verschiedenen Zielgruppen basieren teilweise auf großangelegten Studien und sind wertvolle Quellen, um die eigene Forschung (z. B. Bachelorarbeiten oder Masterarbeiten) vorzubereiten oder auch, um die Ergebnisse medienpsychologischer Forschung einordnen zu können. Um spezifische psychologische Ergebnisse zum Thema Smartphone- oder App-Rezeption wie beispielsweise Involvement, Sucht oder Sexting einordnen zu können, ist es erforderlich zu wissen, wie viele Menschen wie lange ein Smartphone nutzen. Im Folgenden finden Sie die wichtigsten Quellen.

> **Merke**
>
> *Die wichtigsten Quellen zu Mediennutzung und Medienmarkt*
>
> 1. *Media Perspektiven:* Monatlich werden Artikel zum Medienmarkt, zu aktuellen Medienangeboten und dem Nutzungsverhalten publiziert. Die Fachzeitschrift ist kostenlos zugänglich und die Artikel basieren häufig auf großangelegten, repräsentativen Studien. Die Zeitschrift wird von der ARD-Werbung Sales & Services GmbH produziert: media-perspektiven.de
> 2. *Studienreihe »Medien und ihr Publikum« (MiP):* Jährlich werden in den Media Perspektiven Daten zu Nutzungsdauer und Nutzungshäufigkeit audiovisueller und Online-Medien publiziert. Die Studienreihe MiP ist eine Fusion der seit 1964 laufenden Langzeitstudie Massenkommunikation (Panel- und Trendstudien) sowie der ARD/ZDF-Onlinestudie und wird übersichtlich in den »Basisdaten« der Media Perspektiven aufbereitet: ard-werbung.de/mediaperspektiven/basisdaten/
> 3. *KIM, JIM, FIM:* Vom Medienpädagogischen Forschungsverbund Süd-West werden regelmäßig vier repräsentative Studien durchgeführt, die sich dem Mediennutzungsverhalten von Kleinkindern

(miniKIM), Kindern (KIM), Jugendlichen (JIM) und Familien (FIM) befassen: mpfs.de
4. *Mediaforschung* wird von Interessengemeinschaften der Medienunternehmen finanziert. Ein Teil dieser demografischen- und Mediennutzungsdaten ist frei zugänglich. Die agma (Arbeitsgemeinschaft Media-Analyse e. V.) ist eine Interessengemeinschaft großer deutscher Medienhäuser und veröffentlicht jährlich die MA (Media-Analyse). Die IVW (Interessengemeinschaft zur Kontrolle der Verbreitung der Werbeträger e. V.) veröffentlicht Listen der Auflagen von Zeitungen und Zeitschriften sowie der Nutzung von anderen Werbeträgern (Online-Zeitschriften und Zeitungen, Radio, Kino und paid content). Die GfK (Gesellschaft für Konsumforschung) ist ein privatwirtschaftliches Institut und untersucht im Auftrag der Fernsehsender die Fernsehnutzung in Deutschland. Das Institut für Demoskopie in Allensbach erhebt jährlich die AWA (Allensbacher Werbeträger-Analyse). Die Gesellschaft für integrierte Kommunikationsforschung erhebt mit der Studie best for planning (b4p) das Konsum- und Mediennutzungsverhalten. Werbetreibende planen damit Werbeplatzierungen. Marktforschungsunternehmen wie beispielsweise The Nielsen Company und Comscore veröffentlichen interessante Reports und Monitore zu Themen mit medienwirtschaftlicher Relevanz.
5. *Forschungsinstitute* führen initiativ Studien durch. Sie finanzieren sich über Drittmittel sowie über die Vermarktung von Datensätzen, Sonderauswertungen und Detailergebnissen. Ein Teil der Studien und Daten ist frei zugänglich und kann online sehr detailliert recherchiert und berechnet werden, z. B. die Erhebungen des US-amerikanischen Instituts PEW: pewresearch.org
6. *Wissenschaftliche Studien:* Die Datensätze wissenschaftlicher Großstudien können zunehmend heruntergeladen und für eigene Berechnungen verwendet werden, beispielsweise folgende Studien: der Deutsche Alterssurvey (dza.de/forschung/deas.html) oder die Eurobarometer Studien (ec.europa.eu/commfrontoffice/publicopinion/index.cfm/General/index). Hinzu kommen Studien, die über Repositorien wie beispielsweise das Open Science Framework

> (osf.io), datorium (data.gesis.org/sharing/#!Home) oder psychdata (psychdata.de/) zugänglich sind.

Zusammenfassung

Mit dem Fach Medienpsychologie betrachten wir die gesamte Bandbreite des menschlichen Erlebens und Verhaltens im Kontext der Mediennutzung. Medien werden sowohl in Prozessen der Massenkommunikation als auch der Individualkommunikation genutzt. Für die Medienpsychologie ist im Vergleich dazu auch immer die nicht-medienvermittelte Face-to-Face-Kommunikation relevant. Menschen erleben Medien in verschiedenen Phasen: Vor der Medienselektion entscheiden sie, welche Serie sie nach einem anstrengenden Arbeitstag streamen möchten. Während der Serienrezeption kommunizieren sie aktiv mit anderen über Messenger oder Face-to-Face mit ihren Kindern und Partner:innen. Als Medienwirkung macht sich der Schlafmangel oder auch das schlechte Gewissen am nächsten Tag bemerkbar, wenn die Serienrezeption in die Nacht hineinreichte. Menschen entwickeln Kompetenzen, Achtsamkeit und Selbstregulation im Umgang mit diesen Medien, lernen mit ihnen und produzieren eigene Medieninhalte. Neben der Darstellung von Definitionen ist für ein vollständiges Begreifen der Medienpsychologie auch das Wissen über Nutzungsgewohnheiten, Nutzergruppen und Märkte relevant. Nur wenn Medienpsycholog:innen aus repräsentativen Studien die genaue Nutzungsdauer und -häufigkeit für die klassischen und neuen Medien kennen, können sie das Untersuchungsmaterial sowie die Stichprobenziehung ihrer eigenen Studie planen.

Literaturempfehlungen

Dill, K. E. (Ed.). (2013). *The Oxford handbook of media psychology*. Oxford University Press.

Krämer, N. C., Schwan, S., Unz, D. & Suckfüll, M. (Hrsg.). (2016). *Medienpsychologie: Schlüsselbegriffe und Konzepte*. Kohlhammer.

Fragen zur Selbstüberprüfung

1. Definieren Sie »Medienpsychologie«.
2. Warum sind Massen- und Individualkommunikation heute nicht immer klar voneinander abzugrenzen?
3. Warum haben Medienentwicklungen einen Einfluss auf die medienpsychologische Forschung?
4. Recherchieren Sie anhand der in diesem Kapitel angegebenen Quellen: Wie lange sehen 3-jährige deutsche Kinder durchschnittlich pro Tag fern? Wie viel Prozent der 20- bis 25-Jährigen streamen täglich VoD(Video-on-Demand)-Angebote?
5. Recherchieren Sie anhand der in diesem Kapitel angegebenen Quellen: Welche Online- und welche Print-Angebote haben derzeit die größte Reichweite?

2 Methoden der Medienpsychologie

Die Medienpsychologie ist eine empirische Wissenschaft. Die meisten Erkenntnisse stammen aus wissenschaftlichen Studien. Deshalb ist es wichtig, die grundlegenden Methoden zu kennen und zu verstehen. Dieses Kapitel bietet die Möglichkeit, Methodenkenntnisse aufzufrischen oder auch einzelne Methoden nachzuschlagen, wenn sie im weiteren Verlauf des Buchs verwendet werden. Unser Buch wird sowohl in sehr empirisch ausgerichteten Studiengängen als auch in Aufbaustudiengängen gelesen. Das Kapitel beinhaltet aus Platzgründen nicht alle Aspekte der medienpsychologischen Methoden und Methodologie, z. B. Stichprobenziehung sowie die Grundlagen der Testtheorie oder Skalenbildung. Am Ende des Kapitels empfehlen wir entsprechende Literatur.

Wir beginnen mit dem Forschungsablauf (▶ Kap. 2.1), der für alle Methoden gleichermaßen angewendet werden kann. Der Forschungsablauf ist eine Art Fahrplan und gleichzeitig Gegenstand langjähriger wissenschaftstheoretischer Forschung. Er bietet eine Orientierung zur Chronologie des Forschungsprozesses und dient der Qualitätssicherung und der Reflexion ethischer Aspekte. Danach stellen wir das Experiment (▶ Kap. 2.2) und die Befragung (▶ Kap. 2.3) vor. Vermutlich 80 % der in diesem Buch vorgestellten Studien beruhen auf Experimenten und Befragungen. Ebenfalls bedeutsam, aber ressourcenintensiv, weshalb sie weniger angewendet werden, sind die psychophysiologischen Methoden (▶ Kap. 2.4), die wir anschließend vorstellen. Qualitative Verfahren (▶ Kap. 2.5) und Inhaltsanalysen (▶ Kap. 2.6) werden in der Medienpsychologie leider noch viel zu wenig eingesetzt. Wir möchten sie deshalb in diesem

Kapitel vorstellen, auch um unsere Leser:innen im Hinblick auf die eigenen Bachelor- und Masterarbeiten zu inspirieren, zumal für beide Methoden computergestützte Vorgehensweisen und Analysetechniken interessante Perspektiven ermöglichen.

2.1 Forschungsablauf, Forschungsqualität und Ethik

Ebenso wie die Psychologie basiert die Medienpsychologie auf einem fest definierten Forschungsablauf (▶ Abb. 2.1). Am Anfang steht das wissenschaftliche »Problem«, das einen spezifischen Aspekt des Erlebens und Verhaltens im Umgang mit Medien umfasst. Beispielsweise interessieren sich Medienpsycholog:innen für den Umgang mit Selbstoffenbarung im Internet. Eine übergreifende *Problemstellung* lautet: »Verändert die Nutzung sozialer Medien die Bereitschaft zur Selbstoffenbarung?« (▶ Kap. 6.5). Wenn das Problem benannt ist, wird es mit den vorhandenen Daten zur Mediennutzung konkretisiert (dazu ▶ Kap. 1.2): Forscher:innen finden heraus, wie viele Menschen eigentlich in sozialen Medien aktiv sind und wie lange und häufig sie spezifische soziale Medien nutzen. Daraufhin werden psychologische *Theorien* und empirische Studien zur Selbstoffenbarung recherchiert, gelesen und auf Relevanz für die eigene Fragestellung bewertet. Bisherige psychologische Forschung befasst sich seit vielen Jahrzehnten mit dem Konstrukt Selbstoffenbarung und liefert wertvolle Hinweise. Basierend auf den Beobachtungen des Anwendungsfeldes, den Nutzungszahlen und Alltagseindrücken auf der einen Seite und auf den medienpsychologischen, theoretischen und empirischen Vorarbeiten zur Selbstoffenbarung auf der anderen Seite werden *Hypothesen* aufgestellt. Eine Hypothese lautet beispielsweise: Menschen, die häufig in sozialen Netzwerken aktiv sind, haben eine höhere Bereitschaft zur Selbstoffenbarung als Personen, die weniger häufig in sozialen Netzwerken aktiv sind. Im nächsten Schritt wird eine geeignete

Methode gefunden. In unserem Beispiel ist eine längsschnittliche Befragung sinnvoll, da Wirkungen untersucht werden sollen. Das Finden der geeigneten Methoden ist bereits der erste Schritt der *Operationalisierung*, also der Übersetzung des Designs in konkrete Arbeitsschritte. Wichtiger Teil der Operationalisierung ist dann die Messung des Konstrukts Selbstoffenbarung. Wir möchten den theoretischen Begriff empirisch messbar machen. Operationalisierung bedeutet also, dass der theoretische Begriff als Messanweisung formuliert wird. Im Fall der längsschnittlichen Befragung können wir das Konstrukt Selbstoffenbarung mit Fragen zu Verhalten oder Einstellungen, sogenannten *Items*, messen. Zur Konstruktion der Items werden zunächst bewährte Messinstrumente aus der Literatur recherchiert und ihre Eignung für die eigene Studie geprüft. Im Zuge dieser Auswahl werden Gütekriterien angelegt, um eine hohe Forschungsqualität zu gewährleisten. Dazu gehören Objektivität, Reliabilität und Validität sowie eine intensive Auseinandersetzung mit der Stichprobentheorie. Wir empfehlen für die Vertiefung dieser Aspekte den Band von Diekmann (2018). Möglicherweise ist es sinnvoll, auch neue, eigene Items zu formulieren, um dem besonderen Medienumfeld, das man untersucht, gerecht zu werden. Nicht immer gibt es vorgefertigte Lösungen in der Literatur. Dann wird die *Untersuchung* geplant und durchgeführt, und die erhobenen Daten werden mit statistischen Methoden ausgewertet. Die Ergebnisse werden in wissenschaftlichen Fachartikeln publiziert, in der Medienpraxis angewendet und sollen gesellschaftspolitische Diskurse und weitere Forschung stimulieren. Die Durchführung einer Studie zieht immer auch eine Reflexion der verwendeten Methoden und Theorien nach sich. Deshalb ist der in Abbildung 2.1 dargestellte Forschungsablauf auch als zirkulärer Prozess zu verstehen: Die mithilfe einer Studie gewonnenen Erkenntnisse zur Eignung der Methoden und Theorien werden in der darauffolgenden Forschung aufgegriffen. Oft wird im Sinne einer Forschungsprogrammatik geforscht, es werden ähnliche Fragen aus verschiedenen theoretischen und empirischen Perspektiven untersucht, sodass man einen tiefgehenden Eindruck erhält.

Eine systematische Forschungsprogrammatik verspricht eine hohe *Forschungsqualität*. Neben einer umfassenden und systematischen Programmatik beeinflusst die Transparenz – z. B. in Form von Präregistrie-

2.1 Forschungsablauf, Forschungsqualität und Ethik

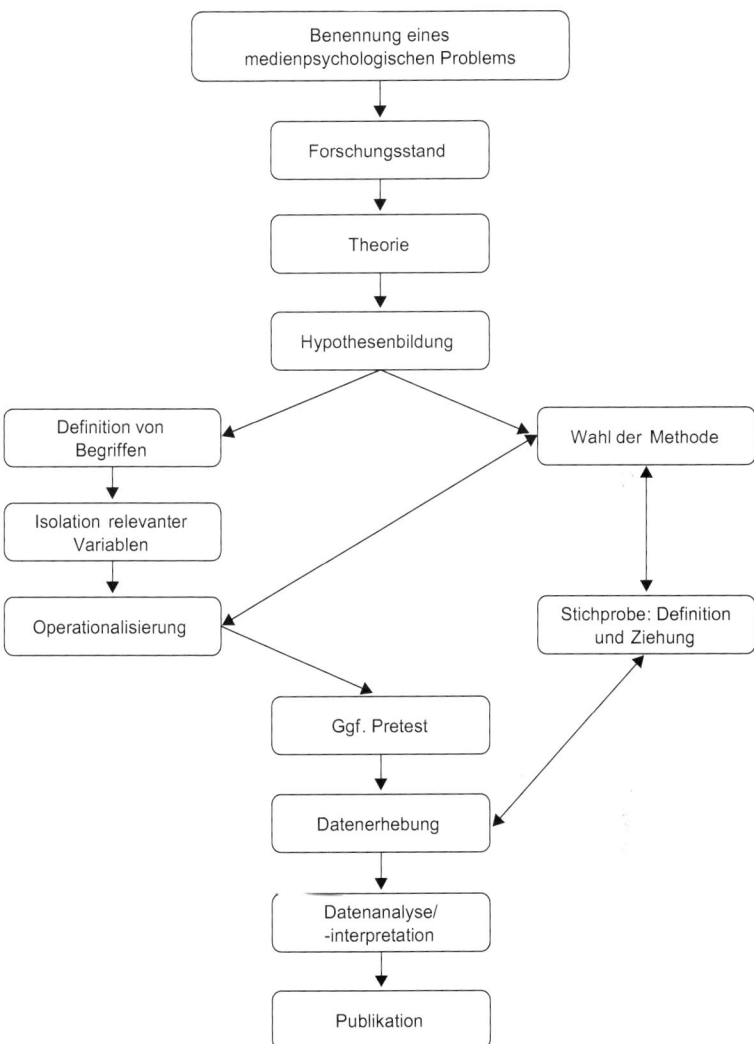

Abb. 2.1: Der Forschungsablauf

rungen von Studien – die Forschungsqualität. Lange Zeit hatten vor allem Publikationen eine Chance, in Fachzeitschriften publiziert zu werden, die bestätigte Hypothesen vorweisen konnten. Dass dies keine gesunde Praxis ist, liegt auf der Hand. Nehmen wir an, wissenschaftliche Studien, deren Ergebnisse die aufgestellten Hypothesen bestätigen (die also beispielsweise signifikante Medienwirkungen zeigen), haben eine größere Chance, in wissenschaftlichen Fachzeitschriften publiziert zu werden, als Studien, die keine signifikanten Effekte zeigen. Dann würden die positiven Effekte bevorzugt publiziert und die Befundlage verzerrt werden (»Publication Bias«). Alle Lesenden und auch Meta-Analysen würden die Effekte überschätzen. Schlussendlich erhielte die Öffentlichkeit ein falsches Bild. Um den Publication Bias zu vermeiden, werden verschiedene Schritte unternommen. Zum Beispiel beschreiben Wissenschaftler:innen vor der Durchführung der Studie ganz genau, was sie machen möchten, und publizieren diesen Analyse-Plan in Form einer *Präregistrierung*, sodass von vornherein ausgeschlossen wird, dass unbestätigte Hypothesen möglicherweise nicht publiziert werden.

In *Meta-Analysen* werden verschiedene Studien gesammelt, die ähnliche Hypothesen mit ähnlichen Operationalisierungen geprüft haben. Es wird simuliert, dass all diese Studien eine einzige Studie darstellen, um so wiederum eine *Effektstärke* für die interessierende Hypothese berechnen zu können. Effektstärken werden für unterschiedliche statistische Verfahren unterschiedlich berechnet. Sie stellen ein vergleichbares, standardisiertes Maß dar, mit dem der Zusammenhang von zwei Variablen oder auch der Effekt von einer Variablen auf eine andere darstellbar ist. Wir sichern deshalb die Aussagen in diesem Buch mit Meta-Analysen ab bzw. weisen darauf hin, wenn keine Meta-Analysen oder transparenten Studien vorliegen. Im Zuge der Meta-Analyse kann auch ein möglicher Publication Bias berechnet werden (Renkewitz & Keiner, 2019), denn wir können davon ausgehen, dass es ein bestimmtes Ausmaß nicht bestätigter Hypothesen gibt und dass diese in einer Verteilung darstellbar sind.

Neben den hier genannten gibt es viele weitere Maßnahmen, die dazu beitragen können, die Qualität von Forschung zu verbessern. Dazu gehören auch Vorgehensweisen wie *Replikationen*, also Wiederholungsstudien, anhand derer man erkennen kann, ob bestimmte Ergebnisse sich in anderen Kontexten replizieren lassen oder ob sie womöglich nur in ein- und demselben Labor wiederholbar sind. Darüber hinaus müssen auch strukturelle Vorgehensweisen ergriffen werden, um

Forschungsqualität zu sichern, z. B. die Anforderung, dass Fachzeitschriften die Veröffentlichung von transparenten Studien fördern und Autor:innen unterstützen, Studien mit nicht bestätigten Hypothesen zu veröffentlichen. Dienlin et al. (2020) haben eine Agenda formuliert, in der die wichtigsten Maßnahmen für transparente Forschung – also »Open Science« – zusammengefasst sind.

Ein wichtiger Teil der Forschungsqualität ist darüber hinaus die *Forschungsethik*. Viele der ethischen Grundsätze sind reguliert. Die Daten einer Studie müssen beispielsweise im Sinne der Datenschutzgrundverordnung (DSGVO) erhoben, ausgewertet und gespeichert werden, dazu gehört, dass Personen unter 16 Jahren nur mit dem Einverständnis ihrer Eltern befragt werden dürfen. Darüber hinaus gilt es aber, auch solche ethischen Grundsätze zu beachten, die sich erst aus dem spezifischen Studiendesign ergeben. Ethische Erwägungen sind in der Forschung stark prozessorientiert und müssen für jeden Schritt des Forschungsprozesses (▶ Abb. 2.1) bedacht und immer auch mit den Forschungszielen abgewogen werden. Schlütz und Möhring (2018) geben einen Überblick über diese Schritte, ihre Herausforderungen und Lösungsmöglichkeiten. Dazu gehören beispielsweise die Freiwilligkeit der Studienteilnahme, das Informieren der Teilnehmenden über die Studienziele und der Umgang mit Studienabbrecher:innen (Koch et al., 2019).

2.2 Experiment

Mit Experimenten können Hypothesen geprüft werden, die Ursache-Wirkungsbeziehungen postulieren. Die Hypothese: »Studierende, die vor der Klausur mithilfe einer Meditations-App Achtsamkeitstraining praktizieren, erzielen bessere Klausurergebnisse als Studierende, die diese App nicht nutzen«, beinhaltet, dass das Verhalten vor der Klausur auf die Leistung wirkt, und kann mit einem Experiment untersucht werden. Wir erforschen mit Experimenten Kausalzusammenhänge (Koch et al., 2019).

2 Methoden der Medienpsychologie

> **Definition**
>
> Als *Experiment* bezeichnet man ein Forschungsdesign, in dem (1) mindestens eine unabhängige Variable systematisch variiert wird (experimentelle *Manipulation*), um deren Einfluss auf mindestens eine abhängige Variable zu untersuchen, (2) die Zuweisung der Versuchspersonen zu den Untersuchungsbedingungen per Zufall erfolgt (*Randomisierung*) und (3) Störfaktoren möglichst ausgeschaltet werden (*Kontrolle*).

Von der unabhängigen Variable (UV; *Reizvariable*) wird in der Hypothese angenommen, dass sie die abhängige Variable (AV; *Reaktionsvariable*) beeinflusst.

Mit der *unabhängigen Variable* werden verschiedene experimentelle Bedingungen definiert. Im medienpsychologischen Experiment untersucht man vor allem zwei Arten unabhängiger Variablen: Eigenschaften von Medienangeboten (z. B. Unterhaltsamkeit einer Serie) oder psychologische Zustände (z. B. Stimmung). Häufig kommt ein *Stimulus* zum Einsatz (z. B. ein Medienangebot, ein Werbespot, eine Filmsequenz), dessen Wirkung auf die abhängige Variable (a) direkt gemessen wird oder der (b) psychologische Zustände stimuliert, die dann wiederum auf die AV wirken.

Die *abhängige Variable* kann mit verschiedenen Methoden gemessen werden. In der medienpsychologischen Forschung untersucht man häufig mithilfe einer Befragung oder Beobachtung das psychologische Erleben und Verhalten: z. B. Einstellung, Erinnerung, Wissen, Emotionen, Leistung oder Aggressivität.

Das Experiment kann unter kontrollierten Bedingungen als *Laborexperiment*, in einer natürlichen Umgebung als *Feldexperiment* stattfinden oder als befragungsgestütztes *Online-Experiment*, in dem die Stimuli den Studienteilnehmer:innen im Rahmen einer Online-Befragung dargeboten werden. Das Laborexperiment stellt die in der obigen Definition genannten kontrollierten Bedingungen her und schließt damit umgebungsbedingte Störfaktoren weitestgehend aus. Feld- und befragungsgestützte Online-Experimente können keine vergleichbaren, kontrollierbaren Umgebungen garantieren, da alle Teilnehmenden in anderen Kontexten am Experiment teilnehmen. Diese Online-Experimente gelten deshalb als *Quasi-Experimente*. Als Quasi-Experimente bezeichnet man Versuchsanordnungen, die keine Kontrolle einzelner Teile der Versuchsanordnung ermöglichen. Deshalb bezeichnet man auch solche Experimente als Quasi-Experiment, bei denen keine Randomisierung möglich ist. Wenn beispielsweise die Persönlichkeit als unabhängige Variable untersucht wird, so kann keine Randomisierung stattfinden. Ob Menschen eher extravertiert sind oder nicht, können wir messen und sie dann entsprechend ihrer Ausprägungen in zwei oder mehr Gruppen einteilen. Damit entstehen Alternativerklärungen für die Wirkung der Persönlichkeit, denn Extraversion steht eventuell systematisch mit anderen Persönlichkeitseigenschaften in Zusammenhang. Diese systematische Kovariation von Störvariablen mit Untersuchungsvariablen bezeichnet man als *Konfundierung*.

Mit medienpsychologischen Experimenten sollen vor allem zwei *Effekte* untersucht werden:

- Im *Selektionsexperiment* wird der Effekt eines emotionalen Zustandes oder einer Haltung auf die Mediennutzung untersucht. Proband:innen werden dabei beobachtet, wie und warum sie bestimmte Medieninhalte auswählen. Das heißt, die Zustände der Person sind hier unabhängige Variablen. Die Teilnehmenden werden per Randomisierung mindestens zwei Gruppen zugeteilt und der psychische Zustand wird über einen Stimulus induziert. Als Beispiel möchten wir hier einen »Klassiker« der Medienpsychologie vorstellen: Bryant und Zillmann (1984) haben im Rahmen ihrer Forschung zum »Mood Management« (▶ Kap. 3.4) laborexperimentell untersucht, welche Fernsehinhalte Proband:innen am liebsten einschalten, nachdem sie eine langweilige Aufgabe (Experimentalgruppe 1: Dichtungsscheiben ohne Zeitvorgabe auf eine Schnur auffädeln) bzw. eine stressinduzierende Aufgabe erledigt haben (Experimentalgruppe 2: universitären Aufnahmetest unter Zeitdruck lösen). Hier ist also die induzierte Stimmung (Langeweile bzw. Stress) die unabhängige Variable. Die Forscher wollten damit herausfinden, ob Menschen mit der Selektion bestimmter Fernsehangebote auf eine gelangweilte oder gestresste Stimmung reagieren. Die Selektion der Fernsehangebote ist also hier die abhängige Variable. Zur Auswahl standen spannende und ruhige Fernsehprogramme. Wie erwartet, wählten die gelangweilten Proband:innen eher spannende Fernsehangebote aus.

- Im *Wirkungsexperiment* wird der Effekt eines Medienstimulus auf das Erleben und Verhalten der Proband:innen untersucht. Dazu werden Medienstimuli als unabhängige Variablen der Experimentalgruppe dargeboten und das Erleben und Verhalten der Proband:innen als abhängige Variable gemessen. Beispielsweise wurde untersucht, ob Leser:innen die Qualität eines journalistischen Textes in Abhängigkeit von der Quelle und der ethischen Darstellungsweise als besser oder schlechter beurteilen (Trepte et al., 2008). In diesem Fall waren also die Quelle (Experimentalgruppe 1: überregionale Qualitätszeitung; Experimentalgruppe 2: Blog) und die Art der Darstellung (ethisch vs. unethisch) die unabhängigen Variablen. Die Beurteilung der Qualität war die abhängige Variable und wurde mithilfe einer kurzen Befragung gemessen. In der Beispielstudie hatte die Quelle keinen Einfluss, die Teilnehmenden entschieden über die Qualität des Artikels allein aufgrund seines Inhalts.

Das *Design* des Experiments wird als Produkt der unabhängigen Variablen und ihrer Stufen ausgedrückt. Das Ergebnis des Produkts repräsentiert die Anzahl der im Experiment untersuchten Gruppen bzw. Versuchsbedingungen. In dem oben erwähnten Experiment wurden zwei unabhängige Variablen (UV), nämlich die Quelle und die Art der Darstellung, manipuliert und ihr Einfluss auf die Bewertung der Qualität eines Zeitungsartikels (AV) untersucht. Demnach handelt es sich um ein 2x2-Experiment (Tageszeitung vs. Blog x ethischer vs. unethischer Inhalt). In diesem Beispiel resultieren also vier Gruppen: Die erste Gruppe liest den Text einer Tageszeitung mit ethischem Inhalt, die zweite Gruppe den Text der Tageszeitung mit unethischem Inhalt, die dritte Gruppe den Blog mit ethischem Inhalt und die vierte Gruppe den Blogeintrag mit unethischem Inhalt. Am gängigsten ist das hier dargestellte *between-subjects design*. Wie in den zuvor beschriebenen Beispielen werden verschiedene Versuchspersonen verglichen, die jeweils einer Experimentalgruppe zugeordnet werden. Möglich ist auch das *within-subjects design*, bei dem dieselbe Gruppe im Hinblick auf unterschiedliche Merkmale verglichen oder im Längsschnitt betrachtet wird.

Die besondere Herausforderung medienpsychologischer Experimente liegt in der Auswahl der Medienstimuli. Die Auswahl der Stimuli hat das Ziel, die untersuchte unabhängige Variable möglichst gut zu repräsentieren. Medienstimuli sind komplex und repräsentieren nicht nur die interessierenden Variablen. Möchte man untersuchen, wie die Gewalthaltigkeit eines Computerspiels auf die Aggressivität wirkt, so gilt es zunächst, die Gewalthaltigkeit eines Computerspiels zu definieren, relevante Variablen zu isolieren und schließlich eine geeignete Operationalisierung zu finden (siehe ▶ Abb. 2.1 zum Forschungsablauf). Vielleicht zieht man einen Ego-Shooter mit vielen Gewaltszenen für die experimentelle Bedingung »Gewalt« heran und ein Lernspiel für die experimentelle Bedingung »keine Gewalt«. Dies ist eine extern valide Operationalisierung (vgl. Definition unten). Problematisch an dieser Auswahl ist, dass die Spiele sich nicht nur im Hinblick auf ihre Gewalthaltigkeit unterscheiden, sondern auch im Hinblick auf andere *Störvariablen*, die ebenfalls auf die abhängige Variable wirken und systematisch mit der unabhängigen Variable kovariieren können. So könnte beispielsweise der Ego-Shooter deutlich anregender sein als das grafisch einfach gestaltete Lernspiel. Das wiederum könnte Aggressivität beeinflussen. Man misst also möglicherweise den Einfluss der Grafik oder auch der Handlung oder Hintergrundmusik und nicht den Einfluss des Gewaltgehalts auf die Aggressivität. Alternativ zu diesen echten Spielen können sog. *Vignetten* verwendet werden, also kurze Beschreibungen eines Spiels. Dies ist eine intern validere Operationalisierung. Damit sind Hintergrundmusik oder Ästhetik des Medienangebots nicht erlebbar, die Anzahl der Störvariablen ist also reduziert und kontrolliert. Gleichzeitig sind jedoch Stimuli in Vignettenform wenig repräsentativ für echte Computerspiele, weil sie viele Aspekte des Medienangebots nicht widerspiegeln. Damit ist dann die externe Validität deutlich reduziert. Für das Experiment muss die Frage gestellt werden, ob der internen oder externen Validität größere Bedeutung beigemessen werden soll (Trepte & Wirth, 2004). Die interne und externe Validität des medienpsychologischen Experiments beeinflussen die Ergebnisse.

> **Definitionen**
>
> *Interne Validität* betrifft die Frage, ob und wie gut die Störvariablen kontrolliert sind.
>
> *Externe Validität* betrifft die Frage, ob und wie weit sich das Ergebnis auf andere Gegebenheiten verallgemeinern lässt. Repräsentieren die Eigenschaften der verwendeten Medienstimuli die in der Problemstellung interessierenden Medieninhalte? Sind die experimentellen Kontextfaktoren für andere Kontexte außerhalb der Experimentalsituation repräsentativ? Je besser die Gegebenheiten übertragbar sind, umso höher ist die externe Validität.

Anhand der genannten Definitionen wird bereits deutlich: Die Forderungen der internen und externen Validität widersprechen sich. Sollen die Medienstimuli aktuelle Medienangebote in ihrer vollen Komplexität und »Reichhaltigkeit« repräsentieren und damit extern valide sein? Oder gilt es, die interne Validität zu bewahren, indem möglichst wenige Störvariablen einfließen? Beide Fragen können nie gleichzeitig mit »Ja« beantwortet werden. Die Konsequenz ist also, für das spezifische Studiendesign Prioritäten zu setzen und geschickt abzuwägen – sowohl bei der Gestaltung der eigenen Studie als auch bei der Lektüre und Bewertung wissenschaftlicher Studien, die andere durchgeführt haben.

Medienpsychologische Forschung ist ganz besonders an dem Erleben von Medienangeboten, ihren Genres und Inhalten interessiert. Mit dem Experiment können wir Menschen die Medienangebote, Genres und Inhalte präsentieren und ihre Reaktionen darauf untersuchen. Echte Laborexperimente sind aufwändig und teuer, da die Teilnehmenden in das Labor kommen und dort betreut und angeleitet werden müssen. Deshalb werden sie trotz ihrer Möglichkeit, Störeinflüsse zu kontrollieren immer weniger durchgeführt. Viele Forscher:innen greifen auf Online-Experimente zurück, die sie in Befragungen einbetten. Dieses Vorgehen ermöglicht eine einfachere, kostengünstigere Rekrutierung und Durchführung – dies aber eben mit einer schlechteren Kontrollierbarkeit von Störeinflüssen.

2.3 Standardisierte Befragung

Mit Befragungen werden in der medienpsychologischen Forschung zahlreiche Variablen erfasst: Rezeptionserleben, Nutzungsmotive, Meinungen, Einstellungen, psychologische Merkmale oder Verhaltensweisen. Standardisierte Befragungen sind ökonomisch, erlauben das gleichzeitige und zügige Erfassen einer Vielzahl von Variablen und sind in allen medienpsychologischen Themenbereichen einsetzbar. Darüber hinaus ermöglichen Online-Befragungen die vereinfachte und nutzerfreundliche Einbettung von audiovisuellen Medieninhalten, sodass die Befragung für die medienpsychologische Forschung in sehr vielfältiger Weise angewendet werden kann. Zu den am häufigsten verwendeten Verfahren gehören die standardisierte, querschnittliche Befragung, die längsschnittliche Befragung und das qualitative Interview (Möhring & Schlütz, 2019).

> **Definition**
>
> Unter dem Begriff *Befragung* werden Verfahren subsumiert, die durch die Konfrontation mit gezielten Fragen auf die Erfassung individueller Merkmale einer Person abzielen. Von der individuellen Reaktion auf die Fragen wird auf die Ausprägung bestimmter Eigenschaften geschlossen.

Eine notwendige Voraussetzung für die Durchführung von Befragungen im Forschungsprozess besteht ebenso wie im Experiment in der Übersetzung der »Forschungsfragen« in sogenannte »Testfragen« (Kromrey, 2016, S. 347). Wenn beispielsweise die Forschungsfrage darauf abzielt, ob Personen mit stark ausgeprägter Extraversion eher Tinder nutzen, so müssen die einzelnen in der Forschungsfrage enthaltenen Variablen operationalisiert werden (▶ Abb. 2.1). In unserem Beispiel wird zum einen die psychologische Eigenschaft *Extraversion* und zum anderen die Verhaltensweise *Nutzung von Tinder* operationalisiert.

Grundsätzlich lassen sich zwei unterschiedliche Formen der Befragung unterscheiden. In *standardisierten Befragungen* gibt man den Befragten das Thema, den Ablauf und die Antwortmöglichkeiten weitgehend vor. Demgegenüber lassen *nicht standardisierte* Befragungsformen erheblichen Freiraum beim Ablauf der Befragung und der Frageformulierung. Diese Art der Befragung findet sich häufig im Bereich der qualitativen Forschungsmethoden (z. B. in Form von Expert:innen-Interviews oder Gruppendiskussionen, ▶ Kap. 2.5).

Befragungen können sowohl mündlich als auch schriftlich durchgeführt werden. Bei *mündlichen Befragungen* liest ein Interviewer oder eine Interviewerin die Fragen in einem persönlichen Gespräch (persönlich-mündliches Interview) oder am Telefon (Telefonbefragung) vor und notiert die Antworten der Befragten. Mündlich-persönliche bzw. telefonische Befragungen werden im Rahmen von bevölkerungsrepräsentativen Studien, z. B. zur repräsentativen Erfassung der Mediennutzung, eingesetzt. So wird im Rahmen der »ARD/ZDF-Onlinestudie« seit 1997 jährlich die Online-Nutzung in Deutschland mittels repräsentativer Telefonbefragungen ermittelt (Frees & Koch, 2018).

Bei der *schriftlichen Befragung* wird der Fragebogen den Befragten in schriftlicher Form zur Verfügung gestellt und diese füllen ihn selbständig aus. Aufgrund der kostengünstigen Durchführbarkeit und der starken Standardisierung dominieren in der Medienpsychologie computergestützte Befragungen (im Labor oder im Feld). Die am häufigsten verwendete Methode ist die *Online-Befragung*. Von Vorteil ist die kostengünstige Durchführung, und dass auf diese Weise auch sensiblere Themen anonym abgefragt werden können.

Eine Variante der Befragung, ist die *Längsschnittbefragung*. Diese kann ebenfalls mündlich und schriftlich via Online- oder Paper-Pencil-Befragung durchgeführt werden.

Definition

Mit einer *Längsschnittbefragung* untersucht man Fragestellungen im Zeitverlauf über mehrere Messzeitpunkte. Dazu werden pro Messzeitpunkt (T) entweder dieselben Personen (Panelstudie) oder unterschiedliche Personen (Trendstudie) in vorher fest definierten zeitlichen Abständen zu einem Thema befragt.

Im Vergleich zu Einzelbefragungen ermöglichen Panelstudien Aussagen zu intraindividuellen Veränderungen von Personen im Zeitverlauf. Dies ist ein großer Vorteil, da somit Wirkprozesse untersucht werden können, die auf der Basis von Befragungen mit nur einem Messzeitpunkt nicht zweifelsfrei zu belegen sind. Längsschnittliche Panelbefragungen erlauben ebenso wie Experimente eine Annäherung an die kausalen Beziehungen von Variablen. So kann in Längsschnittbefragungen die Abfolge von unabhängigen und abhängigen Variablen erfasst und der Einfluss der unabhängigen auf die abhängigen Variablen nachvollzogen werden. Variablen können darüber hinaus im Zeitverlauf untersucht werden, beispielsweise, wenn man die Medienaneignung im Zeitverlauf des Grundschulalters oder die Entwicklung von Medienkompetenz älterer Menschen im Rahmen einer Schulung beurteilen möchte.

Beispiel

Längsschnittbefragung zur sozialen Unterstützung unter Freunden
In einer repräsentativen Studie untersuchten Trepte, Masur und Scharkow (2017) die Auswirkung von Selbstoffenbarung auf die erfahrene soziale Unterstützung (siehe auch ▶ Kap. 6.5). Dazu wurden 583 Personen im Abstand von einem halben Jahr dreimal befragt. Sowohl die Bereitschaft, sich in Freundschaften zu offenbaren, als auch die soziale Unterstützung durch befreundete Personen wurden für Face-to-Face-Kommunikation und Instant-Messaging-Kommunikation (IM) abgefragt. Für die IM-Kommunikation zeigte sich: Personen, die bereit waren, sich über IM zu offenbaren, erhielten sechs Monate später mehr soziale Unterstützung über IM und waren ein halbes Jahr später eher bereit, sich über IM noch mehr zu offenbaren. Dieser Effekt zeigte sich jedoch nicht für Face-to-Face-Kommunikation. Vielleicht liegt dies an den Unterschieden zwischen Online- und Offline-Kommunikation: Bei der IM-Kommunikation erhalten die Empfänger:innen nur die verschickte Nachricht und keine weiteren Hinweise zur Interpretation des Inhalts. Anders ist das bei der Face-to-Face-Kommunikation, denn hier erhalten sie zusätzlich zum Gesagten Hinweise durch Gestik, Mimik oder den Kontext.

> Bei der Online-Kommunikation spielt Selbstoffenbarung daher möglicherweise eine wichtigere Rolle als bei der Offline-Freundschaft. Besonders spannend ist, wie nun die Kommunikation über IM und Face-to-Face interagierten. Es zeigte sich ein Transfereffekt von der Online- auf die Offline-Kommunikation: Menschen, die sich über IM selbst stärker offenbarten, gewannen wie oben beschrieben mehr soziale Unterstützung. Dieser Zugewinn an sozialer Unterstützung über IM führte dann dazu, dass sie sich ein halbes Jahr später auch Face-to-Face mehr offenbarten. Wir sehen also hier sehr deutlich, dass Online- und Offline-Kommunikation ineinandergreifen und sich gegenseitig beeinflussen.

Verschiedene *Fehlerquellen* können die Ergebnisse von Befragungen verfälschen, wobei das Befragungsinstrument, der Interviewer oder die Interviewerin und der bzw. die Befragte selbst mögliche Störeinflüsse darstellen können. In der Forschungspraxis wird eine Reihe von Maßnahmen getroffen, um Störeinflüsse zu minimieren, z. B. sorgsames Formulieren und Testen der Fragen, intensive Schulungen der Interviewer:innen und Zusicherung der Anonymität zur Verringerung von sozial erwünschtem Antwortverhalten.

Befragungen sind oft der erste und der letzte Schritt in umfangreichen Forschungsprogrammen. Sie ermöglichen im ersten Schritt einen kostengünstigen Zugang zum Forschungsfeld, bieten vielfältige Gestaltungsmöglichkeiten und erlauben darüber hinaus die Rekrutierung von schwer zu erreichenden Stichproben. Im letzten Schritt einer Forschungsprogrammatik geht es oft darum, bisher gewonnene Erkenntnisse mit repräsentativen Stichproben zu testen und im weiteren Verlauf zu replizieren. Wenn wir Befragungen durchführen, gehen wir mehr oder weniger explizit davon aus, dass unsere Befragten auskunftsfähig und auskunftsfreudig sind. Wir nehmen an, dass Menschen, die wir befragen, ihre Gefühle, Gedanken und zurückliegenden Verhaltensweisen kennen und sie auch zum Ausdruck bringen können. Diese Annahme ist nicht immer berechtigt. Es gibt verborgene Gefühle und kognitive Zustände, die Menschen weniger gut zugänglich sind. In diesem Fall kommen psychophysiologische Methoden zum Einsatz.

2.4 Psychophysiologische Methoden

Nach dem Ansehen einer Dokumentation sind Menschen nicht unbedingt in der Lage oder fähig, in Worte zu fassen, ob die Rezeption sie ängstigt und in welchem Ausmaß Sorgen oder Angst auftreten. Während der Rezeption eines spannenden Films ist ihnen vielleicht gar nicht bewusst, dass sie emotional erregt sind, lächeln oder intensiv nachdenken. Und beim Computerspielen sind die meisten Menschen zu sehr in das Spiel vertieft, um währenddessen oder danach darüber zu berichten, welchen Spielzügen sie mehr oder weniger Aufmerksamkeit schenkten. Psychophysiologische Methoden sind unabhängig von Sprache oder Erinnerungsvermögen, und sie messen zeitlich präzise. Sie werden eingesetzt, um die Nachteile subjektiv verbaler Datenerhebungen zu umgehen und diese zu ergänzen (Fahr & Hofer, 2013; Hofer & Fahr, 2016; Potter & Bolls, 2012; Vitouch, 1980).

> **Definition**
>
> *Psychophysiologie* beruht auf (1) der Erforschung psychologischer (sozialer, emotionaler, kognitiver und verhaltensbezogener) Phänomene und (2) den damit in Zusammenhang stehenden physiologischen Prozessen. Die psychophysiologische Forschung widmet sich individuellen Funktionen und Prozessen, setzt sich mit verschiedenen theoretischen Perspektiven auseinander und entwickelt entsprechende Methoden (Cacioppo et al., 2019).

Viele Maße der psychophysiologischen Forschung beziehen sich auf das Ausmaß körperlicher Erregung. Zum Beispiel gibt die elektrodermale Aktivität Auskunft darüber, ob wir uns erregungsbezogen eher in einem »Normalzustand« befinden oder körperlich eher angeregt sind. Verschiedene Begriffe werden in den entsprechenden Fachartikeln und Studien verwendet: Mit *Aktivierung* oder *Arousal* wird der Prozess der Anregung beschrieben. Das Arousal dient beispielsweise der Fokussierung der Aufmerksamkeit zur Auslösung von Orientierungsreaktionen sowie der unmittelbaren Verhaltenskontrolle. Als *Aktiviertheit* oder *Aktivation* bezeichnet man einen angeregten Zustand bzw. eine messbare Veränderung des Arousals. Als *Affekt* bezeichnet man eine kurzzeitige emotionale Reaktion. Diese Konstrukte werden in der Regel in Kombination und zusammen mit anderen Maßen erhoben (vgl. folgender Merksatz).

Merke

Psychophysiologische Daten stehen nie für sich allein. Um die Daten sinnvoll interpretieren zu können, werden erstens *mehrere* psychophysiologische Maße erhoben (z. B. Hautleitwert und Herzrate), die sich im Sinne des Untersuchungsziels sinnvoll ergänzen. Zweitens werden neben psychophysiologischen auch subjektiv verbale Daten erhoben.

Welche psychophysiologischen Verfahren werden wann eingesetzt? Wir geben in Tabelle 2.1 einen Überblick über die wichtigsten psychophysiologischen Verfahren und ihre Einsatzgebiete (▶ Tab. 2.1; siehe zu Apparaturen: Cacioppo et al., 2019; für einen Überblick: Fahr & Hofer, 2013; Hofer & Fahr, 2016; Potter & Bolls, 2012; sowie zum Eye-Tracking: Blake, 2013).

Die Theorie- und Methodenentwicklung der Psychophysiologie ist komplex, aber es lassen sich einige Daumenregeln für den Einsatz psychophysiologischer Methoden formulieren:

Emotionale Prozesse werden vor allem mit der Messung elektrodermaler Aktivität und kardiovaskulärer Aktivität erfasst. Die erforderlichen Apparaturen sind einfacher und preiswerter in der Anschaffung und Anwendung als die meisten anderen psychophysiologischen Apparaturen. In vielen medienpsychologischen Studien mit psychophysiologischem Bezug werden deshalb diese beiden Verfahren verwendet. Sie werden jedoch kritisch diskutiert, weil sie nicht die verfügbare Bandbreite psychophysiologischer Reaktionen abbilden.

Kognitive Prozesse werden durch Beobachtung der Gehirnaktivität und -konnektivität gemessen. Mit der Elektroenzephalografie (EEG) erfasst man elektrische Potenziale im Gehirn und mit der funktionalen

2.4 Psychophysiologische Methoden

Tab. 2.1: Überblick psychophysiologischer Verfahren und ihrer Einsatzbereiche

Verfahren	Welche physiologische Aktivität wird gemessen?	Mit welcher Apparatur wird was gemessen?	Auf welchen psychologischen Prozess wird geschlossen?	Medienpsychologische Beispieluntersuchung
EDA Messung der Elektrodermalen Aktivität	Aktivität ekkriner Schweißdrüsen	Messelektroden werden auf die Haut geklebt. Gemessen wird die elektrische Leitfähigkeit der Haut zwischen den Elektroden. Die Leitfähigkeit verändert sich aufgrund der Schweißproduktion.	Emotionale Aktivierung, kognitive Aktivierung, Ressourcenallokation für kognitive Prozesse, orientierende Aufmerksamkeitsreaktionen	Was passiert mit unserem Körper, wenn wir uns mit einer Geschichte beschäftigen? Beschäftigt sich eine Person längere Zeit mit einer Geschichte, dann kann man eine erhöhte Hautleitfähigkeit messen (EDA). Diese lässt sich interpretieren als Folge der erhöhten Aufmerksamkeit und als emotionale Einbindung in das Geschehen der Geschichte. Berichten Proband:innen von einer erhöhten emotionalen Einbindung, dann lässt sich außerdem mittels EKG beobachten, dass ihr Herz schneller schlägt (Sukalla et al., 2016).
EKG Elektrokardiografie	Herzschlagfrequenz (Herzrate) und Variabilität der Herzrate	Messelektroden werden entlang der Herzachse angebracht. Gemessen werden die elektrischen Potenzialschwankungen, die mit der Herzmuskelkontraktion verbunden sind.	Abfallende tonische Herzrate: zunehmende kognitive Aufmerksamkeit, negative Bewertung von Medienstimuli Steigende tonische Herzrate: Kognitive Herausforderung, Stress und Abwendung bzw. Abschirmung	

Tab. 2.1: Überblick psychophysiologischer Verfahren und ihrer Einsatzbereiche – Fortsetzung

Verfahren	Welche physiologische Aktivität wird gemessen?	Mit welcher Apparatur wird was gemessen?	Auf welchen psychologischen Prozess wird geschlossen?	Medienpsychologische Beispieluntersuchung
EMG Elektromyografie	Muskelaktivität	Oberflächenelektroden werden entlang eines Muskelstranges angebracht. Das EMG wird zur Messung mimischer Reaktionen eingesetzt. Die Aktivität wird insbesondere am Musculus zygomaticus major (Wange), dem Musculus corrugator supercilii (Augenbraue) und dem Musculus orbicularis oculi (Augenperipherie) abgenommen.	Emotionale Valenz (angenehm vs. unangenehm), Aufmerksamkeit, psychische Belastung	Empfinden Menschen gezeigte Gewalt immer als grausam? Wenn Personen einen Film sehen, dann finden sie Gewalt manchmal grausam, aber manchmal auch gerechtfertigt. Mittels EMG wurde die Reaktion direkt während des Films erfasst. Sahen Proband:innen einen Film, in dem Gewalt gezeigt wird, der Erzähler dies aber rechtfertigte, dann zeigten sie als direkte Reaktion darauf eine geringere Erregung als Proband:innen, die ungerechtfertigte Gewalt sahen (Samson & Potter, 2016).

Tab. 2.1: Überblick psychophysiologischer Verfahren und ihrer Einsatzbereiche – Fortsetzung

Verfahren	Welche physiologische Aktivität wird gemessen?	Mit welcher Apparatur wird was gemessen?	Auf welchen psychologischen Prozess wird geschlossen?	Medienpsychologische Beispieluntersuchung
EEG Elektroenzephalografie	Endhirnrindenaktivität in Form elektrischer Potenziale (evozierte Reaktionspotenziale, ERP)	Elektroden werden an der Kopfhaut an standardisierten Ableitflächen angebracht. Gemessen wird die kortikale Aktivität mithilfe elektrischer Hirnpotenziale, die von den Nervenzellen des Gehirns hervorgerufen werden.	Entspannung (Alpha-Aktivität, große Amplituden), Aufmerksamkeit (Beta-Aktivität, kleine Amplituden)	Wie erfahre ich, ob eine Person ein Produkt nutzen wird? Ob eine Person beabsichtigt, ein Produkt zu benutzen, hängt unter anderem davon ab, ob sie Positives oder Negatives erfährt. Liest eine Person eine Nachricht, in der ein Unternehmen positiv dargestellt wird, so macht ein EEG sichtbar, dass der linke Frontalkortex aktiver ist. Diese Aktivität deutet auf ein erhöhtes Motivationspotenzial hin (Ravaja et al., 2015).

Tab. 2.1: Überblick psychophysiologischer Verfahren und ihrer Einsatzbereiche – Fortsetzung

Verfahren	Welche physiologische Aktivität wird gemessen?	Mit welcher Apparatur wird was gemessen?	Auf welchen psychologischen Prozess wird geschlossen?	Medienpsychologische Beispieluntersuchung
fMRT Funktionale Magnetresonanztomografie	Stoffwechselaktivität des Gehirns	Mit der fMRT werden starke magnetische Felder erzeugt, um Bilder des Gewebematerials und Blutes zu erstellen. Der Drehimpuls geladener Teilchen erzeugt eine kernmagnetische Resonanz. Auf Veränderungen der Hirnaktivität wird anhand des Blutflusses geschlossen. Wenn Menschen einen Reiz verarbeiten, fließt mehr sauerstoffreiches Blut durch das Gehirn.	Der Einfluss der Gehirnaktivitäten und -veränderungen auf Prozesse der Wahrnehmung, des Denkens und der motorischen Aktivität	Führen Anti-Rauch-Kampagnen dazu, dass Menschen mit dem Rauchen aufhören? Die Beobachtung der Gehirnaktivität bei der Rezeption einer Anti-Rauch-Kampagne mithilfe eines fMRT lässt Schlüsse auf die Verarbeitung der Botschaft zu. Verarbeitet eine Person das Gesehene aktiv (d. h., das fMRT zeigt, dass mehr sauerstoffreiches Blut durch das Gehirn fließt), dann ist das ein wichtiger Prädiktor für eine darauffolgende Verhaltensänderung (Cooper et al., 2015).

Tab. 2.1: Überblick psychophysiologischer Verfahren und ihrer Einsatzbereiche – Fortsetzung

Verfahren	Welche physiologische Aktivität wird gemessen?	Mit welcher Apparatur wird was gemessen?	Auf welchen psychologischen Prozess wird geschlossen?	Medienpsychologische Beispieluntersuchung
Eye-Tracking	Blickbewegungen	Blickbewegungskameras, die in einer Brille (mobile Eye-Tracking) oder an einem Bildschirm (remote Eye-Tracking) installiert sind, registrieren die Bewegungen der Augäpfel mindestens 60 Mal pro Sekunde. Die Blickverläufe werden visuell (z. B. Blickverlauf auf Zeitungsseite oder Website) oder mit quantitativer Datenanalyse aufbereitet.	Visuelle Aufmerksamkeitslenkung bei der Rezeption von Medieninhalten, Aufmerksamkeitsstärke, Aufmerksamkeitsdauer, Konzentration, Interesse	Welche Bilder werden in sozialen Netzwerken besonders gerne angesehen und geteilt? Wenn man die Blickbewegungen eines Menschen aufzeichnet, kann man herausfinden, welche Bilder besonders interessiert betrachtet werden (visuelle Aufmerksamkeit). Positive Bilder erhalten in Social Media mehr visuelle Aufmerksamkeit und werden häufiger angeklickt oder geteilt als neutrale oder negative Bilder (Keib et al., 2017).

Magnetresonanztomografie (fMRT) Stoffwechselaktivitäten. Während mit EDA und EKG Reaktionen des peripheren Nervensystems beobachtet werden, untersucht man mit EEG und fMRT funktionale Aktivitäten des autonomen Nervensystems und auch, wie bestimmte Teile des Gehirns in Verbindung stehen (Turner et al., 2019). Im Vordergrund stehen beispielsweise Fragestellungen zu Einstellungen und Einstellungsänderung (▶ Kap. 5.4), narrativer Persuasion (▶ Kap. 5.5) oder Flow (▶ Kap. 4.5).

Wie in der obigen Definition deutlich wird, beinhaltet Psychophysiologie immer zwei Schritte: Erstens die Messung eines körperlichen Zustandes oder einer körperlichen Reaktion; zweitens den Rückschluss auf kognitive, emotionale Prozesse oder verhaltensbezogene Phänomene. Bei diesem Rückschluss ergeben sich zwei Probleme: Das Problem der Messartefakte und das Valenzproblem. Als Nachteil psychophysiologischer Maße gilt, dass bei der Messung psychophysiologische Reaktionen erfasst werden, die nicht aufgrund der Medienstimuli, sondern aus anderen Gründen entstehen. Manche kann man zuordnen, andere werden evtl. falsch zugeordnet und resultieren in *Messartefakten*.

Psychophysiologische Daten verraten der Forscherin oder dem Forscher nur wenig über die *Valenz*, also die subjektive Bedeutung einer Reaktion. Wir vermuten bei einer steigenden Herzrate, dass eine Aufmerksamkeitsallokation stattfindet, wissen jedoch nicht, ob sich der damit verbundene Erregungszustand »gut anfühlt«, also als positive Spannung erlebt oder aber als unangenehmer Stress wahrgenommen wird. Psychophysiologische Daten erlauben Aussagen über die Potenz (Stärke) einer Reaktion, nicht über ihre Valenz (Bedeutung, Bewertung). Eine Ausnahme ist das EMG, mit dem die Muskelaktivität im Gesicht erfasst und damit auf (z. T. sehr subtile, nicht mit bloßem Auge beobachtbare) freudige und traurige Mimik geschlossen werden kann. Bei den anderen psychophysiologischen Methoden helfen ergänzende Befragungen weiter.

Bis heute gibt es ein erhebliches Interesse, aber – verglichen mit Experimental- oder Befragungsstudien – deutlich weniger Forschung, die mit psychophysiologischen Daten arbeitet. Dies ist vermutlich auf den großen Aufwand und die Anschaffungskosten zurückzuführen. In der Regel können nur ein oder zwei Versuchspersonen gleichzeitig beobachtet werden. Auch aufgrund des Aufwandes werden insbesondere fMRT-Studien mit kleinen Stichproben und geringer Power durchgeführt (Turner et al., 2019). Es kann also sein, dass bestimmte, kleinere Zusammenhänge und Effekte nicht signifikant werden und schlimmstenfalls sogar weniger veröffentlicht werden (▶ Kap. 2.1 zum Publication Bias). Häufig sind Projekte, in denen psychophysiologische Verfahren eingesetzt werden, große, interdisziplinäre Projekte, um das Grundlagenwissen aus Medizin, Psychologie und Kommunikationswissenschaft zu vereinen. Denn diese Methoden sind Mittel zum Zweck, man möchte und muss mit ihnen auch theoretisch arbeiten, um generalisierende medienpsychologische Aussagen treffen zu können (Weber et al., 2018). Fast immer ist die psychophysiologische Forschung auch Grundlagenforschung im Hinblick auf die Methode: Die psychophysiologischen Methoden werden für die angewendeten, medienpsychologischen Designs entwickelt und mit ihnen weiterentwickelt. Dass sich der Aufwand lohnt, sehen wir anhand der publizierten psychophysiologischen Studien (▶ Tab. 2.1).

2.5 Qualitative Methoden

Wie fühlen sich Menschen, die sich gegen die Nutzung sozialer Netzwerkseiten im Clearnet entschieden haben und stattdessen unter einem Pseudonym ein soziales Netzwerk im Darknet nutzen? Wenn ein Forschungsfeld wenig bekannt ist und exploriert werden soll, wenn situative Strukturen sowie Prozesse des Erlebens und Verhaltens besonders tiefgehend analysiert werden sollen, so eignen sich qualitative Verfahren.

> **Definition**
>
> *Qualitative Methoden* sehen eine intensive Auseinandersetzung mit dem Einzelfall vor. Die qualitative Forschung ist induktiv, schließt

> also von Beobachtungen des Einzelfalls auf allgemeinere Zustände, Prozesse oder Typen. Die Rekonstruktion und das Verstehen des Einzelnen bzw. eines bestimmten Phänomens stehen im Vordergrund. Basierend darauf werden Aussagen über Zusammenhänge, Ursache-Wirkungsbeziehungen oder Verhaltensmuster getroffen.

Die qualitative Forschung hat zum Ziel, die Realität in ihrer vollen Komplexität zu beobachten, zu beschreiben und zu verstehen. Es geht darum, die Bedeutungszuschreibungen und Sinngebungen handelnder Subjekte nachzuvollziehen. Im Vordergrund steht die sogenannte Rekonstruktion, also die genaue Aufarbeitung der beobachteten Prozesse mit dem Ziel einer realitätsgetreuen Abbildung (Gläser & Laudel, 2020).

Während quantitative Verfahren (z. B. standardisierte Befragungen oder psychophysiologische Methoden) Merkmale mithilfe von vorher festgelegten Indikatoren erfassen und sie dadurch quantifizierbar machen, werden mit qualitativen Verfahren diese Indikatoren im Material rekonstruiert und beschrieben.

Eine systematische Grundlage und Leitlinie der qualitativen Forschung ist die *Grounded Theory*-Methode (Glaser & Strauss, 1967). Sie fasst Ziele, Vorgehensweisen und methodologische Ausgangsüberlegungen der qualitativen Forschung zusammen. Sie beinhaltet, dass theoretische Vorannahmen und in der qualitativen Studie gefundene Erkenntnisse gleichermaßen relevant sind und verknüpft werden und dass qualitative Forschung als ein iterativer Prozess zu verstehen ist. In vielen aktuellen methodologischen Überlegungen sind Ideen der Grounded Theory wiederzufinden. Das Ziel der Grounded Theory-Methode ist, systematisch Theorien zu entwickeln. Darüber hinaus gibt es weitere theoretische Zugänge der Rekonstruktion und Theoriebildung (vgl. im Überblick Mikos & Wegener, 2017).

Zu den qualitativen Verfahren zählen beispielsweise das qualitative (Leitfaden-)Interview, das narrative Interview, die Gruppendiskussion (als eine spezifische Form der Befragung), die teilnehmende Beobachtung, biografische Methoden, Medientagebücher, Kinderzeichnungen und die qualitative Inhaltsanalyse (Mayring, 2016; Mikos & Wegener,

2017). In der Medienpsychologie sind hauptsächlich *qualitative Interviews* vertreten und diesen möchten wir uns deshalb im Folgenden widmen.

Das qualitative Interview wird auch als Leitfaden-, Expert:innen- oder problemzentriertes Interview bezeichnet und ist eine Form der mündlichen Befragung, bei der Einzelpersonen zielgerichtet hinsichtlich einer bestimmten Forschungsfrage bzw. Problemstellung befragt werden (Gläser & Laudel, 2020). Die Befragung kann dabei z. B. in Form eines *halb-strukturierten* Interviews durchgeführt werden, wobei der Interviewer oder die Interviewerin einem *Gesprächsleitfaden* folgt, in dem zentrale Fragestellungen festgehalten sind. Das Gespräch ist dabei aber nicht auf einen festen Ablauf festgelegt und kann vom Leitfaden abweichen. Auch *nicht-strukturierte* Formen der Befragung sind möglich (z. B. das narrative Interview), bei dem die Befragten aufgefordert werden, zu einem bestimmten Thema frei zu erzählen, und größtmöglichen Spielraum bei der Ausgestaltung der Erzählung haben. Maßgebend ist hier nicht die Strukturierung des Interviews durch die Forschungsfrage, sondern die Strukturierung erfolgt durch die interviewten Personen selbst. Sie orientieren sich am Ablauf ihrer eigenen Geschichte. Frageformen des problemzentrierten und des narrativen Interviews können kombiniert werden.

Eine spezielle Variante der qualitativen Befragung, die auch in der Medienpsychologie Anwendung findet, ist die sogenannte *Think-aloud-Technik*. Die Think-aloud-Technik wird beispielsweise zur Analyse von Problemlöseprozessen eingesetzt.

> **Definition**
>
> Bei der *Think-aloud-Technik* werden Befragte aufgefordert, ihre Gedanken laufend zu verbalisieren, um kognitive Prozesse, z. B. während der Rezeption einer Fernsehsendung oder während der Internetnutzung, nachvollziehbar zu machen (Bilandzic, 2017).

Die systematische und regelgeleitete Planung, Durchführung und Auswertung der qualitativen Interviews sind essenziell. Darüber hinaus gibt es verschiedene methodologische Ansätze zur Durchführung qualitativer Forschung.

Bei der *Planung* einer qualitativen Interviewstudie müssen persönliche, theoretische und empirische Vorannahmen expliziert werden. Das qualitative Forschungsparadigma geht davon aus, dass Erfahrungen der *Befragten* durch die Forscher:innen rekonstruiert werden. Voraussetzung hierzu ist, dass die persönlichen Erfahrungen, theoriegeleiteten Vorannahmen und empirischen Eindrücke der *Forscher:innen* ebenfalls vorab explizit gemacht werden, um sie klar von den Erfahrungen der Befragten abgrenzen bzw. zu diesen in Beziehung setzen zu können. Neben der Sensibilität für diese vorhergehenden Erfahrungen muss die Interviewstudie so geplant und die Fragen so formuliert sein, dass sie maximal offen für überraschende und neue Perspektiven auf die Forschungsfrage sind. Diese Offenheit ist der Kern qualitativer Forschung und ermöglicht ein tiefergehendes Verstehen.

Die *Durchführung* der qualitativen Interviewstudie erfordert ein systematisches und regelgeleitetes Vorgehen. Die Forschenden entscheiden, wie die Kontaktaufnahme organisiert ist, ob sie persönlich oder telefonisch befragen, welche Interviewsituation sie wählen (z. B. Forschungslabor, Konferenzraum, öffentlicher Ort, private Räume der Interviewten) und wie das Interview aufgezeichnet wird (z. B. Tonaufnahme vs. ex-post-Transkript). Situative Aspekte wie die soziale Interviewsituation beeinflussen die Offenheit, das Vertrauen, die Tiefe der Antworten und nehmen damit indirekt Einfluss auf die Forschungsergebnisse.

Es gibt viele verschiedene Verfahren der *Auswertung* qualitativer Verfahren, die mit unterschiedlichen theoretischen Grundannahmen einhergehen: qualitative Inhaltsanalyse, Konversationsanalyse, dokumentarische Methode oder interpretative Ethnografie (vgl. im Überblick Mikos & Wegener, 2017). Die gängigste Vorgehensweise in der Medienpsychologie ist die qualitative Inhaltsanalyse (Gläser & Laudel, 2020; Mayring, 2016). Ziele der qualitativen Inhaltsanalyse sind die Zusammenfassung des Materials, die Strukturierung und schließlich Erklärung. Wichtig ist auch immer die Analyse der Antworten, die *nicht* gegeben wurden, also herauszufinden, welche Erwartungen der Forschenden nicht erfüllt wurden. Die inhaltsanalytische Auswertung erfolgt in der Regel computergestützt mittels Software wie beispielsweise ATLAS.ti oder MAXQDA.

Die Regeln und der Prozess der Auswertung werden für die Studie eigens entwickelt (vgl. Beispiele für verschiedene Vorgehensweisen in Mayring, 2016). Verbindendes Element der vielen verschiedenen qualitativen Auswertungsmethoden ist, dass Wörter, Sätze oder Äußerungen im Textmaterial identifiziert und markiert werden, die zueinander und zur übergeordneten Dimension passen oder neue Aspekte ansprechen. Die Dimensionen werden entweder im Verlauf der Textanalyse identifiziert (induktive Kategorienbildung) oder zuvor anhand der Theorie festgelegt (deduktive Kategorienbildung). Diese miteinander in Beziehung stehenden Äußerungen werden dann geordnet, um vorab festgelegte Dimensionen besser zu verstehen und neue theoretische Dimensionen und Ansatzpunkte zu formulieren. Diese Dimensionen werden in einen theoretischen Bezug gesetzt, um Ursache-Wirkungsbeziehungen, Typen, Rezeptionsmodalitäten oder Zusammenhänge zu erkennen. Aus diesen Beziehungen wird das Material insgesamt interpretiert und anschließend theoretisch begründet bzw. die Theorie neu formuliert. Dieses systematische Vorgehen ist ein *iterativer, selbstlernender Prozess:* Wenn die Interviewtranskripte einmal durchgearbeitet und die Dimensionen theoretisch formuliert wurden, dann geht man das Material erneut durch, um die Zuordnung der Äußerungen zu prüfen und die Definition der Dimensionen zu überdenken und ggf. anzupassen.

Qualitative Methoden haben den Vorteil der Offenheit und sind deshalb besonders für innovative, unerforschte Fragen und neue Medienangebote geeignet. Darüber hinaus folgen sie dem Prinzip des Verstehens, sie eignen sich also für die intensive Ausleuchtung einer Forschungsfrage.

2.6 Inhaltsanalyse

Wie stereotyp werden in Fantasy-Bestsellern (z. B. »Die Tribute von Panem« von S. Collins oder »Harry Potter« von J. K. Rowling) Frauen und Männer dargestellt? In dieser beispielhaften Forschungsfrage geht es um die Analyse von Buchinhalten. Die übergeordnete Problemstellung ist, dass Kinder und Jugendliche diese Romane gern lesen, dass die Bände eine hohe Reichweite in dieser Zielgruppe haben, und dass diese Bücher möglicherweise Einfluss auf geschlechtsstereotypes Denken und Verhalten haben. Um eine fundierte Aussage über die Inhalte selbst treffen zu können, kann im ersten Schritt eine *Inhaltsanalyse* durchgeführt werden. Im zweiten Schritt könnte dann beispielsweise experimentell die Wirkung der Lektüre ausgewählter Kapitel auf die Kinder und Jugendlichen untersucht werden.

Definition

Die *Inhaltsanalyse* ist ein empirisches Verfahren, dessen Ziel (1) eine systematische Beschreibung inhaltlicher und formaler Merkmale von medienvermittelten Botschaften und (2) die darauf basierende Ableitung von interpretativen Schlussfolgerungen ist (Früh, 2017; Rössler, 2017).

Bei der Inhaltsanalyse geht es zum einen darum, rein deskriptiv zu beschreiben, welche *manifesten* Inhalte und welche Form ein Medieninhalt hat. Ein manifester, direkt beobachtbarer Inhalt ist in unserem Beispiel möglicherweise die Häufigkeit des Auftretens von männlichen und weiblichen Charakteren und ob sie eher Haupt- oder Nebenrollen einnehmen. Zum anderen werden mit der Inhaltsanalyse auch *latente* Inhalte messbar. Ein latenter Inhalt ist beispielsweise, ob eher weibliche oder eher männliche Akteure in den untersuchten Geschichten die Gesprächsführung übernehmen.

Das Vorgehen der Inhaltsanalyse folgt einem wissenschaftstheoretisch durchdachten Prozess und erfolgt nach vorab festgelegten Qualitäts- und Gütekriterien. Damit wird die Inhaltsanalyse ebenso wie die anderen standardisierten Verfahren *intersubjektiv* (also für andere Forschende) nachvollziehbar.

Die Entscheidung für die *Auswahleinheit*, also das interessierende Material, erfolgt systematisch. Dazu wird das relevante Medienangebot (z. B. Fantasy Bücher), der räumliche Geltungsbereich (z. B. in deutscher

Übersetzung erschienen) und der Zeitraum (z. B. 2015–dato) bestimmt (Rössler & Geise, 2013). Für die Codierer:innen werden diese Kriterien als sog. *Aufgreifkriterien* formuliert, durch die sichergestellt werden soll, dass die passenden Bücher in die Stichprobe gelangen. Danach werden alle *Analyseeinheiten* dieser Stichprobe (z. B. Kapitel, Dialoge, einzelne Aussagen) definiert und für die Analyse herausgegriffen. Wichtigstes Handwerkszeug der Inhaltsanalyse ist das *Codebuch*. Es enthält genaue Anweisungen, welche Analyseeinheiten ausgewählt werden und welche numerischen Codes bestimmten Ausprägungen zugewiesen werden (Codiereinheiten). In unserem Beispiel kann beispielsweise ermittelt werden, ob und wie viele Darstellungen von weiblicher oder männlicher Dominanz in einem Kapitel auftreten, von welchen Akteur:innen dominante Verhaltensweisen wie Aggression oder Anweisungen ausgehen, gegen bzw. an wen sie sich richten und welche Konsequenzen diese Verhaltensweisen haben (z. B. Belohnung, Bestrafung). Die Inhaltsanalyse macht durch Codierung die Merkmale der Medienbotschaft quantifizierbar.

Neue Perspektiven für die Medienpsychologie eröffnen *automatisierte Inhaltsanalysen* (Keyling, 2014; Scharkow, 2013). Sie sind der *Computational Social Science* zuzuordnen. Dieser Forschungsansatz basiert auf digitalen Daten, die »computational«, also mithilfe von Computern abrufbar sind (z. B. Log-Daten). Gleichzeitig werden die Daten auch »computational«, also automatisiert oder teilautomatisiert mithilfe von Algorithmen ausgewertet (vgl. im Überblick Stützer, Welker & Egger, 2018).

> **Definition**
>
> Die *automatisierte Inhaltsanalyse* ist ein Oberbegriff für Verfahren zur systematischen Erhebung und Auswertung digital vorliegender Datensätze. Die Messung, also der Codiervorgang, basiert auf einem Algorithmus, der entweder (a) explorativ Kategorien identifiziert oder (b) die Daten hypothesengeleitet nach vorgegebenen Kategorien durchsucht.

Computational Social Science und auch die automatisierte Inhaltsanalyse wird in psychologischen Studien angewendet. Beispielsweise analysierten Youyou et al. (2015) inwiefern die Likes von Internetnutzer:innen einen Rückschluss auf ihre Persönlichkeit zulassen. In einem ersten Schritt wurden Persönlichkeitstests mit den Likes der User:innen abgeglichen und nach Mustern gesucht. Dazu griffen die Autor:innen auf kurze Persönlichkeitsfragebogen, die 70 000 Facebook-Nutzer:innen auf Facebook ausgefüllt hatten, und auf die Likes dieser Personen zurück. Beides wurde den Autor:innen von Facebook zur Verfügung gestellt. Die Autor:innen entwickelten einen Algorithmus zur Identifikation von Zusammenhängen zwischen spezifischen Persönlichkeitsmerkmalen und Likes. Im nächsten Schritt sagten die Autor:innen die Persönlichkeit der User allein anhand der Likes vorher. Diese Vorhersage fiel ähnlich gut, teilweise sogar besser aus als eine Vorhersage der Persönlichkeit durch Freunde oder Bekannte. Dieses Vorgehen wird in ganz ähnlicher Weise in der Markt- und Meinungsforschung und zur Aussteuerung von Werbung in Form von Behavioral Targeting verwendet.

Für die medienpsychologische Forschung sind Inhaltsanalysen von großer Bedeutung. Sie ermöglichen uns, Medien, deren Inhalte und Beschaffenheit, als »Stimuli« des menschlichen Erlebens und Verhaltens besser zu verstehen. Ein tiefgehendes Verständnis der Medienangebote ist erforderlich, um Rückschlüsse auf das Erleben und Verhalten zu ziehen. Darüber hinaus liefern vor allem automatisierte Inhaltsanalysen den Vorteil, dass sie auch die Kommunikation der Nutzenden erfassen. Ethisch bringen die Computational Methods viele offene Fragen mit sich. Können wir öffentlich verfügbare Daten zur Kommunikation der Nutzenden ohne Abstimmung und ohne ihr Einverständnis verwenden? Öffentliche Verfügbarkeit von Daten ist nicht gleichbedeutend mit dem Einverständnis der Verwendung für die Forschung. Eine ethische Debatte wird dazu zunehmend geführt (Breuer, et al., 2020; Collmann & Matei, 2016; Zimmer & Kinder-Kurlanda, 2017).

Zusammenfassung

Medienpsychologische Erkenntnisse basieren auf empirischen Untersuchungen. Immer entscheidet die Qualität einer empirischen Studie darüber, welche Ergebnisse und Erkenntnisse überhaupt gewonnen werden können. Dementsprechend ist für die Interpretation von medienpsychologischen Studienergebnissen und auch Theorien bedeutsam, auf welchen Methoden sie basieren und wie gemessen wurde. In der Medienpraxis und in der Wissenschaft ist deshalb der erste Schritt vor der Verwendung eines Ergebnisses ein Blick in den »Methodenteil« des Artikels oder des Forschungsberichts.

Alle Methoden haben ihre berechtigten Einsatzgebiete, ihre Vor- und Nachteile. Im Experiment können auch weniger zugängliche Reaktionen erhoben werden, denn Medieninhalte werden in einem Stimulus dargeboten und im Vergleich zur Kontrollgruppe kann gemessen werden, ob eine spezifische Reaktion auf diesen spezifischen Stimulus erfolgt. Die Befragung wird meistens eingesetzt, wenn man Menschen zutraut, dass sie selbst Auskunft geben können, und wenn man auf eine festgelegte Grundgesamtheit schließen möchte. Psychophysiologische Methoden und Apparaturen gehen noch weiter unter die Bewusstseinsgrenze, z. B. indem Emotion und Aktivation über die Beobachtung der Gehirnaktivität, Blickbewegungen und Herzrate gemessen werden. Natürlich gibt es auch medienpsychologische Problemstellungen mit wenig bestehender Forschung und vielen offenen Fragen. Dann eignen sich besonders qualitative Verfahren. Sowohl standardisiert als auch offen und explorativ kann auch bei der Inhaltsanalyse von Log-Daten vorgegangen werden, die mithilfe von Computational Methods analysiert werden. Dazu werden die »Spuren« der Internetnutzung angesehen und ausgehend davon auf Gewohnheiten und Verhaltensmuster geschlossen.

Grundsätzlich gilt für die genannten Verfahren, dass sie vor allem in Kombination, in der sog. *Triangulation*, zum Erfolg führen. Das kann bedeuten, dass verschiedene Methoden zum Einsatz kommen, um dieselbe Fragestellung mit verschiedenen Methoden zu beantworten. Es kann auch bedeuten, dass verschiedene Hypothesen einer Studie mit jeweils unterschiedlichen Methoden adressiert werden. Die Triangulation (Verknüpfung verschiedener Methoden) und die Replikation (Wiederholung einer Studie) sind wichtiger Teil des medienpsychologischen Forschungsrepertoires. Nur wenn dieselben Forschungsfragen wiederholt gestellt werden, können wir sichergehen, dass sie sich in anderen Laboren, Kontexten, Zeiten und Kulturen replizieren lassen. Und nur wenn diese Wiederholungen gelingen, können wir uns auf die Ergebnisse der Studien verlassen.

Literaturempfehlungen

Döring, N. & Bortz, J. (2016). *Forschungsmethoden und Evaluation in den Sozial- und Humanwissenschaften* (5. Aufl.). Springer.
Fahr, A. & Hofer, M. (2013). Psychophysiologische Messmethoden. In W. Möhring & D. Schlütz (Hrsg.), *Handbuch standardisierte Erhebungsverfahren in der Kommunikationswissenschaft* (S. 347–365). Springer VS.
Gläser, J. & Laudel, G. (2020). *Experteninterviews und qualitative Inhaltsanalyse als Instrumente rekonstruierender Untersuchungen* (7. Aufl.). Springer VS.
Koch, T., Peter, C. & Müller, P. (2018). *Das Experiment in der Medien- und Kommunikationswissenschaft: Grundlagen, Durchführung und Auswertung experimenteller Forschung*. Springer VS.
Mikos, L. & Wegener, C. (Hrsg.). (2017). *Qualitative Medienforschung: Ein Handbuch* (2. Aufl.). UVK Verlag.
Möhring, W. & Schlütz, D. (2019). *Die Befragung in der Medien- und Kommunikationswissenschaft. Eine praxisorientierte Einführung* (3. Aufl.). Springer VS.
Potter, R. F. & Bolls, P. D. (2012). *Psychophysiological measurement and meaning: Cognitive and emotional processing of media*. Routledge.
Rössler, P. (2011). *Skalenhandbuch Kommunikationswissenschaft*. Springer VS.

> **Fragen zur Selbstüberprüfung**
>
> 1. Erklären Sie den Forschungsablauf anhand eines von Ihnen selbst erdachten medienpsychologischen Beispiels.
> 2. Definieren Sie interne und externe Validität. Warum ist das Problem der internen und externen Validität in der medienpsychologischen Forschung besonders brisant?
> 3. Was sind typische Merkmale eines Experiments?

4. Welche Vorteile haben Befragungen und welche Arten von Befragungen werden in der Medienpsychologie am häufigsten eingesetzt?
5. Welche methodischen Probleme sind mit dem Einsatz von Befragungen verknüpft?
6. Welchen Vorteil haben Panelbefragungen im Vergleich zu Befragungen mit nur einem Messzeitpunkt?
7. Nennen Sie fünf psychophysiologische Methoden und was diese messen.
8. Worin bestehen die wesentlichen Unterschiede zwischen qualitativen und quantitativen Forschungsmethoden?
9. Beschreiben Sie den Ansatz der Computational Social Science und zeigen Sie die Bedeutung der Computational Social Science für die Medienpsychologie auf.
10. Warum sind automatisierte Inhaltsanalysen besonders gut geeignet, um in der Medienpsychologie neue Perspektiven aufzuzeigen?

3 Medienselektion

Sind eher extravertierte Menschen online aktiver als eher introvertierte Menschen? Haben unsere Gruppenzugehörigkeiten oder unser Selbstkonzept einen Einfluss auf die Auswahl einer Serie? Und wie beeinflussen Gefühle und Stimmungen, für welchen Film und welche Musik wir uns entscheiden? Forschung und Theorien zur Medienselektion bzw. Medienwahl lassen sich ebenso wie die anderen Theorien dieses Bandes in emotionsbezogene, sozial-kognitiv orientierte und verhaltensbezogene Ansätze unterteilen (▶ Tab. 1.1). Zunächst werden wir erörtern, was eigentlich Persönlichkeit aus psychologischer Perspektive ausmacht und wie man sie erfassen kann (▶ Kap. 3.1). Anhand empirischer Studien werden wir zeigen, welchen Einfluss Persönlichkeitsfaktoren auf die Selektion von Medieninhalten haben können. Des Weiteren betrachten wir die Dissonanztheorie und unter welchen Umständen Menschen ihre Medienwahl danach ausrichten, möglichst konsistente Entscheidungen zu treffen (▶ Kap. 3.2). Dann werden wir Theorien der Identität und des Selbst vorstellen und zeigen, wie Medien genutzt werden, um Orientierung im Hinblick auf die eigene Identität zu gewinnen (▶ Kap. 3.3). Anschließend widmen wir uns der emotionsorientierten Medienwahl, und der Frage, welchen Einfluss bestimmte Stimmungen oder Gefühle auf die Medienwahl haben (▶ Kap. 3.4). Zuletzt geht es um die Frage, wie Bedürfnisse nach Selbstbestimmung und Autonomieerleben die Medienwahl beeinflussen (▶ Kap. 3.5).

3.1 Persönlichkeit

»Sag mir wer du bist und ich sage dir, was du schaust, hörst oder liest!« Die Persönlichkeit ist für die Forschung und Praxis so bedeutsam, weil man anhand von klar umrissenen, messbaren Eigenschaften Verhalten, Emotionen und Kognitionen vorhersagen kann. Gerade aufgrund dieser faszinierenden Einfachheit werden Persönlichkeitsfaktoren sowohl in der praktischen als auch in der akademischen medienpsychologischen Forschung verwendet, um Nutzungsinteressen oder -gewohnheiten vorherzusagen. Bevor wir über die Möglichkeiten und Grenzen der Vorhersage von Medienselektion mithilfe von Persönlichkeitsfaktoren nachdenken, zeigen wir auf, was Persönlichkeit eigentlich ausmacht, wie die Persönlichkeitspsychologie arbeitet und welche Persönlichkeitsfaktoren in der Medienpsychologie besonders relevant sind.

> **Definition**
>
> *Persönlichkeit* beschreibt die Gesamtheit aller Eigenschaften, in denen sich ein Mensch von anderen Menschen gleichen Alters und gleicher Kultur unterscheidet (Neyer & Asendorpf, 2018).
>
> *Persönlichkeitseigenschaften im engeren Sinn oder »Traits«* umfassen Persönlichkeitsfaktoren wie die Big Five. Sie weisen eine zeitliche Stabilität und transsituative Konsistenz auf, d. h. Menschen werden sich zu verschiedenen Zeitpunkten und in unterschiedlichen Situationen aufgrund ihrer Persönlichkeitsmerkmale ähnlich verhalten oder fühlen. Traits haben sowohl eine genetische als auch eine Umweltkomponente, sie sind also erblich und werden im Rahmen der Sozialisation vermittelt und geprägt (Stemmler et al., 2016).
>
> *Persönlichkeitseigenschaften im weiteren Sinn* umfassen Begabungen und Leistungseigenschaften, Informationsverarbeitungsstile, Einstellungen, Werthaltungen, Normorientierungen und Überzeugungen.

Viele Konstrukte der Persönlichkeit gehen auf über hundert Jahre Forschung zurück. So beispielsweise das Fünf-Faktoren-Modell der Persönlichkeit (*Big Five*), mit dem die gesamte Persönlichkeit erfasst werden soll (McCrae & John, 1992).

> **Definition**
>
> *Big Five*
> Die Bezeichnung *Big Five* steht für fünf grundlegende Faktoren der Persönlichkeit, denen je zwei Pole zugeordnet sind und die auch mit dem Akronym OCEAN abgekürzt werden (Neyer & Asendorpf, 2018). Wir beschreiben die Faktoren anhand der Facetten des NEO-PI-R (der revidierten Form des NEO-Persönlichkeitsinventars nach Costa und McCrae; vgl. Ostendorf & Angleitner, 2003):
>
> - *Offenheit für Erfahrungen / Risikobereitschaft (Openness)*: Offenheit für Fantasie, Ästhetik, Gefühle, Handlungen, Ideen, Werte
> - *Gewissenhaftigkeit (Conscientiousness)*: Kompetenz, Ordnungsliebe, Pflichtbewusstsein, Leistungsstreben, Selbstdisziplin, Besonnenheit
> - *Extraversion (Extraversion)*: Aktivität, Erlebnishunger, Frohsinn, Herzlichkeit, Geselligkeit, Durchsetzungsfähigkeit
> - *Verträglichkeit (Agreeableness)*: Vertrauen, Freimütigkeit, Altruismus, Entgegenkommen, Bescheidenheit, Gutherzigkeit
> - *Neurotizismus (Neuroticism)*: Ängstlichkeit, Reizbarkeit, Depression, soziale Befangenheit, Impulsivität, Verletzlichkeit

In der Medienpsychologie spielt das spannende Feld der Persönlichkeit eine große Rolle. Es gibt eine Vielzahl von Studien, in denen Persönlichkeit und Medienwahl in Zusammenhang gebracht werden, und noch viel mehr Studien, in denen Persönlichkeit geradezu nebenbei erforscht oder aus Interesse (und häufig ohne theoretische Vorarbeit) miterhoben wird. Und wirklich alle Persönlichkeitseigenschaften im engeren und weiteren Sinn (siehe Definition) wurden schon medienpsychologisch beforscht.

3.1 Persönlichkeit

Werfen wir beispielsweise einen Blick auf den Zusammenhang zwischen Medienwahl und *Neurotizismus*, für den Schmitt (2004) zwei Erklärungen vorschlägt: Auf der einen Seite vermutet Schmitt, dass neurotische Personen Medieninhalte auswählen, die sie beruhigen. Stimmungsaufhellende oder ablenkende Inhalte seien in der Lage, die Ängste und Befürchtungen der eher neurotischen Personen zu reduzieren. Auf der anderen Seite könnten neurotische Personen Medienangebote auswählen, die zu ihren Ängsten und Befürchtungen passen, um sich zu wappnen und mit Medien eine Orientierungshilfe zu erlangen. Beide Tendenzen sind auch als »Abwehrreaktion gegen Bedrohung« zu verstehen. Angst fühlt sich zunächst unangenehm an, sodass eher neurotische Menschen Medien nutzen, um das bisweilen unangenehme Gefühl der Angst oder Furcht zu mindern (Liu & Campbell, 2017). In einer Meta-Analyse von 33 Studien aus elf Ländern wurde gezeigt, dass eher neurotische Menschen dazu tendieren, mittels Musikhören Emotionen zu regulieren, als Personen mit geringerem Ausmaß an Neurotizismus (Miranda & Blais-Rochette, 2018). Das heißt, sie hören Musik, um positive und negative Gefühle zu generieren, zu ändern oder beizubehalten. Wir können zudem annehmen, dass emotional eher labile, neurotische Menschen aktiv und ganz gezielt an dieser Labilität arbeiten, und es z. B. mithilfe von Musik vielleicht sogar erreichen können, sich zu stabilisieren und etwaige ängstliche Gefühle zu verringern. Auch die Nutzung sozialer Netzwerkseiten steht in Zusammenhang mit Neurotizismus. Eher neurotische Menschen nutzen länger und häufiger soziale Medien und aktualisieren ihren Status häufiger (Liu & Campbell, 2017).

Personen mit höherer *Extraversion* wählen vermutlich Medien aus, die Aktivität und soziale Begegnungen ermöglichen (Schmitt, 2004). Medienangebote ermöglichen positive Kontakte und explorierende, neue Erfahrungen. Eher extravertierte Menschen bevorzugen deshalb möglicherweise Medienangebote mit intensiven und wechselnden Reizen, in denen Soziabilität als lohnende und angemessene Aktivität gezeigt wird. Introvertierte hingegen neigen eventuell eher dazu, sich von Reizen abzuschirmen, und präferieren reizarme Medienangebote (Schmitt, 2004). In entsprechenden medienpsychologischen Studien sehen wir diese Tendenzen bestätigt. Von allen Faktoren der Big Five ist vor allem der Faktor Extraversion mit der Medienselektion korreliert. In einer Meta-Analyse zur Social-Media-Nutzung zeigte sich, dass extravertiertere Menschen eher mit anderen User:innen interagieren und mehr Fotos posten als introvertierte User:innen (Liu & Campbell, 2017). Besonders auffällig ist, dass sie berichten, mehr Online-Freunde zu haben als eher introvertierte Menschen. Mit einer mittleren Effektstärke ist der Zusammenhang in den elf untersuchten Studien stärker als für alle anderen Formen der Mediennutzung und alle anderen Persönlichkeitsmerkmale.

Offenheit für Erfahrungen erwies sich zwar nicht als Prädiktor für die generelle Nutzung sozialer Medien (Liu & Campbell, 2017), es zeigten sich jedoch kleine und mittlere Effektstärken für verschiedenen Nutzungsformen: Eher offene Menschen haben ein deutlich höheres Interesse an Online-Spielen, suchen stärker nach Informationen und berichten anhand von Fotos oder in Status-Updates mehr von sich.

Gewissenhaftigkeit geht mit höherem Konformismus und auch einer Langfristorientierung einher. Diese beiden Verhaltenstendenzen vertragen sich nicht immer mit dem Ablenkungspotenzial sozialer Medien. Dementsprechend ist es nicht verwunderlich, dass eher gewissenhafte Menschen beispielsweise signifikant weniger Online-Games nutzen als weniger gewissenhafte Menschen (Liu & Campbell, 2017).

Verträglichkeit weist keinen Zusammenhang mit der Nutzung sozialer Medien auf. Ergebnisse der Meta-Analyse zeigen, dass eher verträgliche Menschen zwar eher online Fotos posten, andere Zusammenhänge sind jedoch nicht vorhanden bzw. sehr klein (Liu & Campbell, 2017). Es wurde zunächst angenommen, dass weniger verträgliche Menschen online einfacher Kontakte knüpfen als offline und soziale Medien sie dabei unterstützen, soziale Defizite zu kompensieren. Ein solcher Kompensationseffekt wurde jedoch in der genannten Meta-Analyse nicht nachgewiesen.

In welchem Zusammenhang stehen nun aber die Selektion klassischer Massenmedien und die Persönlichkeit? Belastbare Ergebnisse zum Zusammenhang von Persönlichkeit und audio-visuellen Unterhaltungs- oder Informationsformaten sowie Print-Angeboten wurden in den letzten zehn Jahren zwar nur wenig publiziert, darunter sind aber dennoch einige spannende Ergebnisse: Es zeigte sich beispielsweise kein Zusammenhang zwischen den Big Five und der Nachrichtennutzung sowohl in Bezug auf Online- als auch Print-Nachrichtenangebote (Bakker & De Vreese, 2020; Sindermann et al., 2020).

Als ein weiteres Persönlichkeitsmodell möchten wir hier die *Dunkle Triade* herausgreifen. Mediennutzer:innen werden immer wieder auch negative Verhaltenstendenzen unterstellt und noch häufiger werden Medien negative Wirkpotenziale zugesprochen. Man möchte beispielsweise verstehen, warum auch sehr gewalthaltige Serien, Filme oder Computerspiele auf großes Interesse stoßen. Die Dunkle Triade wird in der medienpsychologischen Forschung oftmals herangezogen, wenn es um die Analyse problematischer und pathologischer Mediennutzung geht. Ihr vielfacher Gebrauch bringt zum Ausdruck, dass Mediennutzung nicht immer adaptiv, sinnvoll und positiv ist.

Definition

Dunkle Triade (Paulhus, 2014; Paulhus & Williams, 2002)
Ein Persönlichkeitsmodell, das auf drei Faktoren (Narzissmus, Psychopathie und Machiavellismus) beruht, denen gemeinsam ist, dass sie mit sozial unerwünschten Merkmalen einhergehen und allesamt Tendenzen emotionaler Kälte, Doppelzüngigkeit, Aggressivität und Egoismus beinhalten.

- *Narzissmus:* bezieht sich auf selbstbezogene Verhaltensweisen (arrogant, dominant, charmant, ausgeprägtes Anspruchsdenken und Bedürfnis nach Aufmerksamkeit, Bewunderung oder Prestige)
- *Psychopathie:* bezieht sich auf interpersonale Stile (impulsiv, zynisch, kaltherzig, zur Gewalt neigend, fehlender Altruismus oder Reue)
- *Machiavellismus:* bezieht sich auf die emotionale Kompetenz (manipulativ, z. B. durch Lügen, Schmeicheleien, Vorausplanen und Interaktionen, Unterdrücken und Kontrolle spontaner Reaktionen, unmoralisch, ausbeuterisch)

Die Persönlichkeitsfaktoren der *Dunklen Triade* gehen laut psychologischen Meta-Analysen mit normverletzendem Verhalten einher. Insofern liegt es nahe, dass in medienpsychologischen Studien untersucht wird, ob Menschen mit höherer Ausprägung in diesen Eigenschaften auch eher an normverletzenden Medien (z. B. sehr gewalthaltigen Medien) interessiert sind und zu problematischem Nutzungsverhalten (z. B. suchtartig oder soziopathisch) neigen. Wie erwartet zeigt sich, dass Menschen, die höhere Ausprägungen auf allen drei Faktoren der Dunklen Triade aufweisen, eher zu problematischer und suchtartiger Nutzung neigen. Sie sind eher Täter von Cyberstalking, -bullying und -trolling (Kircaburun et al., 2018) sowie von sexueller Belästigung (Tang et al., 2020). Interessant ist auch, zwischen den Persönlichkeitsfaktoren zu unterscheiden. So zeigt sich, dass Menschen mit höheren Ausprägungen auf allen Faktoren der Dunklen Triade nicht unbedingt mehr soziale Medien nutzen (Kircaburun et al., 2018). Menschen mit höheren Ausprägungen in Narzissmus nutzen jedoch soziale Medien intensiver, haben mehr Freunde auf sozialen Netzwerkseiten und neigen dort auch eher zur Selbstdarstellung (Gnambs & Appel, 2018).

Appel et al. (2019) nehmen in ihrer Studie eine andere Perspektive ein. Sie haben sich nicht gefragt, ob und warum Menschen mit höheren Ausprägungen auf der Skala der Dunklen Triade antisoziales, gewalthaltiges oder problematisches Mediennutzungsverhalten zeigen, sondern wie Medienangebote, die der eudaimonischen Unterhaltung zuzurechnen sind, die also vor allem Appreciation und Meaningfulness (▶ Kap. 3.5 und ▶ Kap. 4.3) hervorrufen, auf diese Menschen wirken. Sie nahmen an, dass höhere Ausprägungen auf der Dunklen Triade mit dieser Form der Medienunterhaltung nicht vereinbar sind, vielleicht sogar konfligieren und eine Distanzierung zur Folge haben. Und tatsächlich bewerteten eher dunkle Persönlichkeiten die eudaimonischen Videos insgesamt schlechter und empfanden sie als kitschiger. Die Meaningfulness stand jedoch weder direkt noch indirekt mit der Dunklen Triade in Zusammenhang.

Wir haben nun die Zusammenhänge von Persönlichkeit und Mediennutzung anhand von verschiedenen Persönlichkeitsfaktoren aufgezeigt und immer auch darauf hingewiesen, dass zuvor erwartete Zusammenhänge zwischen Persönlichkeit und Medienwahl nicht immer gefunden wurden. Persönlichkeit ist keine »sichere Bank«, wenn es um die Vorhersage von Mediennutzung geht. Die kleinen bis mittleren Effektstärken sind mit der Komplexität beider Variablen (Persönlichkeit und Medieninhalt) zu erklären. Persönlichkeitsvariablen sind Konstrukte, die sich auf eine große Bandbreite an Eigenschaften beziehen. Damit ist ein Einfluss auf das Mediennutzungsverhalten und -erleben auf der einen Seite absolut denkbar. Auf der anderen Seite ist die Frage, wie viel Varianz beide wirklich teilen. Persönlichkeitsfaktoren und die Mediennutzung haben selten einen konkreten, inhaltlichen Bezug, sie teilen also nur wenig systematische Varianz. Darüber hinaus fluktuiert die Mediennutzung über den Tagesverlauf, ist beispielsweise wetter- und altersabhängig, während Persönlichkeit relativ stabil ist. Wir erläutern diese Interaktion von Personen- und Situationsfaktoren in einem späteren Kapitel anhand des General Aggression Model (▶ Kap. 5.6). Insgesamt können wir also damit rechnen, dass die Persönlichkeit in medienpsychologischen Studien Erkenntnisfortschritte verspricht, wenn:

1. ein inhaltlicher Bezug zwischen Persönlichkeitsvariable und Medienwahl vorhanden ist (z. B. Extraversion und Anzahl von Freunden in sozialen Medien),
2. Persönlichkeitsvariablen nicht in einer übermäßig vereinfachenden bivariaten Beziehung (Persönlichkeit und Medienwahl), sondern als Teil eines Modells betrachtet werden, z. B. indem Mediennutzung sowohl über die Persönlichkeit als auch über andere, situative Prozesse erklärt wird,
3. Persönlichkeitseigenschaften eher zur Erklärung habituellen Nutzungsverhaltens (z. B. Sicherheitsorientierung im Internet bei eher neurotischer Persönlichkeit), oder übergreifender Reaktionstendenzen (z. B. höherer Reaktivität in gewalthaltigen Spielen bei der aggressiven Persönlichkeit) herangezogen werden, da sie eine hohe transsituative Konsistenz und Stabilität aufweisen.

3.2 Kognitive Diskrepanz und Dissonanz

Nehmen wir an, ein junger Wähler hat bei der Landtagswahl seine Stimme für einen Kandidaten der fiktiven Partei »Allianz für Studierende« abgegeben. Nach der Wahl liest dieser Wähler nun in seiner Tageszeitung, dass der gewählte Kandidat während einer Klausurtagung im Fünf-Sterne Hotel Spenden, die für den Wahlkampf bestimmt waren, für Feiern und Wellness ausgegeben hat. Der Wähler ist vermutlich verärgert und frustriert, denn auf der einen Seite verbindet er bestimmte Werte wie Redlichkeit mit dieser Partei, auf der anderen Seite legt die aktuelle Berichterstattung nahe, dass der Spitzenkandidat andere Werte vertrat, nämlich Bereicherung und Korruption. Der Wähler ist nun hochmotiviert, diesen unangenehmen Zustand des Ärgers und der Frustration zu verringern. Was wird er tun? Weitere Berichte lesen, die Berichterstattung meiden oder sein Wahlverhalten und seine politische Einstellung anpassen?

Konsistenztheorien adressieren diesen Prozess und postulieren, dass Menschen nach einem balancierten Zustand von Kognitionen und Verhalten streben. Die Annahmen der Dissonanztheorie haben jahrzehntelang zu umfassender Forschung geführt (Cotton, 1985; Donsbach, 1991; Knobloch-Westerwick, 2015b; Zillmann & Bryant, 1985).

Interessant für die medienpsychologische Forschung ist die Dissonanztheorie vor allem wegen ihrer motivationalen Komponente. Sie bietet die Chance, die drängende Frage zu beantworten, *warum* Menschen bestimmte Medieninhalte auswählen oder lieber vermeiden. Die Grundidee ist, dass ein Widerspruch zwischen Kognitionen und Verhalten oder zwischen zwei Kognitionen (*kognitive Diskrepanz*) zu einem unangenehmen Erregungszustand führt (*kognitive Dissonanz*), und dass Menschen aufgrund dessen aktiv nach Informationen suchen oder ihr Verhalten ändern, um die kognitive Diskrepanz und damit auch die kognitive Dissonanz aufzuheben.

3.2 Kognitive Diskrepanz und Dissonanz

Definitionen

Kognitive Diskrepanz: Widerspruch zwischen verschiedenen Kognitionen oder Kognition und Verhalten.

Kognitive Dissonanz: Ein unangenehmer Erregungszustand, der mit dem Motiv der Beendigung oder Änderung dieses Zustands einhergeht. Die kognitive Dissonanz hat zwei Elemente: Dissonanzerregung und Dissonanzmotivation.

Kongruente und inkongruente Information: Informationen, die entweder den eigenen Einstellungen und dem eigenen Verhalten entsprechen (kongruent) oder nicht (inkongruent).

Gemäß Festinger (1957) engagieren sich Menschen aktiv in der *Dissonanzreduktion*, denn sie möchten den unangenehmen Erregungszustand der Dissonanz vermeiden. Im Folgenden stellen wir die drei Strategien der Dissonanzreduktion vor. Laut Theorie wird stets die am einfachsten realisierbare Strategie verfolgt:

- *Elemente, die Dissonanz erzeugen, ändern oder andere Elemente hinzufügen.* Verschiedene Elemente, wie beispielsweise Erfahrungen, Eindrücke oder Informationen können eine Dissonanz hervorrufen. Zur Dissonanzreduktion selektieren und verändern Menschen aktiv diese Elemente und infolgedessen auch ihre Einstellungen. Beispielsweise suchen sie nach weiteren Quellen oder Nachrichten, wenn die vorhandenen als dissonant erlebt werden.
- *Dissonanz erzeugende Situationen und Informationen vermeiden.* Beispielsweise meiden Menschen jegliche Berichterstattung zu einem Thema und entscheiden sich etwa gegen das Lesen weiterer Zeitungsartikel.
- *Situationen oder Informationen neu interpretieren.* Menschen reduzieren die Bedeutsamkeit dissonanter Informationen und Kognitionen. Beispielsweise zweifeln sie die Glaubwürdigkeit der Medienberichterstattung an.

Das grundlegende Postulat, dass infolge kognitiver Diskrepanz eine selektive Informationssuche erfolgt, wurde durch Meta-Analysen bestätigt (D'Alessio & Allen, 2010). Geprüft wurde die Dissonanztheorie auch im Kontext von Werbung, Gesundheitskommunikation, Nachrichtenmedien und Unterhaltungsinhalten. Dabei ließen sich jedoch nicht für alle Medien und Anwendungsbereiche die Aussagen der Theorie bestätigen (vgl. im Überblick Knobloch-Westerwick, 2015b).

Es wurden verschiedene Bedingungen untersucht, die den idealtypischen Ablauf der Dissonanzreduktion beeinflussen:

- *Aversive Konsequenzen:* Dissonanzerregung entsteht vor allem, wenn wir aversive Konsequenzen eines Verhaltens vermuten und uns für diese negativen Konsequenzen selbst verantwortlich fühlen (Cooper, 2012). Wenn also unser junger Wähler aus dem Beispiel zu Beginn des Abschnitts den Eindruck hat, die falsche Partei gewählt zu haben, so fühlt er sich erstens selbst für sein Handeln verantwortlich und zweitens bekommt er die Konsequenzen der Veruntreuung durch die umfassenden Medienberichte zum Thema deutlich zu spüren.
- *Stärke der Dissonanz:* Sehr schwache und sehr starke Dissonanz führen zu einer weniger intensiven Suche nach Informationen als moderate Dissonanz. Bei sehr schwacher Dissonanz ist das unangenehme Dissonanzempfinden nicht stark genug. Ein Suchverhalten würde sich nicht lohnen. Bei sehr starker Dissonanz kommt eher eine unmittelbare Verhaltensänderung in Frage, auch hier lohnt sich die Informationssuche nicht. Zu viele Informationen müssten gefunden werden, um die Dissonanz mit überzeugender Evidenz aufzuheben. Empfinden wir jedoch ein mittleres Ausmaß der Dissonanz, so lohnt sich die Suche nach Informationen zur Linderung des dissonanten Spannungszustandes und ist am stärksten nachweisbar. Der junge Wähler aus unserem Beispiel ist zunächst erschrocken über die Medienberichte und empfindet mittlere Dissonanz, weil er eine unausgewogene Mediendarstellung vermutet. Das würde ihn zu weiterer Informationssuche anregen. Wenn jedoch eine angebotsübergreifende Berichterstattung auf ein eindeutiges Fehlverhalten des Vertreters der »Allianz für Studierende« hinweist, so ist die Dissonanz zwischen dem eigenen Wahlverhalten und dieser Information

so stark, dass sich eine weitere Informationssuche nicht lohnt. Der Wähler wird beispielsweise entscheiden, sein Wahlverhalten bei der nächsten Landtagswahl anzupassen.

- *Persönliche Überzeugungen:* In verschiedenen Studien wurde immer wieder vermutet, dass in diesem Prozess auch die Parteizugehörigkeit oder politische Überzeugung eine Rolle spielen, dass beispielsweise Menschen mit konservativen Überzeugungen eher danach streben, dissonante Informationen zu vermeiden. Meta-Analysen und Replikationsstudien zeigten das jedoch nicht (Collins et al., 2017).

Die aktuelle medienpsychologische Forschung weist darauf hin, dass bei Menschen, die aufgrund von kognitiver Diskrepanz auch Dissonanz erleben, die Bereitschaft geweckt wird, mit ihrer Informationssuche einen Blick über den Tellerrand zu werfen. Wenn also Ärger und Frustration erzeugt werden, kann dies produktiv sein und dazu führen, dass Menschen ihre Perspektive erweitern. Wenn jedoch Nachrichten gelesen werden, die zwar im Kontrast zu den eigenen Ansichten stehen, aber nicht die Frustrationsgrenze erreichen, so wird in der Folge eher nach Nachrichten gesucht, die den eigenen Ansichten entsprechen (Tsang, 2019). Dieser Prozess wird als *Confirmation Bias* bezeichnet und in der Kognitionspsychologie erforscht. Menschen unterliegen bei der Nachrichtenselektion Verzerrungen (Bias), die entstehen, weil sie ihre eigenen Meinungen und Ansichten bestätigen möchten (Confirmation). Das Ausmaß dieser Fehler wird von vielen Faktoren beeinflusst: der Stärke der eigenen Überzeugungen, der Relevanz des Themas, das Vertrauen in das eigene Wissen, der Fundierung der eigenen Meinung, der individuellen Stimmung, dem Persönlichkeitsfaktor Verträglichkeit und auch der Ambivalenz der eigenen Einstellung (Knobloch-Westerwick, 2015b). Wenn beispielsweise die Einstellungen von Menschen, die Nachrichtenbeiträge online kommentieren, stark polarisieren, so werden diese eher einstellungskongruente Informationen suchen. Wenn die Kommentierenden ihre Einstellungen als »noch« ambivalent wahrnehmen, so werden sie auch Informationen suchen, die inkongruent zu ihren eigenen Einstellungen sind (Donsbach & Mothes, 2012).

Die Dissonanztheorie beinhaltet weiterhin das Postulat der *Ex-Post Rationalisierung*. Wenn Menschen sich selbst dabei beobachten, wie sie sich verhalten und wenn dieses Verhalten mit den eigenen Einstellungen konfligiert, dann wird diese Beobachtung mit nachfolgenden Rationalisierungen ausbalanciert. In einer Studie zum Mediennutzungsverhalten von Kleinkindern wurde vermutet, dass Eltern sich schuldig fühlen, wenn sie ihre 0- bis 6-jährigen Kleinkinder Fernsehen oder Youtube schauen lassen (Beyens et al., 2016). Dazu wurden Eltern über ein Jahr befragt und es zeigte sich, dass sie ihre Einstellungen aus der Sehdauer der Kinder ableiteten, also ex-post ihre eigenen Entscheidungen rationalisierten, wenn sie unter Stress und Zeitdruck standen. Nicht die Einstellung zur Bildschirmzeit beeinflusste den Umgang mit Medien, sondern der Umgang mit Medien beeinflusste die eigene Meinung darüber.

Die Dissonanztheorie ist ein florierendes medienpsychologisches Forschungsfeld, weil sie uns dabei hilft, die Frage zu beantworten, warum Menschen bestimmte Medieninhalte gezielt aufsuchen oder vermeiden. Spannend ist, dass diese Befunde und auch die grundlegenden Theoreme der Dissonanztheorie bisher nicht durchgehend auf andere Bereiche übertragen werden konnten. Vor allem die Gesundheitskommunikation lieferte keine belastbaren Befunde (Knobloch-Westerwick, 2015b). Hier wird zukünftige Forschung herausfinden müssen, warum die grundlegenden Prinzipien der Dissonanzreduktion nicht greifen, wenn es beispielsweise um die Dissonanz zwischen ungesundem Essverhalten und der Berichterstattung zu gesundem Lebensstil geht. Vorstellbar ist, dass Gesundheitsverhalten häufig sehr stark in Gewohnheiten abläuft, die durch Informationssuche und Wissen nicht ohne Weiteres geändert werden. Auf die hier entstehenden Widersprüche und darauf, wie Verhaltensänderungen dennoch erzielt werden können, gehen wir im letzten Kapitel dieses Buchs ein (▶ Kap. 8).

3.3 Soziale Identität, Selbstkonzept und Selbstwert

Menschen wählen Medienangebote ganz gezielt aus, um an der eigenen Identität und dem eigenen Selbstkonzept zu arbeiten, beides zu gestalten und zu reflektieren. Die Identität und das Selbst werden aus zwei verschiedenen Blickwinkeln betrachtet. Die soziale Identität nimmt Gruppenzugehörigkeiten in den Fokus, das Selbstkonzept beinhaltet darüber hinaus weitere Selbsteinschätzungen und Zuschreibungen bestimmter Eigenschaften. Diese beiden Blickwinkel sind auch für die medienpsychologische Forschung zur Medienselektion relevant, denn Menschen möchten ihre Gruppenzugehörigkeiten und ihr Selbstkonzept richtig einschätzen und suchen gezielt nach Informationen, um dies zu erreichen.

Definitionen

Selbstkonzept: Das subjektive Bild der eigenen Person, das in einem komplexen Wissenssystem angeordnet ist. Je nach situativem Kontext sind für die meisten Menschen unterschiedliche Bereiche des Selbstkonzepts salient (Neyer & Asendorpf, 2018).

Selbstwertgefühl: Subjektive Bewertung der eigenen Person und die damit verbundene Zufriedenheit. Das Selbstwertgefühl ist bereichsspezifisch (z. B. intellektuell, sozial, emotional) oder bereichsübergreifend-universell.

Soziale Identität: Der Teil des Selbstkonzepts, der das (a) Wissen eines Individuums über die eigenen Gruppenzugehörigkeiten (kognitive Komponente), (b) die Bewertung (evaluative Komponente), (c) emotionale Valenz dieser Gruppenzugehörigkeit (emotionale Komponente) und (d) den Antrieb zu individueller Mobilität (motivationale Komponente) beinhaltet (Ellemers & Haslam, 2012).

Menschen sind demnach motiviert, ihre eigene Gruppe positiv zu bewerten und deshalb ein positives Selbstwertgefühl zu erleben. In der Medienpsychologie wurde die Theorie der sozialen Identität bisher im Zusammenhang mit Online-Nachrichten (Dvir-Gvirsman, 2019; Trepte et al., 2018b), Musik (Tarrant et al., 2001) und Film- und Fernsehinhalten untersucht (Joyce & Harwood, 2014; Schmader et al., 2015; Trepte, 2004). Die Studien zeigen, dass Gruppenzugehörigkeiten die Wahl und Bewertung von Musik oder Nachrichteninhalten beeinflussen. Im Folgenden werden wir die sechs Schritte der Theorie der sozialen Identität durchgehen, die auf den Arbeiten von Tajfel (1979) sowie seinen Schülern (Turner et al., 1979) beruhen, ihre Bedeutung für die Medienpsychologie verdeutlichen und für jeden Schritt medienpsychologische Beispielstudien nennen (vgl. im Überblick Trepte & Loy, 2017). Darüber hinaus wird die Theorie der sozialen Identität wieder relevant, wenn wir das Social Identity Model of De-Individuation behandeln (▶ Kap. 6.4).

Selbstkategorisierung
Grundannahme der Theorie der sozialen Identität ist, dass Menschen sich im Sinne einer »Selbstkategorisierung« verschiedenen Gruppen und Gruppierungen zuordnen. Gemeint sind sowohl kleine und kurzfristig bestehende Gruppen, wie z. B. eine Fußballmannschaft, als auch natürliche oder langfristig bestehende Gruppen, wie z. B. Nationalität oder Geschlecht. Medieninhalte aktualisieren eine oder mehrere soziale Kategorien, d. h. wir fühlen uns durch Medienrezeption an unsere sozialen Kategorien erinnert und sie werden salient. Denkbar ist, dass verschiedene Identitätsdimensionen gleichzeitig wirken und die Medienwahl beeinflussen. So könnte z. B. die Rezeption der Fernsehserie »How I Met Your Mother« gleichzeitig die Gruppenzugehörigkeit einer Zuschauerin als Frau, als Berufstätige und als Single salient machen. Die Protagonistinnen der Serie erlauben Referenzen zu allen genannten sozialen Kategorien.

Sozialer Vergleich
Bei der Evaluation ihrer sozialen Identität vergleichen Menschen, wie die eigene soziale Gruppe im Vergleich zu anderen Gruppen dasteht. Damit ein sozialer Vergleich stattfindet, müssen folgende Voraussetzungen erfüllt sein: (1) Zunächst müssen wir uns mit der eigenen Gruppe

identifizieren, also die konkrete Gruppenzugehörigkeit als einen bedeutenden Teil des Selbstkonzeptes bewerten. (2) Weiterhin sollte die Gruppenzugehörigkeit und (3) auch die Vergleichskategorie in einer bestimmten Situation salient sein, d. h. beides sollte bewusst sein und aktuell eine gewisse Relevanz haben. (4) Darüber hinaus sollte die Out-Group im Hinblick auf die zu bewertenden Dimensionen eine relevante Vergleichsgruppe und einigermaßen ähnlich sein. Weitere Voraussetzungen sind (5) die Identifikation mit der In-Group, (6) und dass die Situation einen sozialen Vergleich ermöglicht.

Beim sozialen Vergleich besteht ein gewisser Druck zur Uniformität: Mitglieder einer Gruppe wünschen sich ähnliche Meinungen und Fähigkeiten wie ihre Gruppenmitglieder. Dieser Wunsch ist umso stärker, je attraktiver die eigene Gruppe ist und je größer die Bedeutung ist, die diese Meinungen und Fähigkeitsdimensionen für die Gruppe haben. Bei Diskrepanz innerhalb der Gruppe ändern Menschen deshalb ihre Meinung oder versuchen, die Meinung anderer zu beeinflussen. Bei den Fähigkeiten sind diese Handlungsoptionen eingeschränkt und damit hört der Druck zur Reduktion der Diskrepanzen bei Leistungsvergleichen nie auf, da jeder besser sein möchte als der andere.

Soziale Distinktheit
Eine positive soziale Distinktheit entsteht aufgrund einer positiven Selbstbewertung in Abgrenzung zu anderen Gruppen und deren Mitgliedern. Zur Herstellung von positiver sozialer Distinktheit tendieren Menschen dazu, ganz aktiv die eigene Gruppe zu begünstigen und fremde Gruppen zu diskriminieren, um dadurch eine Selbstaufwertung zu erreichen. Aus diesem Grund wählen Menschen vor allem Medienformate aus, in denen die eigene Altersgruppe, die eigene ethnische oder nationale Zugehörigkeit, die eigene Schule, die eigene Partei oder Menschen mit derselben Geschlechteridentifikation positiv bewertet werden (Trepte & Loy, 2017).

In einigen wenigen Studien wurden darüber hinaus auch Effekte untersucht. Die positive Bewertung der In-Group und die negative Bewertung der Out-Group in Nachrichten haben einen deutlichen Einfluss auf die soziale Distinktheit. So haben beispielsweise Trepte et al. (2018b) ein Experiment mit deutschen und US-Studierenden durchgeführt, die Online-

Nachrichten zur Bildungs- und Militärpolitik beider Länder lasen, in denen entweder die eine oder die andere Nationalität besser bewertet wurde. Es zeigten sich Effekte der Valenz der Artikel auf die positive Distinktheit beider Gruppen: Wenn die beteiligten Studierenden Artikel lasen, in denen ihre eigene Nationalität positiv bewertet wurde, dann fühlten sie sich danach auch deutlich besser im Hinblick auf ihre Nationalität.

Soziale Identität
Das individuelle Wissen, einer bestimmten Gruppe anzugehören, und die Bewertung dieser Gruppenzugehörigkeit werden als soziale Identität bezeichnet. Die motivationale Komponente der Theorie der sozialen Identität ist demnach der Antrieb des Menschen, die eigene Person durch eine positive Bewertung der In-Group aufzuwerten. Diese Aufwertung kann sich an objektiven Maßen orientieren oder auch an subjektiven Deutungen. Positive soziale Identität wird beispielsweise erreicht, wenn Formate rezipiert werden, in denen Protagonist:innen der eigenen sozialen Kategorie positiv dargestellt werden. Die Effekte der sozialen Identität auf die Medienwahl wurden in vielen Experimenten nachgewiesen (vgl. im Überblick Trepte & Loy, 2017). Spannend wird es, wenn verschiedene soziale Identitäten in Konflikt stehen, z. B. die Geschlechtsidentität und die politische Identität. Was passiert, wenn eine Frau ihre eher konservative politische Identität nicht mit ihrer eher liberalen Genderidentität vereinen kann? 79 % der Frauen, die in einem Experiment diesem Konflikt ausgesetzt wurden, wählten gezielt Nachrichten aus, die möglichst beide Gruppen positiv bewerteten (Dvir-Gvirsman, 2019). Wenn das nicht möglich war, so entschieden sich 69 % für den Nachrichtenartikel, der die politische Identität repräsentierte, und 31 % für einen Artikel, der die Genderidentität repräsentierte. Die Identifikation mit der eigenen Gruppe hatte einen deutlichen Einfluss auf die Medienselektion.

Selbstwertgefühl
Die Self-Esteem Hypothesis (Hogg & Abrams, 1990) beinhaltet zwei Aussagen: zum einen, dass positive soziale Distinktheit und Out-Group-Diskriminierung zu positivem Selbstwert führen kann; zum anderen, dass ein negativer Selbstwert die Out-Group-Diskriminierung anregt.

Beide Postulate unterscheiden sich also in ihrer Kausalrichtung. Einmal wird der Selbstwert als abhängige Variable postuliert, einmal als unabhängige. Es gibt eine Reihe von Studien, die den Einfluss des Selbstwertes auf die Medienwahl zeigen (Tarrant et al., 2001). Die Wirkung sozialer Distinktheit auf den Selbstwert konnte jedoch so klar nicht nachgewiesen werden (z. B. McKinley et al., 2014; Schmader et al., 2015). Der Trait-Selbstwert wird vermutlich durch die Medienwahl nicht beeinflusst, da es sich um eine stabile Eigenschaft handelt, die transsituativ konsistent ist und damit ebenso wie andere Persönlichkeitseigenschaften weniger von Medienrezeption beeinflusst wird (▶ Kap. 3.1). Diese Annahme kontrastieren wir mit Studienergebnissen, die den Einfluss von negativen Darstellungen der In-Group auf Affekt untersuchten (vgl. Definition von Affekt in ▶ Kap. 3.4). Affekt ist weitaus weniger stabil. In zwei Studien sahen Mexiko-Amerikaner:innen und Amerikaner:innen mit europäischen Wurzeln kurze Clips, in denen Latino-Amerikaner:innen stereotyp dargestellt wurden (McKinley et al., 2014). Folgende Ergebnisse wurden bezüglich der Wirkung auf Affekt gefunden: Mexiko-Amerikaner:innen fühlten sich aufgrund der Darstellung zornig und schuldig und zwar insbesondere dann, wenn sie sich stark mit der ethnischen Gruppe der Latinos identifizierten. Spannend ist, dass Studierende mit europäischen Wurzeln sich ebenfalls zornig und schuldig fühlten, wenn sie die negativen Videos sahen. Im Gegensatz zu den eher flüchtigen Wirkungen auf Affekt, zeigte sich kein Effekt der Clips auf das Selbstwertgefühl. Diese und viele andere Studien zeigen, dass der Einfluss sozialer Identität auf das Selbstwertgefühl nicht nachweisbar ist, dass Affekt jedoch beeinflusst wird. Darüber hinaus verdeutlicht diese Studie, dass in der Forschung zur sozialen Identität die Wirkungen auf In-Groups immer auch mit Wirkungen auf Out-Groups kontrastiert werden sollten. In manchen Fällen fühlen sich diskriminierte und nicht diskriminierte Gruppen gleichermaßen berührt und verletzt.

Individuelle Mobilität, soziale Kreativität, sozialer Wettstreit und soziale Veränderung
Bei negativer sozialer Identität kann die Gruppe ggf. verlassen werden, um positive soziale Identität herzustellen (individuelle Mobilität). Wenn

soziale Mobilität nicht möglich ist, werden Vergleiche mit Gruppen angestrebt, die weniger gut bewertet sind als die eigene Gruppe und Eigenschaften der eigenen Gruppe betont, die sich dem Vergleich mit der besseren Vergleichsgruppe entziehen (soziale Kreativität). Oder Menschen versuchen, ihre Gruppe zu verändern (sozialer Wettstreit und soziale Veränderung). Diese Prozesse wurden in einem Experiment mit Studierenden untersucht, die sich selbst als Muslim:innen identifizierten (Saleem & Ramasubramanian, 2019). Die Studierenden sahen entweder Youtube-Nachrichten von CBS aus dem Jahr 2007, in denen die Verantwortlichkeit von Muslim:innen für den Terroranschlag auf Fort Dix festgestellt wurde, oder Nachrichten über eine Schule, die während des Ramadans die Nachmittagsschulzeiten anpasste. Im ersten Nachrichtenbeitrag wurde die Religionszugehörigkeit mit Terror und Kriminalität in Verbindung gebracht und im zweiten Beitrag wurde Religionszugehörigkeit neutral dokumentiert. Muslimische Studierende, die den Beitrag zum Terroranschlag sahen, hatten eher den Wunsch nach *individueller Mobilität* als Studierende, die das Schulvideo sahen. Sie wollten nicht Teil der Majorität der US-Amerikaner:innen sein. Man kann annehmen, dass sie sich durch die Darstellung falsch dargestellt und missverstanden fühlten und sich deshalb von der Majorität der US-Amerikaner:innen abgrenzen wollten. Direkte Einflüsse der Nachrichten auf den Wunsch nach *sozialer Veränderung* konnten jedoch nicht nachgewiesen werden. Vielmehr hatten nur diejenigen Studierenden das Bedürfnis nach sozialer Veränderung, die sich durch das negative Video diskriminiert fühlten. Wir sehen also, dass Medienangebote sehr unterschiedlich gelesen werden können. Entscheidend ist, ob sie von Rezipierenden als diskriminierend empfunden werden, und es bleibt zu hoffen, dass medienpsychologische Erkenntnisse Aufmerksamkeit bei Medienschaffenden finden, um Rassismus, Terror und Diskriminierung vorzubeugen.

Bei der Social Identity-Theorie handelt es sich um eine sog. *Grand Theory*. Die Theorie definiert einen Denkansatz und eine bestimmte Auswahl an Variablen, die modelliert werden. Es handelt sich nicht um einen in Gänze operationalisierbaren psychologischen Prozess. Trepte (2006; Trepte et al., 2018b) hat diesen Ablauf im »Identitätsmodell der Medienwahl« für die Medienpsychologie beschrieben. In der medienpsychologischen Forschung wurde der oben dargestellte Ablauf von sozialer Kategorisierung zu sozialer Mobilität jedoch noch nie als Gesamtprozess empirisch untersucht. In der empirischen Forschung zur Theorie sozialer Identität gibt es einige wenige Ansätze, die Theorie sozialer Identität nicht nur als Theorie zur Erklärung der Medienselektion, sondern auch zur Erklärung von Medienwirkungen heranzuziehen. So haben beispielsweise Trepte et al. (2018b) den Einfluss der Bewertung von In-Group und Out-Group untersucht und gezeigt, dass deutsche Studierende sich besser Nachrichten merken können, die positiv über das eigene Land berichten. Theoretisch wurde die Theorie sozialer Identität ganz maßgebend von Turner (1984) – einem Schüler Henri Tajfels – weiterentwickelt (vgl. im Überblick Trepte & Loy, 2017). Turner (1984) formulierte die *Theorie sozialer Kategorisierung* und betonte in seinem Ansatz besonders die oben beschriebenen Prozesse der Selbstkategorisierung und Salienz. Er unterschied zwischen personaler und sozialer Identität. Personale Identität und soziale Identität repräsentieren – je nach Salienz und Situation – unterschiedlich starke Bezüge auf das Selbst (personale Identität) oder auf soziale Gruppen (soziale Identität). In manchen Situationen ist die personale Identität salienter, in anderen die soziale Identität und in wieder anderen Situationen sind beide Identitäten gleichermaßen salient. Diese Weiterentwicklung wird in der Medienpsychologie vor allem in der computervermittelten Kommunikation betrachtet und auch wir werden uns ihr später im Buch noch einmal ausführlich im Rahmen der Social Identity and De-Individuation-Theorie zuwenden (▶ Kap. 6.4).

3.4 Emotionen und Stimmungen

Emotionen und Stimmungen können Auslöser der Medienwahl sein: Ob wir einen anstrengenden oder fröhlichen Tag haben, ob ein schockierendes Erlebnis oder eine traurige Erkenntnis verarbeitet werden müssen, beeinflusst maßgeblich, welche Musik wir hören, welche Serie wir schauen und ob wir uns für oder gegen das Teilen unserer Erlebnisse auf Instagram oder in unserer Messenger-Gruppe entscheiden.

Bevor wir nun auf die Effekte von Stimmungen und Gefühlen auf die Medienwahl eingehen, werfen wir einen Blick in die Emotionspsychologie: Was ist eigentlich eine Emotion, ein Gefühl, eine Stimmung? Diese Frage ist nicht so leicht zu beantworten. Wir kennen keine andere Subdiziplin der Psychologie, die so damit ringt, ihre Kernbegriffe zu definieren. An die hundert Definitionen existieren. Dieses Ringen ist vermutlich darauf zurückzuführen, dass Emotionen einerseits fast naturwissenschaftlichen Gesetzmäßigkeiten folgen, z. B. unabhängig von Alter, Kultur oder Kontexten steigen bei Angst und Furcht Pulsvolumen und Herzfrequenz. Andererseits müssen die damit einhergehenden subjektiven Gefühle definiert werden und das ist ein recht normativer Prozess. Wenn wir also Emotionen in der Medienpsychologie betrachten, ist es interessant, diese Definitionsproblematik im Hinterkopf zu behalten. Sie fordert uns nicht nur heraus, Definitionen kontinuierlich zur reflektieren, sondern gibt uns auch eine gewisse Freiheit für die Definition der Emotion im Kontext der Medienpsychologie.

Definitionen

Eine *Emotion* hat drei Bestandteile: (1) ein subjektives Gefühl, also ein Zustand, dessen Qualität von der betroffenen Person beschreibbar ist (z. B. Freude), (2) einen emotionalen Ausdruck, also Verhalten, das mehr oder weniger beobachtbar ist und somit von anderen Menschen beschrieben werden kann (z. B. Lächeln), (3) einen körperlichen Zustand, der einen Anfang und ein Ende hat und mit psycho-physiologischen Methoden messbar ist (z. B. Herzrate). Emotionen treten in der Regel als Reaktion auf ein emotionsauslösendes Ereignis auf, sind von kurzer Dauer und haben einen klaren Anfangs- und Endpunkt (Schmidt-Atzert et al., 2014).

Stimmungen werden ebenso wie Emotionen als Formen des affektiven Erlebens verstanden. Im Gegensatz zu Emotionen sind sie jedoch langwieriger und können nicht einem konkreten Auslöser zugeordnet werden. Sie haben keinen klaren Anfangs- und Endpunkt.

Affekt beschreibt eine kurzzeitige emotionale Reaktion auf einen Reiz oder eine Situation.

Die *Emotionspsychologie* befasst sich mit drei Forschungsbereichen, die mit unterschiedlichen Erkenntnisinteressen und Studien der Medienpsychologie verknüpft sind:

1. Entstehung von Emotionen: Es wird beispielsweise angenommen, dass Emotionen zumindest teilweise angeboren sind. Untersucht wird, wie sie sich im Verlauf der Entwicklung eines Menschen durch Lernen verändern oder welchen Einfluss Rollenmodelle nehmen. Für die Medienpsychologie ist das besonders im Kontext der Medienwirkungen relevant, denn hier geht es um die Frage wie Medien auf Emotionen wirken. Medien werden also hier als Auslöser im Entstehungsprozess von Emotionen erforscht (▶ Kap. 4.2).
2. Wahrnehmung und Erleben von Emotionen: Dabei werden beispielsweise neurowissenschaftliche Erklärungsansätze herangezogen, um herauszufinden, wie Wahrnehmungs- und Bewertungsprozesse in emotionsverarbeitenden Hirnsystemen repräsentiert werden. Und ein wichtiger Teil ist die Entwicklung von Methoden und Verfahren, mit denen die Emotionswahrnehmung erfasst werden kann (▶ Kap. 2).
3. Wirkung von Emotionen: Abhängig von ihren Stimmungen, Gefühlen und spontanem Affekt selektieren Menschen ganz unterschiedliche Situationen und auch Medienangebote. Dieses Thema werden wir nun näher betrachten.

Dolf Zillmann befasste sich mit dem Einfluss von Emotionen und Stimmungen auf die Auswahl unterhaltsamer Medieninhalte (Zillmann 1988a, 1988b; für einen Überblick vgl. Reinecke, 2017). Zu Beginn seiner Forschung postulierte er die Drei-Faktoren-Theorie der Emotion (Zillmann, 2004) und publizierte wenig später gemeinsam mit Jennings Bryant den ersten Beitrag zur emotionsbedingten *Selective Exposure*, also der selektiven Medienwahl (Zillmann & Bryant, 1985). Darauf basieren die Arbeiten zum Mood Management.

Die *Mood Management Theory* besagt, dass Zuschauer unterhaltsame Medienangebote in Abhängigkeit von ihrer aktuellen Stimmung und ihrem aktuellen Erregungslevel auswählen und dass sie danach streben, eine möglichst gute Stimmung aufrechtzuerhalten oder herzustellen. Zillmann untersuchte die Effekte der Stimmung vor allem in Experimenten. Er nimmt an, dass man die Rezeptionssituation und den Selektionsprozess in Befragungen nicht valide abbilden kann.

Die *Prämissen* der Mood Management Theory beinhalten, dass Menschen sich ihrer Bedürfnisse nicht bewusst sind und dass lediglich die Entscheidung zur Mediennutzung, nicht aber die Auswahl der eigentlichen Medieninhalte bewusst getroffen wird. Zillmann (1988a, 1988b) geht davon aus, dass Menschen grundsätzlich hedonistisch veranlagt sind. Die Mood Management Theory basiert auf sechs Annahmen:

1. Überstimulation wie Stress und Unterstimulation wie Langeweile sollen vermieden werden.
2. Bei Überstimulation werden beruhigende und bei Unterstimulation anregende Medieninhalte ausgewählt.
3. Der Mensch strebt danach, eine positive Stimmung zu erreichen und aufrechtzuerhalten, bzw. negative Stimmungen zu vermeiden oder zu reduzieren.
4. Bei positiver Stimmung werden wenig ablenkende oder absorbierende Inhalte gewählt, um die positive Stimmung beizubehalten.
5. Bei negativer Stimmung werden ablenkende und involvierende Medieninhalte gewählt. Diese Stimuli sollten inhaltlich möglichst wenig mit der aversiven Stimmung zu tun haben.
6. Das Ergebnis einer Medienselektion wird gelernt und auf nachfolgende Selektionsentscheidungen angewandt. Dabei wirken Prozesse des Verstärkungslernens (operantes Konditionieren): Positive Stimmungen wirken verstärkend und führen dazu, dass sich Menschen bei der nächsten anstehenden Medienwahl wieder für ein entsprechendes Angebot entscheiden.

3.4 Emotionen und Stimmungen

Vereinfacht ist der Zusammenhang zwischen Stimmung und Erregungsniveau in Abbildung 3.1 dargestellt. Die hypothetische Verteilung verdeutlicht idealtypisch das Zillmann'sche Postulat, dass Menschen einen optimalen Stimmungszustand erreichen, wenn sie sich auf einem individuell mittleren Erregungsniveau befinden (vgl. zum Begriff der Erregung bzw. des Arousal ▶ Kap. 2.4).

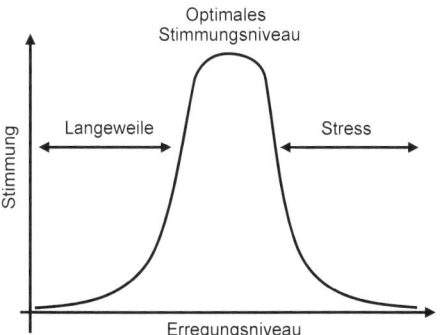

Abb. 3.1: Hypothetische Verteilung von Stimmung und Erregungsniveau

In den klassischen Selektionsexperimenten (▶ Kap. 2.2) der Mood Management Theory werden Menschen durch Frustration in eine schlechte Stimmung versetzt, sie erhalten eine langweilige oder stressinduzierende Aufgabe (Experimentalgruppe). Eine andere Gruppe erhält keinen oder einen neutralen Stimulus (Kontrollgruppe). Anschließend können sie aus einem Angebot von verschiedenen Medien auswählen und die Medienwahl der Gruppen wird verglichen. Die Annahmen der Mood Management Theory wurden auf diese oder ähnliche Weise in vielen Studien überprüft und auf verschiedene Medienkontexte und Rezipient:innengruppen angewandt (vgl. im Überblick Reinecke, 2017).

Für die Medienwahl ist nicht nur die Stimmung, sondern auch das Medienangebot entscheidend. *Eigenschaften der Medienunterhaltung* werden ebenfalls als Teil der Mood Management Theory definiert:

1. *Erregungspotenzial:* Wie hoch ist das Erregungspotenzial des Unterhaltungsangebotes? Ist die Unterhaltung aufregend oder eher langweilig?

2. *Absorptionspotenzial:* Wie sehr lenkt das Unterhaltungsangebot ab bzw. »saugt ein«?
3. *Semantische Affinität:* Wie nah sind sich inhaltlich die aktuelle Stimmung des Individuums und das Unterhaltungsangebot?
4. *Affektive Valenz:* Welche affektive Färbung hat das Unterhaltungsangebot? Hat es eher eine positive (z. B. heitere oder fröhliche) oder negative (z. B. ernste oder traurige) Tonalität?

Dass Zillmann Medieneigenschaften in seiner Theorie bedachte, ist besonders hervorzuheben, denn nur wenige medienpsychologische Theorien benennen explizit skalierbare Medieneigenschaften. Diese Grundannahmen der Theorie wurden bisher vor allem im Hinblick auf die Eigenschaften von Computerspielen untersucht (Bowman & Tamborini, 2013). Beispielsweise wurde in Studien unterschieden, ob Konsolen und ihre Steuerung ein eher hohes Absorptionspotenzial haben (z. B. Flightstick, Joy-Stick) oder ein eher geringes (z. B. PC-Tastatur). Die Forschung konzentriert sich jedoch bisher stark auf interaktive Angebote und wenig auf Filme, für die Zillmann die Theorie vornehmlich entwarf. Ob jedoch eher ein klassischer Hollywood-Film mit hohem Erregungs- und Absorptionspotenzial und einer ausgeprägten semantischen Affinität und hedonischen Valenz von Medienutzenden selektiert wird, oder ob eher ein Film, der all diese Kriterien nicht erfüllt, aber z. B. einen oscarprämierten Cast hat, ausgewählt wird, wissen wir bisher nicht.

Eine Vielzahl an Studien zur Mood Management Theory konnte die grundlegenden Effekte von Stimmung und Stimulation auf die Wahl von unterhaltsamen Medieninhalten replizieren. Gleichzeitig führten die grundlegenden Studien zu offenen Fragen und damit zu Erweiterungen der Theorie, die wir im Folgenden vorstellen.

Das *Sad-Film-Paradoxon* beschreibt einen Prozess der Medienselektion, der auf den ersten Blick widersprüchlich erscheint: Menschen wählen wissentlich Unterhaltungsangebote (z. B. traurige Musik oder ein TV-Drama) aus, die sie in eine schlechte Stimmung versetzen (Vogel, 2007). Das Sad-Film-Paradoxon hat eine Welle von Forschung initiiert, die zu verschiedenen interessanten Erweiterungen der Mood Management Theory geführt hat. Wir schauen uns diese Theorieerweiterungen an und betrachten sie hier vor allem als Erklärungsvariante des Sad-Film-Paradoxons. Diese Erweiterungen sind aber auch ohne das Paradoxon als singuläre Theoriebausteine relevant und eignen sich sehr gut zur Erklärung der Medienselektion aufgrund von Emotionen und Stimmungen (vgl. im Überblick Knobloch-Westerwick, 2015b):

- *Emotional Utility* entsteht, wenn die emotionale Nützlichkeit auf anderem Weg als durch unmittelbare positive Gefühle erreicht wird. Menschen können es als gewinnbringend empfinden, negative oder ambivalente Emotionen zu erleben. In diesem Fall können positive Meta-Emotionen entstehen, also positive »Gefühle über Gefühle«. Der Ansatz der Meta-Emotionen unterstellt, dass Menschen während der Mediennutzung ihre Emotionen in einem Bewertungsprozess wahrnehmen und überprüfen (Schramm & Oliver, 2012). Dieses Appraisal kann so intuitiv wie primäre Emotionen erlebt werden (vgl. Definition von Appraisal in ▶ Kap. 4.2). Während der Rezeption von Horrorfilmen, Tragödien, Dramen oder anderen primär aversiven Inhalten können Rezipient:innen gleichzeitig negative Stimmungen im Hinblick auf die Inhalte und positive Meta-Emotionen empfinden. Diese positiven Meta-Emotionen entstehen beispielsweise, weil ein Interesse besteht, neue oder fremdartige Emotionen zu erfahren, oder weil sie die Inhalte und die empfundenen Emotionen als besonders bedeutungsvoll empfinden (Schramm & Oliver, 2012). Wenn wir beispielsweise in der Serie »Shameless« ertragen müssen, dass Kinder von ihren Eltern vernachlässigt werden, elterliche Aufgaben übernehmen, Geschwister versorgen und den Lebensunterhalt verdienen, so haben wir dennoch die Möglichkeit, uns in die prekäre Lebenswelt dieser Kinder zu begeben, die wir ohne die Rezeption der Serie evtl. nicht hätten »fühlen« können. Dass diese Situation überhaupt in eingeschränktem Maße erlebt werden kann, vermittelt dann positive Meta-Emotionen, weil diese Emotionen als bedeutungsvoll empfunden werden (siehe auch ▶ Kap. 4.3 zum Unterhaltungserleben).
- *Information Utility* bezeichnet das Bedürfnis, mithilfe von Medienangeboten Orientierung und Information über Probleme, gesellschaftliche Bedrohungen oder das Leben anderer zu erfahren. Zillmann (2000) hat dieses Bedürfnis nach Orientierung und Information im

Kontext der Mood Management Theory so interpretiert, dass die Sammlung von Informationen dem mittelfristigen hedonistischen Ziel, sich sicher und damit besser zu fühlen, dienen kann.
- *Telic Hedonism* beschreibt, dass Menschen kurzfristige hedonistische Ziele zurückstellen und sogar kurzfristige »negative« Emotionen in Kauf nehmen, da sie langfristig hedonistisch profitieren. Beispielsweise entscheiden wir uns für die Serie »Shameless« nicht trotz, sondern weil sie prekäre Lebensverhältnisse zeigt. Wir sind in der Lage unser Bedürfnis nach guter Stimmung hinauszuzögern und anzupassen. Wir akzeptieren, dass wir erst die Misere der Kinder drogensüchtiger Eltern mitansehen müssen, um dann im Verlauf der Serie herauszufinden (und es als unterhaltsam, also hedonistisch positiv erleben), dass sie ihr Leben mit wenig Geld und viel gegenseitiger Unterstützung unkonventionell meistern.
- *Mood Adjustment* beschreibt, dass Menschen nicht unmittelbar hedonistische Ziele mit der Mediennutzung erreichen müssen, sondern Medien auch nutzen, um die Stimmung anderen Zielen unterzuordnen. Die Stimmung wird also angepasst, um bestimmte Ziele zu erreichen (Knobloch-Westerwick et al., 2020). Während Telic Hedonism die übergreifende Verschiebung des Hedonismus anspricht, bezieht sich Mood Adjustment auf die Anpassung der Stimmung im Hinblick auf das zu erreichende Ziel.

Auch wenn es in diesem Abschnitt vor allem um die Medienselektion geht, stellt sich natürlich auch die Frage, ob die letzlich selektierten Medien die intendierten Wirkungen erzielen. Wie geht es weiter, wenn Menschen Medien mit dem Ziel auswählen, ihre Stimmung zu verbessern? Wenn negative Stimmungen »repariert« werden, wird das als *Mood Repair* bezeichnet. Mood Repair kann mithilfe von Ablenkung stattfinden, d. h. indem in anderen Bereichen Erfolge erzielt oder positive Erfahrungen gemacht werden (Reinecke et al., 2012). Die Forschung zu Computerspielen hat gezeigt, dass Menschen sehr gut in der Lage sind, ihre Stimmung und sogar die Selbsteinschätzung der eigenen Kompetenz mit Gaming-Erfolgen zu »reparieren«, wenn sie zuvor in einem manipulierten Feedback erfahren hatten, dass ihr Wissen unterdurchschnittlich sei (Koban et al., 2019).

Die Forschung zum Mood Management, Mood Adjustment und Mood Repair zeigt, dass die intensive, programmatische Arbeit am Thema der emotionsinduzierten Medienwahl zu sehr fruchtbaren Ergebnissen geführt hat. Dies ist ein zukunftsweisendes Forschungsfeld für die Gaming-Forschung, da Computerspiele ganz klar die emotionale Verarbeitung ansprechen. Auf VR-Technologie (z. B. Oculus Rift oder HTC Vive) basierende Spiele werden deshalb häufig als »Empathy Machines« bezeichnet (Hassan, 2019). Wir nehmen an, dass Spieler:innen ihr Mood Management mit interaktiven oder VR-Spielen noch genauer aussteuern können als z. B. mit Serien und dass Mood Repair psychologisch und physiologisch auf diese Weise gezielt stattfinden kann (Rieger et al., 2015).

3.5 Bedürfnisbefriedigung und persönliche Weiterentwicklung

Wir haben in den bisherigen Abschnitten zur Medienselektion gesehen, dass emotionale und kognitive Prozesse bei der Medienselektion Hand in Hand gehen. Medienselektion kann besonders gewinnbringend erklärt werden, wenn wir beide Prozesse berücksichtigen (Vorderer & Reinecke, 2012, 2015). Auch haben wir die offenen Fragen der Forschung zur Medienselektion kennen gelernt (z. B. Sad-Film-Paradoxon). Die von Ryan und Deci (2000, 2017) begründete *Self-Determination Theory* wird herangezogen, um erstens die Integration von Emotion und Kognition zu leisten, und um zweitens offene Fragen, wie etwa das oben angesprochene Sad-Film-Paradoxon zu adressieren. Dazu wird die Medienwahl auf die Befriedigung von psychologischen Grundbedürfnissen zurückgeführt, um so aus hedonistischer Perspektive paradox erscheinende Mediennutzung besser zu verstehen.

Die Self-Determination Theory geht davon aus, dass zur generellen Bedürfnisbefriedigung und zum individuellen Wohlbefinden drei grundlegende Motive befriedigt sein müssen: *Autonomie*, *Herausforderung* und

Verbundenheit mit anderen Menschen (Vansteenkiste, Ryan & Soenens, 2020). Im Hinblick auf die Rezeption unterhaltsamer Medieninhalte wird angenommen, dass neben rein hedonistischen Bedürfnissen auch diese drei genannten Grundbedürfnisse maßgebend für die Medienwahl sein können (Rigby & Ryan, 2017; Tamborini et al., 2011). Damit werden Motive der Mediennutzung vorgeschlagen, die das persönliche Wachstum und die individuelle Weiterentwicklung betreffen. Und in der Tat zeigen zahlreiche empirische Studien, dass die drei in der Self-Determination Theory definierten Grundbedürfnisse zentrale Treiber der Selektion ganz unterschiedlicher Mediengattungen sind. Sie spielen eine Rolle bei der Nutzung interaktiver Medien, z. B. Computerspiele (Reer & Krämer, 2020; Rogers, 2017), Social Media (Cui & Ji, 2019; Reinecke et al., 2014) und Smartphones (Meier, 2018) und nicht-interaktiver Medien, z. B. Filme oder Serien (Adachi et al., 2018; Granow et al., 2018).

Vorderer und Reinecke (2015) schlagen basierend auf der Self-Determination Theory ein Zwei-Ebenen-Modell vor. Dieses soll nicht nur das Motiv der Unterhaltungsnutzung erklären, sondern auch die *Appreciation*, also die antizipierte kognitiv *und* emotional anerkennende Bewertung der Unterhaltungsformate. Vorderer (2011) ergänzt vorhandene Selektionstheorien dahingehend, dass nicht nur das bloße emotional geprägte Vergnügen, sondern eben auch die mentale Wertschätzung eines Medienangebotes antizipiert wird und einen Einfluss auf die letztlich stattfindende Medienwahl hat (zu weiteren Definitionen von Appreciation siehe auch ▶ Kap. 4.3). Der wesentliche Gewinn dieser Ansätze ist, dass die unmittelbare emotionale Bedürfnisbefriedigung zwar als ein erstes Ziel der Medienwahl verstanden wird, dass aber auch Nutzungsmotive berücksichtigt werden, die eine tiefere, mentale Befriedigung versprechen, z. B. auf intellektueller oder ästhetischer Ebene. Um persönliche Weiterentwicklung durch Mediennutzung zu erreichen, werden dabei auch negative Gefühle toleriert, die bei der Rezeption entstehen können.

An diesen Gedanken knüpfen Ansätze zur *Meaningfulness* an (Oliver & Raney, 2011; Oliver et al., 2018). Demnach kann Medienunterhaltung aus verschiedenen Gründen als »meaningful« oder bedeutsam verstanden werden: (1) wenn sie sich auf moralische Verdienste anderer bezieht, (2) wenn sie Anlass dazu gibt, das eigene moralische Selbstverständnis zu reflektieren, (3) wenn sie Hinweise beinhaltet, wie ein glückliches Leben geführt werden kann, oder an den Wert des Lebens erinnert, (4) wenn sie verspricht, sich mit einem Thema zu befassen, mit dem sich auch die Zuschauerin oder der Zuschauer intensiv auseinandergesetzt hat, und (5) wenn sie spirituelle Erfahrungen oder ein Gefühl von Inspiration vermittelt (Oliver & Bartsch, 2011; Raney et al., 2018). Wenn Unterhaltungsangebote diese Gratifikationen versprechen, so sollten Zuschauer:innen die antizipierten aversiven Inhalte in Kauf nehmen, um aus den Medieninhalten Bedeutungsvolles für ihr eigenes Leben ziehen zu können.

Die Befriedigung komplexer Grundbedürfnisse und das Wachsen als Person stellen somit zentrale Zuwendungsmotive zu den Medien dar. Das starke Potenzial der Mediennutzung, diese Bedürfnisse zu befriedigen, hat aber auch Schattenseiten. So zeigt sich in einer wachsenden Zahl von Studien, dass insbesondere Mediennutzende, deren Grundbedürfnisse außerhalb der Medien nicht oder nur unzureichend befriedigt werden und die z. B. unter verringerter Lebenszufriedenheit oder familiären Konflikten leiden, ein erhöhtes Risiko für unkontrollierte und problematische Mediennutzung aufweisen (Cheng & Li, 2014; Fumero et al., 2018). Mediennutzung kann unter diesen Umständen eine dysfunktionale Bewältigungsstrategie darstellen.

Zusammenfassung

Medienselektion kann emotionale, sozial-kognitive und sogar auf das individuelle Verhalten bezogene Ursachen haben. Gerade in den Anfängen der medienpsychologischen Forschung, aber auch heute befasst man sich mit der Frage, welchen Einfluss die Persönlichkeit auf die Medienselektion hat. Insgesamt wird die Persönlichkeit besonders dann interessant, wenn man sie in komplexe Modelle integriert und sie als ein Puzzleteil versteht, das die Medienselektion in Kombination mit anderen Aspekten vorhersagt. Sozial-kognitive Theorien wie die Dissonanztheorie zeigen, dass Menschen Medien so auswählen, dass sie ihre Verhaltensziele und Einstellungen möglichst nicht in ein Ungleichgewicht bringen. Wenn dann doch eine Diskrepanz entsteht, kommen Medien ins Spiel. Gezielt wählen Menschen Medienberichterstattung so aus, dass sie die entscheidenden Informationen erhalten, um Dissonanzen zu umgehen oder aufzulösen. Die Mood Management Theory besagt, dass Menschen vor allem danach streben, sich in angenehme Stimmungen zu versetzen, und Medien für dieses Stimmungsmanagement zur Hilfe nehmen. Interessant wird es dann, wenn Menschen Medien nutzen, die sie eigentlich in schlechte Stimmung versetzen. Das zu tun sind sie bereit, wenn sie etwas über sich oder das Leben lernen möchten und dadurch die Chance zur persönlichen Weiterentwicklung sehen.

Literaturempfehlungen

Knobloch-Westerwick, S. (2015). *Choice and preference in media use.* Routledge.
Neyer, F. J. & Asendorpf, J. B. (2018). *Psychologie der Persönlichkeit* (6. Aufl.). Springer.
Reinecke, L. (2017). Mood Management Theory. In P. Rössler, C. A. Hoffner & L. van Zoonen (Eds.), *The Wiley Blackwell-ICA international encyclopedias of communication* (Vol. 23, pp. 1–13). John Wiley & Sons.
Schmidt-Atzert, L., Peper, M. & Stemmler, G. (2014). *Emotionspsychologie* (2. Aufl.). Kohlhammer.
Trepte, S. & Loy, L. (2017). Social identity theory and self-categorization theory. In P. Rössler, C. A. Hoffner & L. van Zoonen (Eds.), *The international encyclopedia of media effects* (pp. 1832–1845). John Wiley & Sons.

> **Fragen zur Selbstüberprüfung**
>
> 1. Erstellen Sie eine Liste der aus Ihrer Sicht fünf wichtigsten psychologischen Ursachen der Medienselektion.
> 2. Welche Persönlichkeitsfaktoren haben sich in der medienpsychologischen Forschung als besonders sinnvoll zur Vorhersage der Medienwahl erwiesen?
> 3. Welche Varianzaufklärung leisten Persönlichkeitsvariablen bei der Vorhersage der Medienwahl?

4. Was tun Menschen laut Dissonanztheorie, wenn sie Widersprüche zwischen der Medienberichterstattung und ihrem Verhalten wahrnehmen?
5. Warum und auf welche Weise kann die Identität bei der Medienselektion eine Rolle spielen?
6. Definieren Sie Affekt, Emotion und Stimmung.
7. Welchen Einfluss können Stimmungen auf die Medienwahl haben?
8. Warum möchten Menschen traurige Filme sehen oder traurige Musik hören?
9. Welchen Einfluss haben psychologische Grundbedürfnisse bei der Medienwahl?

4 Medienrezeption

Unter dem Begriff der Medienrezeption bzw. des Rezeptionserlebens werden in der Medienpsychologie die Prozesse beforscht, die sich *während* der Nutzung von Medien vollziehen. Das Rezeptionserleben beschreibt die Gedanken und Gefühle, die Medienstimuli bei den Nutzer:innen hervorrufen. Das vorliegende Kapitel liefert einen Überblick zu den kognitiven und emotionalen Prozessen, die dem Rezeptionserleben zugrunde liegen. Dabei wird zuerst verdeutlicht, welche Schritte der Informationsverarbeitung notwendig sind, damit wir Medienbotschaften überhaupt wahrnehmen und verstehen können (▶ Kap. 4.1). Weiterhin beschreiben wir, wie Emotionen während der Medienrezeption entstehen, in welcher Form sie während der Mediennutzung auftreten und wie sie in der Medienpsychologie theoretisch gefasst wurden (▶ Kap. 4.2). Für ein umfassendes Verständnis des Rezeptionserlebens sind darüber hinaus weitere Prozesse zentral. Dazu zählen das Unterhaltungserleben (▶ Kap. 4.3), die Auseinandersetzung mit Medienfiguren (▶ Kap. 4.4) sowie das Eintauchen in mediale Welten (▶ Kap. 4.5).

4.1 Kognitive Verarbeitung von Medienbotschaften

Kognition und Emotion sind die Grundsäulen des menschlichen Erlebens (Gazzaniga et al., 2017) und bilden somit auch das Fundament für alle Prozesse, die bei der Rezeption von Medien ablaufen. Kognitive Prozesse der *Informationsverarbeitung* sind der Ausgangspunkt für jegliche Rezeptionserfahrung: Nur die Teile einer Medienbotschaft, die wir wahrnehmen und kognitiv verarbeiten, können einen Einfluss auf unser Erleben bei der Mediennutzung haben. Ein Modell zur Informationsverarbeitung von Medienbotschaften ist das »Limited Capacity Model of Motivated Mediated Message Processing« (Lang, 2000, 2017). Das Modell hat seine Wurzeln in kognitionspsychologischen Ansätzen zu Gedächtnis- und Informationsverarbeitungsprozessen (Überblick in Eysenck & Keane, 2015), betrachtet diese Prozesse aber spezifisch im Kontext der Verarbeitung von Medienbotschaften.

Definition

Der Begriff der *Informationsverarbeitung* beschreibt eine Gruppe von simultan verlaufenden kognitiven Prozessen, die Individuen auf (Medien-)Stimuli und deren mentale Repräsentation im Arbeitsgedächtnis anwenden. Ein Teil dieser Prozesse verläuft automatisch, andere unterliegen der willentlichen Kontrolle des Individuums (Lang, 2017).

Das Limited Capacity Model beschreibt zunächst drei zentrale kognitive Verarbeitungsprozesse, die sich während der Medienrezeption vollziehen:

1. *Enkodierung:* Der erste Schritt in der Verarbeitung von Medienstimuli besteht im Transfer der Medienbotschaft in das Arbeitsgedächtnis. Dabei entsteht eine *mentale Repräsentation*, also ein durch unser kognitives System verwertbares Abbild der Medienbotschaft.

2. *Speicherung:* Ein Teil der bei der Medienrezeption ins Arbeitsgedächtnis übertragenen Inhalte wird für die längerfristige Speicherung ins Langzeitgedächtnis transferiert. Solche Speicherprozesse sind für die Medienrezeption äußerst wichtig: Würden wir beispielsweise den Handlungsverlauf in einem Film und die präsentierten Informationen über die Protagonist:innen nicht abspeichern, wüssten wir am Ende des Films nichts mehr über dessen Anfang und könnten die erzählte Geschichte weder verstehen noch einordnen.
3. *Abruf:* Der dritte Teilprozess der Informationsverarbeitung ist der Abruf von Informationen aus dem Langzeitgedächtnis. Dieser Prozess ist nicht nur für das Reaktivieren von abgespeicherten Informationen *nach* der Mediennutzung und damit für längerfristige Lernprozesse und *Medienwirkungen* (▶ Kap. 5) relevant. Auch *während* der Medienrezeption müssen ständig Informationen aus dem Gedächtnis (z. B. Vorgeschichte, Beziehung der dargestellten Personen zueinander) abgerufen und mit der aktuell verarbeiteten Sequenz in Beziehung gesetzt werden. Nur so können wir die Medienbotschaft interpretieren und dem Handlungsverlauf folgen.

Die drei Teilprozesse der Informationsverarbeitung verlaufen bei der Mediennutzung keineswegs rein sequenziell. Vielmehr arbeiten sie simultan und interagieren miteinander. Dabei verbrauchen alle drei Prozesse kognitive Ressourcen, also Verarbeitungskapazität. Die zentrale Grundannahme des Limited Capacity Model besagt, dass diese kognitive Kapazität *begrenzt* ist. Die verfügbaren kognitiven Ressourcen müssen bei der Medienrezeption also auf die drei Teilprozesse Enkodierung, Speicherung und Abruf verteilt werden.

Die Menge der für die Verarbeitung benötigten kognitiven Ressourcen hängt dabei stark von der *inhaltlichen Komplexität* einer Medienbotschaft und ihrer *Gestaltung* ab (Fisher et al., 2018; Lang, 2017; Lee & Lang, 2015). So verbraucht die Verarbeitung einer identischen Informationseinheit bei unterschiedlicher medialer Vermittlung unterschiedlich viel kognitive Kapazität. Die Anzahl unterschiedlicher Informationsquellen (z. B. Bild und Text), die zur Interpretation integriert werden müssen, die Anzahl der angesprochenen Sinnesmodalitäten (z. B. visuelle und auditive Informationen) sowie die Redundanz der auf den entsprechenden Sinneskanälen präsentierten Informationen beeinflussen den »Cognitive Load«, also die zur Verarbeitung benötigten kognitiven Ressourcen (Fisher et al., 2018; Lee & Lang, 2015).

Wie viel kognitive Kapazität tatsächlich für die Enkodierung, Speicherung und den Abruf von Informationen bei der Medienrezeption aufgebracht wird, unterliegt nach Lang (2017) sowohl *willentlich kontrollierten* als auch *automatischen* Prozessen der Ressourcenverteilung:

- Die *willentlich kontrollierte* Investition kognitiver Ressourcen folgt den individuellen *Zielen, Vorlieben* und *Vorerfahrungen* der Nutzer:innen.
- *Automatische* Prozesse der Ressourcenverteilung folgen hingegen in erster Linie *Charakteristika des Medienstimulus*. Neue, wechselnde oder besonders intensive Stimuli werden dabei mit höherer Wahrscheinlichkeit intensiv verarbeitet, da sie in der Lage sind, eine sogenannte *Orientierungsreaktion* hervorzurufen. So führen beispielsweise Schnitte, Kamerawechsel oder musikalische Effekte zu einem gesteigerten Einsatz kognitiver Ressourcen (Fisher et al., 2018).

Überschreitet die Menge kognitiver Ressourcen, die für eine gründliche Verarbeitung des Medienstimulus notwendig wäre, die verfügbaren Kapazitäten, kommt es zu kognitiver Überlastung (»*Cognitive Overload*«, Fisher et al., 2018, S. 276). Dabei bricht die Informationsverarbeitung in der Regel nicht vollständig zusammen. Die einzelnen Teilprozesse (Enkodierung, Speicherung, Abruf) können aber nicht mehr optimal ausgeführt werden. Als Resultat kann beispielsweise die Erinnerungsleistung an Details der Medienbotschaft in Mitleidenschaft gezogen werden (siehe auch den Exkurs zum Media Multitasking).

Exkurs: Media Multitasking und Cognitive Overload

Dass unsere Informationsverarbeitungskapazität bei der Mediennutzung in der Tat begrenzt ist, lässt sich im Alltag leicht anhand des Phänomens des *Media Multitasking* nachvollziehen. Darunter versteht man in der medienpsychologischen Forschung sowohl Nutzungssituationen, in denen zwei Medien miteinander kombiniert werden (z. B. »Second-Screening«, also die Nutzung des Smartphones oder Tablets während des gleichzeitigen Fernsehens) als auch Situationen, in denen Medien parallel zu anderen nicht-medialen Tätigkeiten genutzt werden (z. B. Social-Media-Nutzung parallel zur Bearbeitung der Hausaufgaben). Ein Feldexperiment von Gingerich und Lineweaver (2014) verdeutlicht, wie leicht wir dabei an unsere kognitive Kapazitätsgrenze geraten. Die Autorinnen instruierten 35 Studierende, während einer laufenden Vorlesung Text Messages untereinander auszutauschen. Die 32 Studierenden in der Kontrollgruppe taten dies nicht. Dass das Messaging während der Vorlesung die kognitive Kapazität beansprucht, zeigt sich im Leistungsvergleich beider Gruppen: Die Studierenden, die zwischendurch Media Multitasking betrieben hatten, erreichten in einem anschließenden Quiz zum Vorlesungsinhalt signifikant weniger richtige Antworten (60 %) als die Teilnehmer:innen in der Kontrollgruppe (79 %). Offensichtlich waren die kognitiven Ressourcen durch das Media Multitasking so stark beansprucht worden, dass die Vorlesungsinformationen nicht mehr verlustfrei verarbeitet werden konnten. In einem anschließenden Laborexperiment replizierten die Forscherinnen die Studie nochmals unter kontrollierten Bedingungen und kamen zu ganz ähnlichen Ergebnissen.

Kognitive Verarbeitungsprozesse sind natürlich nicht unabhängig von emotionalen Prozessen, sondern stellen eine zentrale Grundlage für emotionale Reaktionen dar. Und im Gegenzug wirkt sich der emotionale Zustand auf die kognitive Verarbeitung von Medienbotschaften aus (Nabi, 2020). Zum Beispiel werden Medienstimuli, die zu stärkeren emotionalen Reaktionen führen, besser erinnert als emotional neutrale Stimuli.

Auch die durch Emotionen beeinflussten Informationsverarbeitungsprozesse lassen sich mit dem Limited Capacity Model erklären. Laut Modell haben Emotionen einen Einfluss auf das Ausmaß der zur Verarbeitung eines Stimulus eingesetzten kognitiven Ressourcen (Lang, 2017). Daten aus experimentellen Studien zeigen, dass Medienstimuli, die zu einer erhöhten emotionalen Erregung führen, bei der Rezeption intensiver (also mit erhöhtem Einsatz kognitiver Ressourcen) enkodiert und deshalb mit höherer Wahrscheinlichkeit erinnert werden (Fisher et al., 2018). Neben dem Erregungslevel hat auch die emotionale Valenz, also der positive bzw. negative emotionale Grundton des Medienstimulus, einen Einfluss auf die Informationsverarbeitung: Während bei niedrigen Erregungslevels positive Stimuli intensiver enkodiert werden als negative Stimuli, verhält es sich bei mittlerem und hohem Erregungslevel umgekehrt (Fisher et al., 2018; Lee & Lang, 2015).

Insgesamt bildet das Limited Capacity Model eine sehr hilfreiche Basis, um die kognitiven Grundlagen der Medienrezeption zu verstehen. Das Verdienst des Modells besteht vor allem darin, die umfangreiche kognitionspsychologische Forschung zu Prozessen der menschlichen Informationsverarbeitung (Eysenck & Keane, 2015) zu bündeln und gezielt auf den Kontext der Medienrezeption zu übertragen. Die zentralen Postulate des Modells sind empirisch gut belegt (Fisher et al., 2018). Gleichwohl zeigen sich über zwei Jahrzehnte nach Entwicklung des Modells auch einzelne Schwächen. So differenziert das Limited Capacity Model in seiner jetzigen Form nicht zwischen unterschiedlichen Arten kognitiver Ressourcen (z. B. Ressourcen für Wahrnehmungsprozesse vs. Ressourcen für die kognitive Weiterverarbeitung der wahrgenommenen Informationen) und bleibt in Bezug auf die zugrunde gelegte Modellierung des Gedächtnisses recht vage (Fisher et al., 2018). Für bestimmte Anwendungsbereiche, etwa die Nutzung von Medien im Kontext der Wissensvermittlung, haben sich zudem andere, spezifischere theoretische Ansätze als geeigneter erwiesen (▶ Kap. 8).

4.2 Emotionen und affektive Dispositionen

Emotionen, beispielsweise Angst- und Furchtreaktionen beim Anschauen eines Horrorfilms oder Thrillers (Cantor, 2002) oder beim Spielen eines spannungsgeladenen Computerspiels (Lynch & Martins, 2015), stellen den wohl eindrücklichsten Teil des Rezeptionserlebens dar (für eine

Definition von Emotion ▶ Kap. 3.4). Emotionspsychologische Theorien der Medienrezeption erklären, wie solche Primäremotionen bei der Mediennutzung entstehen (Nabi, 2020). Empathische Gefühle gegenüber den Protagonist:innen und das Erleben von Spannung stellen weitere zentrale emotionale Reaktionen bei der Medienrezeption dar. Eine Verbindung zwischen den emotionalen Reaktionen während der Medienrezeption, kognitiven Bewertungsprozessen und spezifischen Aspekten des Rezeptionserlebens (▶ Kap. 4.4 und ▶ Kap. 4.5) führt schließlich zum Unterhaltungserleben (▶ Kap. 4.3).

Innerhalb der psychologischen Forschung nehmen *kognitive* Ansätze zur Erklärung der Entstehung von Emotionen einen hohen Stellenwert ein (Schmidt-Atzert et al., 2014). Die aktuell wohl einflussreichsten kognitiven Ansätze zur Entstehung von Emotionen stellen die Vertreter der sogenannten Appraisal-Theorien (»appraisal«, englisch für »Bewertung«) dar (Moors, 2018; Scherer & Moors, 2019).

Im Zentrum dieser Ansätze steht die Annahme, dass Emotionen das Resultat spezifischer Muster von kognitiven Bewertungs- und Interpretationsprozessen sind. Demnach unterziehen wir unsere Umwelt einem kontinuierlichen Bewertungsprozess, bei dem wir die aktuelle Situation, Personen, Objekte und Ereignisse auf ihre Relevanz für unsere Ziele und Bedürfnisse hin prüfen. Bei diesem Prozess kann eine ganze Reihe von Bewertungsdimensionen zum Tragen kommen. Ereignisse werden beispielsweise auf ihre *Valenz*, also ihre Wertigkeit (positiv vs. negativ), ihre *Kontrollierbarkeit* oder ihre Kompatibilität mit *sozialen und persönlichen Normen und Standards* (z. B. Fairness) hin bewertet. Der Appraisal-Prozess beeinflusst zum einen subjektive Emotionen und wie stark diese sind (Moors, 2018; Scherer & Moors, 2019), zum anderen Verhaltenstendenzen (z. B. Flucht vs. Annäherung), physiologische Reaktionen (z. B. Erregung bzw. Aktivierung des autonomen Nervensystems) und offenes Verhalten (z. B. Veränderung des Gesichtsausdrucks).

> **Beispiel**
>
> *Medienrezeption als Appraisal-Prozess*
> Wie Bewertungsprozesse zusammenwirken, um Emotionen hervor-

> zurufen, lässt sich leicht an einem Beispiel verdeutlichen: Stellen wir uns vor, wir würden einen Online-Artikel über die globale Klimaerwärmung lesen. Das dargestellte Ereignis (Klimaerwärmung) betrifft auch uns, ist also für unsere eigenen Ziele und Bedürfnisse relevant bzw. stellt eine potenzielle Gefahr für unser Wohlbefinden dar. Die Medienbotschaft löst daher eine negative emotionale Reaktion aus. Die Ausdifferenzierung dieser Emotion ist von weiteren Bewertungsprozessen abhängig: Sehen wir die Verantwortung für die Erderwärmung in erster Linie bei Dritten (z. B. der Industrie), könnte der Artikel Gefühle von Wut und Ärger gegenüber den Verursacher:innen auslösen. Fühlen wir uns hingegen mitverantwortlich für den Klimawandel, z. B. weil wir häufig Auto- oder Flugreisen unternehmen, könnten sich Schuldgefühle einstellen. Unterschiedliche kognitive Bewertungs- und Interpretationsmuster führen also zu unterschiedlichen emotionalen Reaktionen.

Zwar bestechen Appraisal-Ansätze durch ihre augenscheinlich hohe Plausibilität. Die vielen Vertreter:innen dieser Theoriefamilie unterscheiden sich aber zum Teil deutlich in ihren Annahmen. Uneinigkeit besteht etwa in Bezug auf die Bewertungsdimensionen, die der Emotionsausbildung zugrunde liegen und auch bezüglich der Frage, was genau bewertet wird (z. B. nur das Ereignis an sich oder auch die eigenen Reaktionsmöglichkeiten auf die Situation). Zudem stellen Appraisal-Theorien die Forschung auch vor forschungspraktische Herausforderungen, weil es sehr schwierig ist, empirisch sauber zwischen der Messung von Emotionen und den zugrundeliegenden Bewertungen zu trennen (Schmidt-Atzert et al., 2014).

Darüber hinaus sind Appraisal-Theorien innerhalb der kognitiven Emotionstheorien keineswegs konkurrenzlos. Andere kognitive Ansätze postulieren eine ganz andere Kausallogik und gehen z. B. davon aus, dass die kognitive Bewertung der emotionalen Reaktion nicht vorausgeht, sondern dieser nachgelagert ist (Schmidt-Atzert et al., 2014).

Neben den hier beschriebenen basalen Prozessen der Entstehung von Emotionen, spielt bei der Medienrezeption das *empathische Mitfühlen* mit den dargestellten Mediencharakteren eine wichtige Rolle. Die emotionalen Reaktionen, die aus der empathischen Auseinandersetzung mit Medienfiguren entstehen, werden in der *Affective Disposition Theory* von Dolf Zillmann (1996) beschrieben. Insbesondere in fiktionalen Medienformaten wie Filmen oder Serien, aber auch in vielen Reality-Formaten, etwa Quiz- oder Casting-Shows, nimmt das »Mitfiebern« mit den Protagonist:innen einen wichtigen Stellenwert ein. Rezipient:innen versetzen sich in die Gedanken und Gefühle der medial präsentierten Akteur:innen hinein und reagieren emotional auf Schicksalsschläge, überraschende Wendungen und Erfolge der beobachteten Personen. Eine wesentliche Voraussetzung für solche emotionalen Reaktionen während der Medienrezeption ist die menschliche Fähigkeit zur *Empathie*.

> **Definition**
>
> *Empathie* bezeichnet das Mitfühlen mit anderen Personen. Dabei versetzt sich der empathisch reagierende Beobachter bzw. die Beobachterin anhand der Gesichtsausdrücke, der Körpersprache oder der Handlungen einer Person in deren Gefühlswelt hinein und erlebt deren Emotionen stellvertretend mit (Zillmann, 2006b).

Unsere Fähigkeit zu empathischem Erleben macht es uns einfach, sowohl positive als auch negative emotionale Verbindungen zu Medienfiguren aufzubauen. Solche sog. *affektiven Dispositionen* (Raney, 2017) entstehen auf der Grundlage von *moralischen Urteilen*, die wir bei der Medienrezeption über Mediencharaktere treffen. So beobachten wir z. B. in einem Spielfilm die Handlungen der Protagonist:innen und bewerten diese entweder positiv oder negativ. Im Rahmen dieses Beurteilungsprozesses entwickeln wir positive affektive Dispositionen, also eine positive emotionale Voreingenommenheit für Akteur:innen, deren Handlungen und Motive wir als moralisch einwandfrei und gut empfinden. Im Hinblick auf Medienfiguren, deren Verhalten wir hingegen als moralisch verwerflich erachten, entwickeln wir negative affektive Dispositionen.

4.2 Emotionen und affektive Dispositionen

> **Definition**
>
> *Affektive Dispositionen* bezeichnen positive bzw. negative Gefühle gegenüber Medienfiguren. Diese entstehen im Verlauf der Rezeption, wenn wir Medienakteur:innen beobachten und moralische Urteile über ihre Handlungen und Beweggründe fällen (Raney, 2017).

Jedem von uns wird sicher spontan eine Fülle von »Guten« und »Bösen« aus der Filmgeschichte einfallen, etwa Harry, Hermine, Ron vs. Lord Voldemort oder Luke Skywalker vs. Darth Vader. Natürlich sind nicht alle Medienfiguren so leicht in Gut und Böse zu kategorisieren. Affektive Dispositionen treten nicht nur in zwei dichotomen Zuständen auf (positiv vs. negativ), sondern verlaufen vielmehr auf einem Kontinuum von extremer Zuneigung bis hin zu extremer Abneigung (Raney, 2017).

Die von Dolf Zillmann entwickelte Affective Disposition Theory geht davon aus, dass unsere positive und negative Voreingenommenheit in Bezug auf bestimmte Medienfiguren starke Auswirkungen auf unser Rezeptionserleben haben: Während wir mit geliebten Medienfiguren mitfiebern, empathisch auf sie reagieren und uns einen möglichst positiven Ausgang für sie wünschen, verhält es sich bei Charakteren, denen gegenüber wir negative affektive Dispositionen entwickelt haben, genau umgekehrt. Für Filmschurken empfinden wir in der Regel Verachtung und wünschen ihnen die gerechte Strafe (Zillmann, 1996).

Erhoffte Ereignisse, etwa ein positiver Ausgang für die Protagonist:innen oder ein negativer Ausgang für die Antagonist:innen, führen zu positiven Emotionen und Gefühlen von Euphorie. Unerwünschte Ereignisse, etwa eine negative Wendung für die Protagonist:innen oder der Triumph eines Antagonisten oder einer Antagonistin, resultieren hingegen in negativen Emotionen und Gefühlen von Dysphorie. Gleichzeitig ist die Entwicklung affektiver Dispositionen ein dynamischer Prozess: Je nach den Wendungen der Handlung und dem Verhalten der Akteur:innen können sich positive und negative Dispositionen im Licht der ständig neu getroffenen moralischen Beurteilung der Ereignisse ins Gegenteil verkehren, intensivieren oder abschwächen.

Zusätzlich zu den oben bereits beschriebenen Auswirkungen spielen affektive Dispositionen und die durch sie entstehenden Erwartungen und Wünsche an den Handlungsverlauf eine Schlüsselrolle bei der Entstehung des *Spannungserlebens* (Zillmann, 1996). Im Zentrum steht dabei die Ungewissheit darüber, ob sich im Laufe der Rezeption die gewünschten und erhofften Ereignisse für die Protagonist:innen und Antagonist:innen einstellen werden oder nicht. Zwar wünschen wir uns für Charaktere, die wir mögen, ein »Happy End«, und demgegenüber einen möglichst negativen Ausgang für solche Akteur:innen, zu denen wir eine negative affektive Disposition haben. Ob dieser Ausgang jedoch eintritt, ist in den meisten Fällen unklar und wird meist erst nach diversen Rückschlägen, Umwegen und brenzligen Situationen zur Gewissheit. Durch diese Ungewissheit entsteht Spannungserleben. Die Intensität der Spannung erhöht sich (Zillmann, 1996, S. 220):

- mit der Stärke der affektiven Dispositionen der Zuschauer:innen gegenüber den Protagonist:innen,
- mit der Schwere des Schadens oder Unheils, welches den Protagonist:innen aus Sicht der Zuschauer:innen droht,
- mit steigender subjektiver Sicherheit der Zuschauer:innen (bei einer gleichzeitig verbleibenden Restunsicherheit), dass der Schaden oder das Unheil für die Protagonist:innen auch tatsächlich eintreten wird.

Die Affective Disposition Theory hatte einen enormen Einfluss auf das medienpsychologische Verständnis des Rezeptionsprozesses und ist bis heute eine der einflussreichsten Theorien zur Erklärung des Unterhaltungserlebens. Ein aus Sicht dieser Theorie zunächst erstaunlich wirkendes Medienphänomen ist der große Erfolg von Filmen und Serien mit »Antiheld:innen«, also moralisch ambivalent handelnden Protagonist:innen. Denn wenn wir unsere Sympathie bzw. Antipathie gegenüber Medienfiguren von der moralischen Beurteilung ihres Verhaltens abhängig machen, wie lässt es sich dann beispielsweise erklären, dass wir positive affektive Bindungen zu Figuren wie Walter White in »Breaking Bad« oder Tyrion Lannister in »Game of Thrones« entwickeln können, die sich eben alles andere als moralisch verhalten? Innerhalb der Forschung zur Affective Disposition Theory haben sich unterschiedliche Ansätze

4.2 Emotionen und affektive Dispositionen

etabliert, die versuchen, solche paradox erscheinenden positiven Gefühle gegenüber Antiheld:innen zu erklären. Manche Erklärungsansätze gehen davon aus, dass durch zentrale Hinweisreize in der Narration – z. B. Musik oder Kameraführung – Schemata und Erwartungen aktiviert werden, die bestimmte Charaktere schon ganz früh innerhalb der Erzählung als gut vs. böse kennzeichnen (Raney, 2017). So bekommen wir etwa direkt in der ersten Folge von »Breaking Bad« den Eindruck, dass die Hauptfigur Walter White eigentlich ein guter Kerl ist, ein fürsorglicher Familienvater, der sich um seine Frau und seinen körperlich behinderten Sohn bemüht. Haben Rezipient:innen auf dieser Basis bereits eine positive affektive Disposition gegenüber einem Charakter entwickelt, halten sie möglicherweise auch dann daran fest, wenn sich dieser im weiteren Verlauf moralisch ambivalent verhält (Raney & Janicke, 2013). Zentral dafür ist *Moral Disengagement:* Um die positiven Gefühle für moralisch ambivalent auftretende Protagonisten aufrechtzuerhalten, werden die eigenen moralischen Ansprüche an die Medienfigur herabgesetzt oder deren Verhalten wird positiv umgedeutet (Janicke & Raney, 2018). Walter White lassen wir seine Karriere als Drogenboss also »durchgehen«, weil wir sein eigentlich unmoralisches Verhalten als fürsorglichen Versuch interpretieren, seine Familie auch nach seinem drohenden Tod gut zu versorgen.

Andere Ansätze gehen davon aus, dass die Bewertung von Antiheld:innen zentral davon abhängt, ob deren unmoralisches Verhalten ihnen selbst zugeschrieben, also auf negative Persönlichkeitseigenschaften und persönliche Beweggründe zurückgeführt wird, oder eine externale Ursachenzuschreibung stattfindet, das unmoralische Verhalten also auf äußere Zwänge zurückgeführt wird (Tamborini et al., 2018). In Bezug auf »Breaking Bad« könnte das bedeuten, dass wir das unmoralische Verhalten des Protagonisten als Folge eines externen Ereignisses (die plötzliche Krebsdiagnose) interpretieren, das ihn in einen Strudel stetig eskalierender weiterer Ereignisse verwickelt, er sich also aufgrund äußerer Umstände immer wieder gezwungen sieht, sich weiter unmoralisch zu verhalten (z. B. Gewalt anzuwenden, um sich der Angriffe seiner Konkurrenten zu erwehren). Das unmoralische Verhalten des eigentlich moralischen Protagonisten könnte so durch äußere Zwänge erklärt werden.

Aktuelle Forschung im Bereich affektiver Dispositionen schlägt darüber hinaus theoretische Brücken zwischen der Rezeptionsforschung und der Medienwirkungsforschung (▶ Kap. 5). So geht das *Model of Intuitive Morality and Exemplars (MIME)* von Ron Tamborini (2013) davon aus, dass sich moralische Dispositionen nicht nur auf die Bewertung von Medienfiguren auswirken, sondern dass das moralische bzw. unmoralische Verhalten von Medienfiguren sich langfristig auch auf die kognitive Verfügbarkeit moralischer Standards beim Publikum auswirkt (Tamborini et al., 2018). Das moralische bzw. unmoralische Verhalten, das wir bei Medienfiguren beobachten, hat somit nicht nur einen Einfluss darauf, wie wir die Figur und das dargestellte Geschehen direkt in der Rezeptionssituation interpretieren. Eine wiederkehrende Konfrontation mit Medienfiguren, die bestimmte moralische Standards einhalten oder verletzen, kann vielmehr auch unseren eigenen moralischen Blick auf unsere Umwelt verändern.

Ein weiterer Ansatz, der wichtige Aspekte des emotionalen Erlebens während der Rezeption verdeutlicht, ist der *Excitation-Transfer-Ansatz*, der ebenfalls auf Dolf Zillmann (1983) zurückgeht. Zillmann knüpft damit direkt an die Affective Disposition Theory an und beschreibt die Wirkung von aufgebautem Spannungserleben im Zeitverlauf (Zillmann, 1983, 2006a). Der Begriff des Excitation-Transfer bezieht sich dabei auf das Überschwappen emotionaler Erregung von einer Filmszene in die nächste. Kernpunkt des Ansatzes ist dabei die Annahme, dass sich kognitive und emotionale Prozesse in unterschiedlichem Tempo vollziehen. Unsere kognitiven Reaktionen auf einen Medienstimulus verlaufen sehr schnell. Binnen kürzester Zeit sind wir bereit, uns kognitiv auf eine neue medienvermittelte Situation einzustellen und diese zu verarbeiten und zu bewerten. Im Gegensatz dazu nimmt die zuvor aufgebaute emotionale Erregung nur langsam ab. Während wir also gedanklich die aktuelle Sequenz eines Films verarbeiten, wirkt das in der vorangegangenen Szene entstandene Arousal noch nach. Das hat zur Folge, dass die in einer Rezeptionssequenz aufgebaute Erregung die Wahrnehmung in der nachfolgenden Sequenz beeinflusst und die dabei empfundenen Emotionen intensiviert (Nabi, 2020). Die in aufeinanderfolgenden Szenen hervorgerufenen Erregungsschübe bauen also aufeinander auf und verstärken das emotionale Empfinden (▶ Abb. 4.1).

4.2 Emotionen und affektive Dispositionen

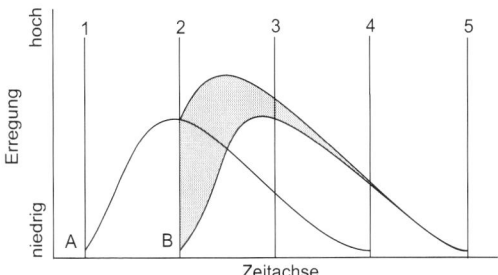

Abb. 4.1: Prinzip der Erregungsübertragung: Stimulus A verläuft von Zeitpunkt 1 bis 2. Die dabei aufgebaute Erregung ist erst zu Zeitpunkt 4 vollständig abgebaut. Der nachfolgende Stimulus B verläuft von Zeitpunkt 2 bis 3. Die dabei aufgebaute Erregung ist erst zu Zeitpunkt 5 vollständig abgebaut. Resterregung von Stimulus A und neu aufgebaute Erregung von Stimulus B addieren sich zwischen Zeitpunkt 2 und 4 (graue Fläche). (Zillmann, 2006a, S. 224)

Die bei der Mediennutzung stattfindende Erregungsübertragung hat somit weitreichende Auswirkungen auf die Rezeptionserfahrung. So kann sich z. B. die während eines Films aufgebaute Anspannung am Ende eines Films und beim Erreichen des erhofften Happy Ends in einem Gefühl von Euphorie und großer Erleichterung entladen (Zillmann, 2006a). Durch die zuvor aufgebaute Spannung werden die positiven Emotionen, die aus der positiven Wendung der Handlung (z. B. guter Ausgang für die Protagonist:innen und schlechter Ausgang für die Antagonist:innen) resultieren, noch intensiver wahrgenommen. Gerade bei Medieninhalten mit positivem Ausgang werden die Rezipient:innen am Ende also durch besonders euphorische Gefühle für die vorangegangenen Strapazen belohnt. Diese starken positiven Empfindungen sind zumindest eine Teilerklärung dafür, dass Rezipient:innen sich überhaupt bereitwillig einem mitunter unangenehm intensiven Spannungszustand aussetzen (Raney & Bryant, 2020). Der gleiche Verstärkungseffekt wie bei einem positiven Handlungsausgang tritt aber auch bei tragischen und negativen Wendungen auf. Stirbt beispielsweise am Ende des Films der Protagonist oder die Protagonistin, so wird auch die Dysphorie, die dieser aus Sicht der Rezipient:innen unerwünschte Ausgang der Handlung hervorruft, durch zuvor aufgebaute Spannung intensiviert (Zillmann, 1996).

Exkurs: Spoiler-Alarm!?

Sie gelten als besondere Bedrohung für das Rezeptionserlebnis: *Spoiler*, also unerbetene Vorabinformationen zum Verlauf der Handlung in Filmen oder Serien. Sie stehen in dem Ruf, das Unterhaltungserleben im wortwörtlichen Sinne zu verderben. Besonders virulent ist das Problem, seit dank zeitversetzter »on demand«-Nutzung auf Netflix und Co. für viele Formate keine einheitlichen Ausstrahlungstermine mehr existieren und somit Rezipient:innen oftmals auch innerhalb desselben Freundeskreises auf unterschiedlichem Informationsstand sind. Umso motivierter sind die Zuschauer:innen, ungewollten Informationen zu ihrer Lieblingsserie, z. b. in den sozialen Medien, aus dem Weg zu gehen. Der medienpsychologische Erkenntnisstand zur Wirkung von »Spoilern« ist indes bei weitem nicht so eindeutig, wie die mitunter panischen Reaktionen vieler Serien-Fans es vermuten lassen würden. So gibt es zwar Studien, die auf Basis von Excitation-Transfer argumentieren, dass Spoiler zu verringerter Unsicherheit bezüglich des Handlungsverlaufs und somit zu geringerem Spannungs- und Unterhaltungserleben führen sollten, und dies auch experimentell bestätigen konnten (z. B. Johnson & Rosenbaum, 2015). Andere Studien finden hingegen positive Effekte von Spoilern (z. B. Ellithorpe & Brookes, 2018): So erleichtert die Vorabinformation das spätere Verständnis der Handlung in der eigentlichen Rezeptionssituation. Zuschauer:innen können sich so ganz auf die Narration konzentrieren, die gezeigten Ereignisse leichter einordnen und besser interpretieren, und empfinden dadurch gesteigertes Unterhaltungserleben.

Der Excitation-Transfer-Ansatz hat auch praktische Implikationen für die Wirkung von Medienstimuli. So zeigen etwa die Ergebnisse eines Experiments von Mitchel und Nelson (2018), dass Markeneinblendungen in Szenen mit hohem positiv-emotionalem Erregungsgrad zu positiveren Einstellungen gegenüber der Marke und verstärkten Kaufabsichten führten. Die während der Rezeption empfundene positive affektive Erregung überträgt sich demnach auf das dargestellte Product-Placement und zwar umso stärker, je höher das begleitete Erregungslevel ausfällt.

4.3 Unterhaltungserleben

Ein für die medienpsychologische Rezeptionsforschung relevantes Konstrukt, das in starker Verbindung zu den emotionalen Reaktionen bei der Mediennutzung steht, ist das *Unterhaltungserleben*. Anders als beispielsweise die Freude oder die Trauer über das Schicksal von Protagonist:innen im Moment der Rezeption (▶ Kap. 4.2) stellt das während der Medienrezeption empfundene Unterhaltungserleben keine spezifische Emotion, sondern einen eher allgemeinen positiven Gefühlszustand dar.

> **Definition**
>
> Mit dem Begriff des *Unterhaltungserlebens* wird in der medienpsychologischen Forschung ein positiver Gefühlszustand bzw. ein Gefühl von Vergnügen beschrieben, das während der Nutzung von Medien auftritt (Reinecke & Rieger, 2016).

In der medienpsychologischen Forschung wird das Unterhaltungserleben häufig als Meta-Emotion konzipiert, also quasi als ein »Gefühl über Gefühle« (siehe auch ▶ Kap. 3.4; Bartsch et al., 2008; Hartmann, 2013; Vorderer & Hartmann, 2009). Den Ausgangspunkt für das Unterhaltungserleben stellen die emotionalen Reaktionen während der Rezeption dar. Diese Primäremotionen werden in einem weiteren kognitiven Bewertungsschritt (»Reappraisal«) auf ihre Kompatibilität mit den Zielen des Rezipienten bzw. der Rezipientin hin überprüft. Sind die durch die Rezeption hervorgerufenen Emotionen im Einklang mit diesen Zielen, resultiert daraus Unterhaltungserleben.

Zwei-Prozess-Theorien gehen davon aus, dass zwei unterschiedliche Formen des Unterhaltungserlebens voneinander zu differenzieren sind (▶ Kap. 3.5; Vorderer & Reinecke, 2015): das klassische, hedonistisch-positive Unterhaltungserleben in Form von positivem Affekt und Vergnügen (»Enjoyment«) und eine komplexere Form der Wertschätzung für Medieninhalte (»Appreciation«), die häufig mit eher ernsten und traurigen Medieninhalten assoziiert ist und bei den Rezipient:innen gemischte Gefühle und ein Nachdenken über existenzielle Fragen wie Moral oder den Sinn des Lebens auslösen. Für das Entstehen dieser beiden Formen des Unterhaltungserlebens werden unterschiedliche Muster des Reappraisals der Primäremotionen verantwortlich gemacht, die durch den Medienstimulus hervorgerufen werden (Hartmann, 2013; Reinecke & Rieger, 2021; Vorderer & Hartmann, 2009). Primäremotionen, die hauptsächlich mit dem kurzfristigen Ziel der Stimmungs- und Erregungsregulierung korrespondieren, führen demnach zu Enjoyment. Medienstimuli, die durch emotionale und kognitive Herausforderungen Gelegenheit zu persönlicher Weiterentwicklung und psychologischem Wachstum bieten, gehen eher mit Appreciation einher (Bartsch & Hartmann, 2017; Schneider et al., 2019). Auf diesem Weg können auch negative oder traurige Gefühle bei der Rezeption als unterhaltsam und bereichernd empfunden werden, wenn sie auf der Meta-Ebene beispielsweise ein Gefühl der Verbundenheit hervorrufen oder die Rezipient:innen an den Sinn des Lebens erinnern (Oliver et al., 2018).

In der medienpsychologischen Forschung wird das Unterhaltungserleben häufig als abhängige Variable untersucht. Neben den Primäremotionen, die bei der Rezeption auftreten, hat die Rezeptionsforschung eine Reihe weiterer Rezeptionsprozesse identifiziert, die ihrerseits einen Beitrag zum Unterhaltungserleben leisten. So wirken sich etwa parasoziale Interaktionen (▶ Kap. 4.4) und das Erleben von Präsenz und Flow (▶ Kap. 4.5) positiv auf das Unterhaltungserleben aus. Das Unterhaltungserleben schlägt somit eine konzeptuelle Brücke zwischen den Primäremotionen, die während der Rezeption empfunden werden, und weiteren Facetten des Rezeptionserlebens, beispielsweise der Auseinandersetzung mit Medienfiguren und dem Eintauchen in medial vermittelte Welten, die in den folgenden Abschnitten dieses Kapitels vorgestellt werden.

4.4 Parasoziale Interaktion und Identifikation

Wie wichtig die Auseinandersetzung mit Mediencharakteren für das Rezeptionserleben ist, wurde schon in unserer Diskussion der Affective Disposition Theory (▶ Kap. 4.2) deutlich. Neben der Erforschung der emotionalen Reaktionen, die sich durch das empathische Mitfühlen und den Aufbau von affektiven Dispositionen ergeben, haben sich weitere medienpsychologische Ansätze etabliert, die andere Formen der Interaktion zwischen Mediencharakteren und Rezipient:innen beschreiben und analysieren.

Das Konzept der *parasozialen Interaktionen* (PSI) thematisiert die Beziehung zwischen Rezipient:innen und Medienfiguren, die im Rahmen der PSI-Forschung häufig als *Personae* (Singular: Persona) bezeichnet werden. Der Begriff der parasozialen Interaktionen geht zurück auf Horton und Wohl (1956), die in ihrer Forschung zu Moderatoren von TV-Nachrichtensendungen die Beobachtung machten, dass Medienpersonae in vielen Situationen die Illusion einer direkten Interaktion mit den Rezipient:innen vermitteln. Offensichtlich reagieren wir auf die Ansprache einer Persona ähnlich wie in der direkten Interaktion mit realen Personen. Der Begriff der *para*sozialen Interaktion trägt dabei der Tatsache Rechnung, dass die Interaktion mit Medienfiguren in Massenmedien in aller Regel unidirektional und nicht wechselseitig ist. Es besteht also kein Rückkanal zwischen der Persona und den Rezipient:innen. Das Verhältnis entspricht demnach lediglich einer »Als-ob«-Beziehung (Gleich & Burst, 1996, S. 184). Dennoch kommt es seitens der Rezipient:innen zu »gefühlter Wechselseitigkeit« (Hartmann, 2010, S. 26; Dibble et al., 2016).

> **Definition**
>
> Parasoziale Interaktion beschreibt, dass Menschen eine Medienpersona beobachten, sich interpersonal involvieren und gleichermaßen interpersonal reagieren, ihnen dabei aber bewusst ist, dass ihre Eindrücke und Erfahrungen medial vermittelt sind (Hartmann et al., 2004).

Hartmann, Schramm und Klimmt (2004) führen die Entstehung von PSI auf automatisierte und unbewusst stattfindende Prozesse der sozialen Wahrnehmung zurück: Ganz unwillkürlich klassifizieren wir alle Objekte in unserer Umgebung dahingehend, ob es sich um unbelebte Dinge oder soziale Akteur:innen handelt. So werden Medienpersonae, etwa Judith Rakers in der Tagesschau oder Social-Media-Influencer:innen wie der Youtuber Rezo, von uns als soziale Interaktionspartner:innen kategorisiert. Die im Anschluss stattfindenden parasozialen Interaktionen umfassen folgende Prozesse (Hartmann et al., 2004; Schramm, 2016):

- *Perzeptiv-kognitive PSI* umfassen alle Denkprozesse, die sich auf eine Persona beziehen, also z. B. Aufmerksamkeit, das Abrufen von Gedächtnisinhalten oder Bewertungen in Bezug auf die Persona.
- *Affektive PSI* beziehen sich auf die emotionalen Reaktionen gegenüber der Persona und zeigen eine inhaltliche Nähe zu Konzepten wie Empathie und affektiven Dispositionen (▶ Kap. 4.2).
- *Konative PSI* beschreiben alle Reaktionen auf die Persona in Form von beobachtbarem Verhalten. Das kann verbale Äußerungen (etwa das Zurufen einer Warnung, wenn die Persona in eine brenzlige Lage gerät) oder non-verbales Verhalten (z. B. Mimik und Gestik) umfassen.

Eine Vielzahl von Studien hat seit der Prägung des Konzepts durch Horton und Wohl (1956) Eigenschaften der Personae identifiziert, die einen positiven Einfluss auf die Intensität von PSI haben (Hartmann & Goldhoorn, 2011; Hartmann et al., 2004; Liebers & Schramm, 2019), so z. B.:

- die *Obtrusivität* der Persona, also ihre mediale Präsenz oder Aufdringlichkeit,
- ihre *Persistenz*, also die Dauer oder Häufigkeit ihres Auftritts,
- eine *direkte Ansprache* des Rezipienten bzw. der Rezipientin durch die Persona,
- die *Attraktivität* der Persona und
- ihr Grad an *Anthropomorphismus* (Menschlichkeit) und ihre *Realitätsnähe* (z. B. Mensch vs. Alien).

4.4 Parasoziale Interaktion und Identifikation

Die Folgen der parasozialen Interaktion mit einer Persona sind nicht auf die einzelne Rezeptionssequenz beschränkt. Insbesondere bei mehrmaligen Begegnungen mit einer Medienfigur bilden Rezipient:innen überdauernde Wissensstrukturen und Bewertungen in Bezug auf die Persona im Gedächtnis ab. Aus parasozialen Interaktionen können sich daher im Zeitverlauf *parasoziale Beziehungen* (PSB), z. B. zu einer Figur aus einer Serie, entwickeln (Dibble et al., 2016; Gleich & Burst, 1996).

> **Definition**
>
> *Parasoziale Beziehungen* sind das Resultat wiederholter parasozialer Interaktionen und stellen subjektive Beziehungsdefinitionen dar, in denen Vorwissen, Bewertungen, und Urteile der Rezipient:innen über eine Persona im Gedächtnis repräsentiert sind (Gleich & Burst, 1996).

Während sich das Konzept der parasozialen Interaktion also immer auf eine einzelne Mediennutzungssequenz bezieht und somit klar ein Rezeptionsphänomen darstellt, bezeichnen parasoziale Beziehungen längerfristige Bindungen zu Personae und schlagen somit eine Brücke zum Bereich der Medienwirkungen (Dibble et al., 2016).

Parasoziale Beziehungen stellen in der Regel keine innigen, mit Freundschaften vergleichbaren Verbindungen, sondern eher oberflächliche Bekanntschaften dar. Sie sind in ihrer Beziehungsstärke eher mit einem guten Nachbarn als einem engen Freund vergleichbar (Gleich & Burst, 1996; Schramm, 2016). Die genannten Studien weisen darauf hin, dass Medienpersonae nicht als Konkurrenz oder Ersatz für echte Freundschaften erlebt werden. Personae können aber spezifische Beziehungsfunktionen (z. B. Vorbildfunktion, Informationsfunktion) übernehmen, die beispielsweise vom nahen Umfeld nicht übernommen werden können.

> **Beispiel**
>
> Parasoziale Beziehungen können eine wichtige Funktion einnehmen. Das verdeutlicht eine Befragungsstudie von Bond (2018), in

der die Bedeutung von PSB für heterosexuelle Jugendliche und Jugendliche mit sexueller LGB(lesbian, gay, bisexual)-Orientierung verglichen wurde. Die Ergebnisse zeigen, dass nur in der Stichprobe der homo- und bisexuellen Jugendlichen eine positive Korrelation zwischen Einsamkeit und der Intensität ihrer parasozialen Beziehungen zu Medienfiguren bestand, nicht jedoch in der Gruppe der heterosexuellen Teilnehmer:innen. LGB-Jugendliche schrieben ihrer Lieblings-Medienfigur darüber hinaus einen deutlich höheren Stellenwert als Rollenvorbild und Informationsquelle zu als heterosexuelle. Bond (2018) führt die Ergebnisse darauf zurück, dass es Jugendlichen, die einer sexuellen Minderheit angehören, deutlich schwerer fällt, in ihrem Umfeld enge Freunde zu finden, denen sie sich anvertrauen können und an denen sie sich im Zuge ihrer Identitätsfindung orientieren können. Für sie stellen daher Medienpersonae mit der gleichen sexuellen Orientierung eine wichtige Ressource dar.

Natürlich ist das Konzept der parasozialen Interaktionen und Beziehungen seinem ursprünglichen Entstehungskontext – also dem klassischen Fernsehen – längst entwachsen. Schon lange gibt es viele weitere Formen der »Begegnung« und Interaktion zwischen Rezipient:innen und Personae – z. B. im Internet oder in sozialen Medien. Vielfach entwickeln sich parasoziale Beziehungen heute also über verschiedene Kommunikationsplattformen und Interaktionsebenen hinweg. Entsprechend vielfältig ist die Literatur zu PSI und PSB in neuen Medienumgebungen (Liebers & Schramm, 2019). Die bisherige Befundlage deutet darauf hin, dass diese neuen Medienangebote die Intensität von PSI und PSB steigern: z. B. Social-Media-Kanäle von Stars und Prominenten (Bond, 2016) oder »Social TV«-Formate, bei denen fiktive Medienfiguren wie in der Youtube-Serie »Druck« über Instagram zeitlich synchron zur Serie kommunizieren (Kyewski et al., 2018). Gleichzeitig stellen neue Formate die Forschung vor konzeptionelle Herausforderungen (Brown, 2015): Wenn in Online-Medien ein Rückkanal zwischen Rezipient:innen und Personae besteht, handelt es sich dann noch um *para*soziale Phänomene, oder nähern sich solche Konstellationen dann nicht immer stärker echten sozialen Beziehungen an? Dies ist eine wichtige Frage für zukünftige Forschung zu PSI und PSB. Zwar hat sich die Forschung zu parasozialen Interaktionen und parasozialen Beziehungen in den vergangenen 50 Jahren sehr dynamisch entwickelt und eine beträchtliche Anzahl von Studien und Messinstrumenten hervorgebracht (Schramm, 2016). Die Forschung in diesem Bereich leidet aber mitunter an einer konzeptionellen und methodischen Unschärfe. Viele Studien differenzieren beispielsweise nicht klar zwischen parasozialen Interaktionen und parasozialen Beziehungen (Dibble et al., 2016). Insgesamt verwendet die Mehrheit der verfügbaren Studien Befragungsdesigns. Experimentelle Studien, die gezielt Aspekte des Medienstimulus bzw. der Persona manipulieren und die daraus resultierenden Effekte auf die parasozialen Interaktionen untersuchen (z. B. Hartmann & Goldhoorn, 2011), sind eher die Ausnahme. Auch die Erforschung spezieller Formen parasozialer Beziehungen, z. B. negativer parasozialer Beziehungen im Sinne parasozialer Feindschaften, bleiben eine Herausforderung für zukünftige Forschung (Hartmann, 2010).

Eine wichtige Gemeinsamkeit affektiver Dispositionen (▶ Kap. 4.2) und parasozialer Interaktionen mit Medienfiguren ist, dass es sich bei beiden Konzepten um *dyadische Ansätze* handelt: Bei diesen Ansätzen besteht eine klare Trennung zwischen den Rezipient:innen und den Medienfiguren, mit denen sie sich in der jeweiligen Rezeptionssituation konfrontiert sehen. So treten Mediennutzer:innen bei der Ausbildung affektiver Dispositionen als Beobachter:innen auf, die das Verhalten von Medienfiguren moralisch bewerten, und nehmen im Fall parasozialer Interaktionen die Rolle von »Als-ob«-Interaktionspartner:innen ein. In beiden Fällen nehmen die Zuschauer:innen sich selbst und die Medienfigur als separate Akteur:innen wahr (Cohen & Klimmt, 2021).

Das Konzept der *Identifikation* beschreibt hingegen Formen des Rezeptionserlebens, bei denen eine solche Trennung zwischen Rezipient:innen und Mediencharakteren nicht gegeben ist. Vielmehr kommt es zu einem »Verschmelzen« der Perspektive der Rezipient:innen und des Mediencharakters, die Rezipient:innen tauchen also in die narrative Medienwelt ein, schlüpfen in die Rolle der Medienfigur und machen sich für einen begrenzten Zeitraum deren Eigenschaften und Gefühle zu eigen (Cohen & Klimmt, 2021; Klimmt et al., 2009). Anders als bei den vorab vorgestellten dyadischen Ansätzen gehen Rezipient:in und Medienfigur im Falle der Identifikation eine *monadische* Verbindung ein, bilden also eine Einheit (Klimmt et al., 2009). Abbildung 4.2 fasst die zentralen Unterschiede der Konzepte der affektiven Disposition, parasozialen Interaktion und Identifikation im Überblick zusammen (▶ Abb. 4.2).

> **Definition**
>
> Die *Identifikation* mit einem Mediencharakter ist ein imaginativer Prozess, bei dem es zu einer starken kognitiven und emotionalen Verbindung zwischen dem Rezipienten bzw. der Rezipientin und der Medienperson kommt. Dabei übernehmen die Rezipient:innen temporär die Perspektive, Identität, Gefühle und Ziele des Mediencharakters. Identifikation geht mit verringerter Selbstwahrnehmung und einem verringerten Bewusstsein für die eigene Rolle als Zuschauer:in einher (Cohen, 2006).

Affektive Disposition	Parasoziale Interaktion	Identifikation
• Rezipient:in beobachtet und bewertet Protagonist:in • Je nach Ausgang der Bewertung entsteht eine positive oder negative Bindung • Beziehung: dyadisch	• Rezipient:in fühlt sich durch Protagonist:in „angesprochen" • Rezipient:in reagiert in Form von kognitiven, affektiven und konativen parasozialen Interaktionen • Fehlender Rückkanal • Beziehung: dyadisch	• Rezipient:in übernimmt Perspektive, Gefühle, Ziele von Protagonist:in • Temporäre Veränderung des Selbstkonzepts • Rezipient:in übernimmt ausgewählte Eigenschaften von Protagonist:in • Beziehung: monadisch
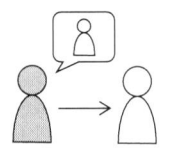	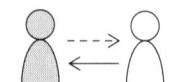	

Abb. 4.2: Die grundlegenden Komponenten affektiver Dispositionen, parasozialer Interaktionen und der Identifikation mit Medienfiguren im Vergleich

4.4 Parasoziale Interaktion und Identifikation

Parasoziale Interaktionen, affektive Dispositionen und Identifikation sind zwar klar voneinander abgrenzbare theoretische Konstrukte, inhaltlich aber doch eng miteinander verwandt (Brown, 2015). Cohen und Klimmt (2021) gehen daher davon aus, dass Rezipient:innen im Laufe einer einzelnen Rezeptionsepisode quasi stufenlos zwischen verschiedenen Positionen gegenüber der Persona hin und her wechseln und somit manchmal eher die Rolle von Beobachter:innen und manchmal eher die Rolle von Interaktionspartner:innen einnehmen, mitunter aber auch in die Rolle und Perspektive der Persona hinüberwechseln können. Dieser Wechsel zwischen Nähe und Distanz kann auch eine Bewältigungsstrategie sein, die z. B. dabei hilft, bei einer besonders nervenaufreibenden Szene ein Stück weit aus dem Geschehen und der Gefühlswelt der Persona herauszutreten und so die Spannung erträglicher zu machen (Cohen & Klimmt, 2021).

Verstärkt wird die Identifikation zum einen durch Faktoren, die auch parasoziale Beziehungen begünstigen, etwa die Attraktivität einer Medienfigur (Cohen, 2006) oder die wahrgenommene Ähnlichkeit zwischen dieser und dem Rezipienten oder der Rezipientin (Hoeken et al., 2016). Zum anderen werden Identifikationsprozesse aber auch durch die Art der medialen Inszenierung beeinflusst: Eine Erzählperspektive aus Sicht der Medienfigur und das Filmen aus der subjektiven Perspektive der Protagonist:innen erleichtern das Eintauchen in die Rolle der Figur und die Identifikation mit dieser (Cohen, 2009; Hoeken et al., 2016). Während die direkte Ansprache durch die Persona für parasoziale Interaktionen förderlich ist, durchbricht diese im Falle der Identifikation eher die Illusionsebene und ist daher für den Wechsel in die Perspektive der Medienfigur nicht hilfreich (Cohen et al., 2018).

Insbesondere Computerspiele stellen eine enge Verbindung zwischen den Nutzer:innen und ihren Spielfiguren her und sind somit für die Identifikation relevante Medienangebote (Klimmt et al., 2009; Klimmt & Possler, 2020). Die Spieler:innen werden durch ihren Avatar in der Spielwelt repräsentiert und handeln dort durch die Spielfigur, deren Geschlecht, Aussehen und andere Eigenschaften sie häufig nach eigenen Wünschen gestalten können (Ratan et al., 2019; ▶ Kap. 7.4). Nutzer:innen gehen somit eine enge handlungsbezogene Verbindung mit ihrem Avatar ein (Klimmt et al., 2009). Diese Verbindung zwischen Spieler:in und Avatar begünstigt im Kontext von Computerspielen daher in besonderer Weise das Entstehen von Identifikation und die temporäre Übernahme von Eigenschaften der Spielfigur in die Selbstwahrnehmung der Nutzer:innen. Dieser Effekt zeigt sich in einem Experiment von Klimmt et al. (2010): Nach dem Spielen eines Ego-Shooters assoziierten die Versuchspersonen, in dieser Studie ausschließlich Männer, in stärkerem Maße militärische Eigenschaften mit sich selbst als Personen, die ein anderes, nicht-militärisches Spiel gespielt hatten. Probanden, die ein Autorennspiel gespielt hatten, übernahmen kurzzeitig die Eigenschaften eines Rennfahrers in ihr Selbstkonzept. Diese temporäre Übertragung von Eigenschaften der Persona eröffnet Rezipient:innen vielfältige Möglichkeiten für die Auseinandersetzung mit dem eigenen Selbst. In ihrem TEBOTS(*Temporary Expansion of the Boundaries of the Self*)-Ansatz beschreiben Slater et al. (2014) die Möglichkeit, sich durch das Hineinversetzen in Erzählungen und die darin vorkommenden Medienfiguren der Fesseln und Grenzen des Alltags und der eigenen Identität zu entledigen, als zentrales Motiv für die Nutzung fiktionaler Medieninhalte. Die Chance, die Grenzen des Selbst temporär zu erweitern, ist diesem Ansatz zufolge dann besonders attraktiv, wenn man mit bestimmten Aspekten der eigenen Identität unzufrieden ist, oder das Selbst temporär bedroht oder beeinträchtigt ist (Slater & Cohen, 2017). Erste Studien legen in der Tat nahe, dass solche kompensatorischen Prozesse bei der Rezeption von fiktiven Medieninhalten eine Rolle spielen: In einem Experiment von Johnson et al. (2015) mussten die Proband:innen der Experimentalgruppe zunächst eine anstrengende Textbearbeitungsaufgabe absolvieren und dabei vorgegebene Buchstabenkombinationen in einem Text markieren. Den Proband:innen in der Kontrollbedingung wurde eine ähnliche, aber wesentlich weniger anstrengende Textbearbeitungsaufgabe vorgelegt. In der Logik des TEBOTS-Ansatzes wurden also die Ressourcen des Individuums in der Experimentalbedingung stärker beansprucht und das Selbst so stärker mit seinen eigenen Grenzen konfrontiert als in der Kontrollbedingung. Im Anschluss lasen alle Proband:innen eine Kurzgeschichte und beantworteten danach Fragen zu ihrem Rezeptionserleben. Die Proband:innen in der Experimentalgruppe konnten sich besser in die Kurzgeschichte und die darin vorkommenden Personen hineinversetzen und empfanden ein stärkeres Unterhaltungserleben. Die temporäre Einschränkung der eigenen Ressourcen hatte – so die Autoren – die Motivation erhöht, sich auf die Geschichte und ihre Protagonist:innen einzulassen und somit temporär den Grenzen des eigenen Selbst zu entkommen.

4.5 Involvement, Präsenzerleben und Flow

Eine weitere bedeutsame Facette des Rezeptionserlebens ist das Gefühl, Teil des medialen Geschehens zu sein, sich ganz auf das Medium zu konzentrieren und die Welt um sich herum zu vergessen. Viele konkurrierende theoretische Ansätze, die sich zum Teil erheblich überlappen, erklären diesen Erlebniszustand. Im Folgenden werden drei der wichtigsten theoretischen Konstrukte in diesem Bereich des Rezeptionserlebens beschrieben.

Ein in der medienpsychologischen Forschung weit verbreitetes Konzept, das die Stärke der Auseinandersetzung mit einem Medieninhalt beschreibt, ist das sogenannte *Involvement* (Hofer, 2016). Das Konzept hat seine Wurzeln nicht nur in der medienpsychologischen Rezeptionsforschung, sondern ebenso in der Persuasions- und Konsumentenforschung (Tukachinsky & O'Connor, 2017). In der Persuasionsforschung, beispielsweise im Rahmen des Elaboration-Likelihood-Model (▶ Kap. 5.4), wird unter dem Begriff des Involvements die persönliche Relevanz des Inhalts einer persuasiven Botschaft verstanden. In der medienpsychologischen Rezeptionsforschung wird das Involvement hingegen in erster Linie als die Stärke der Verbindung zwischen Rezipient:in und Medieninhalt und die Intensität der kognitiven und emotionalen Interaktion verstanden (Tukachinsky & O'Connor, 2017; Wirth, 2012).

Definition

Involvement ist ein Meta-Konzept, das sowohl kognitive als auch emotionale Prozesse, sowie darüber hinaus das auf Medieninhalte bezogene Verhalten einbezieht und im Rahmen der Medienrezeption die Intensität der Auseinandersetzung mit einem Medienstimulus beschreibt (Hofer, 2016):

- *Kognitives Involvement* beschreibt eine aktive und intensive Informationsverarbeitung und Elaboration der Medienbotschaft.
- *Emotionales Involvement* bezieht sich auf die Wahrnehmung intensiver Emotionen während der Mediennutzung.
- *Konatives Involvement* beschreibt Verhaltensweisen, die auf eine tiefergehende Auseinandersetzung mit Medieninhalten schließen lassen, z. B. auf eine wiederholte Rezeption oder die anschließende Kommunikation mit anderen Personen über den Medieninhalt.

Bei hohem Involvement richtet sich die gesamte Aufmerksamkeit auf die Medienbotschaft. Die Motivation, sich mit dem Inhalt der Medienbotschaft auseinanderzusetzen, ist hoch, und es kommt zu einer intensiven Informationsverarbeitung. In der Folge werden andere Rezeptionsphänomene, z. B. das Empfinden von Präsenzerleben (siehe unten), begünstigt oder verstärkt. Die Stärke des Involvements wird zum einen von Personenfaktoren (z. B. Interesse am Medieninhalt, generelle Bereitschaft zur intensiven Auseinandersetzung mit der Botschaft) und zum anderen von Eigenschaften des Medienstimulus (z. B. Qualität der Darstellung, Attraktivität der Inhalte) beeinflusst (Tukachinsky & O'Connor, 2017; Wirth, 2012).

Eine Reihe von Konzepten, die spezifische Facetten des Rezeptionserlebens erklären, weisen deutliche Bezüge zum Involvement-Konzept auf. So lassen sich sowohl das Phänomen der parasozialen Interaktion mit Medienpersonen (▶ Kap. 4.4) als auch das Präsenzerleben als unterschiedliche Formen des Involvements mit Medieninhalten verstehen.

Während das Involvement ein vergleichsweise unspezifisches Konzept darstellt, das die allgemeine Intensität der Auseinandersetzung mit einem Medienstimulus beschreibt, bezieht sich das *Präsenzerleben* auf das subjektive Gefühl, Teil einer medial vermittelten Realität bzw. Umwelt zu sein. Das in der Medienpsychologie am häufigsten thematisierte

4.5 Involvement, Präsenzerleben und Flow

Konzept ist dabei das *räumliche* Präsenzerleben, also das Gefühl, in einer medial vermittelten Umwelt verortet zu sein. Es gibt aber auch noch andere Facetten, beispielsweise das *soziale* Präsenzerleben (siehe unten).

Definition

Beim *Präsenzerleben* (engl. »presence«) sind Rezipient:innen so in ihr Rezeptionserleben vertieft, dass sie sich nicht mehr bewusst sind, dass die entsprechende Situation nicht real, sondern über die Medien vermittelt ist (»illusion of nonmediation«, Lombard & Ditton, 1997). *Räumliches Präsenzerleben* (»spatial presence«) umfasst dabei das subjektive Gefühl, während der Medienrezeption tatsächlich vor Ort in einer medienvermittelten Welt zu sein. *Soziales Präsenzerleben* (»social presence«) bezieht sich auf das Gefühl, gemeinsam mit anderen in einer medial-vermittelten Umwelt verortet zu sein, obwohl die anderen Personen nicht physisch präsent sind (Lombard & Jones, 2015).

Insbesondere in ihrer Frühphase war die Presence-Forschung stark vom Interesse an Technologien (z. B. VR, also Virtual Reality) getrieben. Die damals entstandenen Arbeiten legten einen Fokus auf die Eigenschaften verschiedener Medienstimuli und deren Auswirkungen auf die Intensität des Präsenzerlebens. Steuer (1992) unterscheidet z. B. zwei grundlegende Eigenschaftsdimensionen von Medienstimuli, die über den Grad des Präsenzerlebens entscheiden:

- Die *Lebendigkeit* (»*vividness*«) eines Medienstimulus: das Potenzial, eine facetten- und informationsreiche Repräsentation zu produzieren. Die Ausprägung dieser Eigenschaft hängt von der *sensorischen Breite* (wie viele Sinneskanäle werden angesprochen) und der *sensorischen Tiefe* (wie detailreich bzw. qualitativ hochwertig sind die übermittelten Informationen) eines Medienstimulus ab.
- Die *Interaktivität* (»*interactivity*«) einer Medienbotschaft: das Ausmaß, in dem Nutzer:innen die Form oder den Inhalt einer medial vermittelten Umwelt beeinflussen können.

Eine rein auf technologische Faktoren gestützte Erklärung des Präsenzerlebens erscheint aber problematisch und in entsprechenden Studien konnten technologisch induzierte Medieneffekte nicht nachgewiesen werden. Bücher verfügen beispielsweise weder über einen hohen Grad an »Vividness« (sie stimulieren nicht mehrere Sinnesmodalitäten auf einmal) noch über Interaktivität im Sinne einer direkten Einflussnahme der Nutzer:innen auf den Inhalt (wie etwa bei Computerspielen). Dennoch fühlen sich Leser:innen stark in die Handlung und die beschriebenen Szenen hineinversetzt (Green & Brock, 2002).

Entscheidend für das Entstehen von Präsenzerleben sind vor allem psychologische Prozesse, wie die Konstruktion eines *mentalen Modells* der medial vermittelten Situation. Diese kognitive Repräsentation des Medieninhalts enthält unter anderem räumliche Informationen, z. B. über die räumliche Beschaffenheit der medial vermittelten Umwelt und die Position der in ihr enthaltenen Objekte oder Personen. Präsenzerleben entsteht dann, wenn Mediennutzer:innen dieses medial vermittelte räumliche Situationsmodell temporär als kognitiven *Referenzrahmen* übernehmen und sich selbst darin verorten. Das ist umso wahrscheinlicher, je konsistenter, detaillierter und somit überzeugender das mental konstruierte Modell der Situation ist (Hartmann et al., 2015; Wirth et al., 2007).

Neben den oben bereits angesprochenen technischen Eigenschaften des Medienstimulus (z. B. Lebendigkeit und Interaktivität) spielen die Motive und Eigenschaften der Mediennutzer:innen eine wichtige Rolle (Hartmann et al., 2015; Wirth et al., 2007). So trägt beispielsweise das kognitive und emotionale Involvement (siehe oben) stark zum Entstehen von Präsenzerleben bei. Die mit dem Involvement einhergehende Fokussierung auf die Medienbotschaft macht es wahrscheinlicher, dass Rezipient:innen das mentale Modell der Rezeptionssituation als temporären Referenzrahmen übernehmen und sich somit in die Handlung hineinversetzt fühlen. Gleichzeitig führt Involvement dazu, dass Störreize aus der Umwelt, die das Präsenzerleben schmälern könnten, stärker unterdrückt werden. Der Beitrag des Involvements zum Entstehen von Presence ist besonders bei der Rezeption von Medienstimuli relevant, deren technische Eigenschaften keinen starken Beitrag zum Präsenzerleben leisten. Darüber hinaus interagiert das Involvement auch mit Eigenschaften der Rezipient:innen: In einem Experiment von Wirth et al. (2012) zeigte sich eine Wirkung des emotionalen Involvements auf das Präsenzerleben nur bei Personen mit geringer »Trait Absorption«, also einer geringen Neigung, sich intensiv auf einen Medieninhalt einzulassen. Bei Personen mit hoher Trait Absorption, deren Personeneigenschaften das Auftreten von Presence also ohnehin begünstigten, war das Involvement für das Präsenzerleben entsprechend weniger relevant.

Das Erleben von *Flow* stellt eine weitere wichtige Dimension des Eintauchens in mediale Welten dar (Sherry, 2004, 2017). Das Flow-Konzept geht zurück auf die Arbeiten von Mihaly Csikszentmihalyi, der sich bereits in den 1970er Jahren mit einem besonders intensiven »optimalen Erlebniszustand« beschäftigte. Diesen Zustand beschreiben beispielweise Künstler:innen in Situationen der höchsten Konzentration auf ihre Arbeit (Nakamura & Csikszentmihalyi, 2009).

Definition

Flow-Erleben lässt sich anhand von sechs zentralen Eigenschaften charakterisieren (Nakamura & Csikszentmihalyi, 2009):

1. Intensive und fokussierte Konzentration auf die aktuelle Tätigkeit
2. Verschmelzen von Tätigkeit und Bewusstsein
3. Verlust der reflexiven Selbstwahrnehmung (eingeschränktes Bewusstsein für die eigene Person)
4. Starkes Gefühl, die Kontrolle über die Situation zu haben
5. Verzerrtes Zeitempfinden (Gefühl, die Zeit verginge schneller als gewöhnlich)
6. Wahrnehmung der Handlung als aus sich selbst heraus motivierend, unabhängig vom Endergebnis der Aktivität

Flow tritt insbesondere dann auf, wenn die mit einer Tätigkeit verbundene Herausforderung in Balance mit den Fähigkeiten einer Person steht und sie eine klare Rückmeldung zur eigenen Leistung erhält (Nakamura & Csikszentmihalyi, 2009). Nur wenn eine Tätigkeit weder zu schwierig (Stress) noch zu einfach (Langeweile) ist, kommt es zu optimalem Flow-Erleben. Wichtige Aspekte des Flow-Erlebens sind das aktive und an konkreten Zielen ausgerichtete Handeln und das vollständige Aufgehen in dieser Handlung. Flow unterscheidet sich somit von anderen Formen des Rezeptionserlebens, z. B. dem Präsenzerleben, für die die Zielgerichtetheit der Rezipient:innen keine notwendige Voraussetzung ist.

Im Medienkontext treten Situationen, die Flow begünstigen, insbesondere bei der Nutzung von interaktiven Medien auf, z. B. bei Social-Media-Anwendungen (z. B. Pelet et al., 2017) oder Computerspielen (z. B. Soutter & Hitchens, 2016), die Nutzer:innen mit der Notwendigkeit zum zielgerichteten Handeln konfrontieren. Computerspiele erscheinen ganz besonders prädestiniert für das Erzeugen von Flow (Sherry, 2004, 2017): Sie definieren klare Spielziele und geben den Spieler:innen ständig Rückmeldung über ihre Leistung, etwa durch Spielstände, das Energielevel der eigenen Spielfigur oder das Gelingen oder Misslingen konkreter Aktionen im Spiel. Gleichzeitig sind die meisten Spiele so programmiert, dass ihre Schwierigkeit im Verlauf langsam ansteigt. Nach einem leichten Einstieg wächst die Spielschwierigkeit kontinuierlich mit den Fähigkeiten und ermöglicht so eine Passung zwischen dem Können der Nutzer:innen und den Anforderungen des Spiels. Eine Reihe von Studien bestätigt, dass Flow-Erleben eine wichtige Triebfeder des Unterhaltungserlebens beim Computerspielen ist (z. B. Gascon et al., 2016; Schmierbach et al., 2014).

Das Konzept des Flows ist in der medienpsychologischen Forschung zu interaktiven Medien gut etabliert. Dennoch gibt es Kritik an den in der Forschung verwendeten Operationalisierungen (Sherry, 2017): Der spezielle Charakter des Flow-Erlebens (fokussierte Konzentration auf die derzeitige Tätigkeit, Verlust der reflexiven Selbstwahrnehmung etc.) erschwert dessen Messung. Eine direkte Erfassung während der Rezeption würde das Flow-Erleben unterbrechen, eine retrospektive Messung ist wenig valide (Sherry, 2017). Aktuelle Forschungsansätze versuchen daher, die neurologischen Grundlagen des Flow-Erlebens zu ergründen und Flow mittels bildgebender Verfahren (▶ Kap. 2.4) messbar zu machen (Weber et al., 2017).

Ansätze wie Presence, Flow und Involvement stellen zentrale Säulen des Erlebens während der Mediennutzung dar. Die emotionalen und kognitiven Verbindungen, die Rezipient:innen während der Rezeption zu Medieninhalten und Medienfiguren aufbauen, verstärken darüber hinaus die Wirkung von Medien, z. B. auf unser Wissen, unsere Einstellungen und unsere Verhaltensintentionen (Bilandzic & Busselle, 2017). Die hier beschriebenen Dimensionen des Rezeptionserlebens bilden somit eine wichtige Basis für die im nachfolgenden Kapitel beschriebenen Medienwirkungen.

Zusammenfassung

Das Rezeptionserleben während der Mediennutzung ist ein komplexes Zusammenspiel von Kognitionen und Emotionen. Den Ausgangspunkt stellen grundlegende kognitive Informationsverarbeitungsprozesse dar, bei denen Medieninhalte wahrgenommen, enkodiert, im Gedächtnis gespeichert und von dort wieder abgerufen werden. Die so aufbereiteten Informationen aus einer Medienbotschaft bilden die Grundlage für Bewertungsprozesse (Appraisal), die zu intensiven Gefühlen (z. B. Furcht, Freude oder Traurigkeit) bei der Rezeption führen können. Die Affective Disposition Theory beschreibt das empathische Mitfiebern mit den Protagonist:innen und das daraus resultierende Spannungsgefühl. Das Phänomen des Excitation-Transfer, also das Überschwappen von aufgebauter Erregung von einer Mediennutzungssequenz in die nächste, intensiviert das emotionale Erleben noch zusätzlich. Eine Reihe weiterer Prozesse ist zentral für das Rezeptionserleben. Das parasoziale Interagieren mit Medienpersonae und das temporäre »Verschmelzen« mit Medienfiguren durch Identifikation stellen Formen von Beziehungen zu Mediencharakteren dar, die das Rezeptionserleben stark prägen. Das Eintauchen in mediale Welten stellt eine weitere wichtige Facette der Medienrezeption dar. Dabei bezieht sich das Konzept des Involvements auf die Stärke der emotionalen und kognitiven Auseinandersetzung mit einem Medieninhalt, während das Präsenzgefühl den Eindruck beschreibt, tatsächlich vor Ort in einem medial vermittelten Geschehen zu sein. Bei der Auseinandersetzung mit interaktiven Medien, beispielsweise bei der Konfrontation mit den Herausforderungen eines Computerspiels, kann es zu Flow-Erleben kommen. Dabei konzentriert sich der Rezipient oder die Rezipientin intensiv auf die medial vermittelte Aufgabe und geht vollständig in dieser auf.

Literaturempfehlungen

Bilandzic, H., Schramm, H. & Matthes, J. (2015). *Medienrezeptionsforschung.* UVK Verlag.
Cohen, J., Appel, M. & Slater, M. D. (2020). Media, identity, and self. In M. B. Oliver, A. A. Raney & J. Bryant (Eds.), *Media effects. Advances in theory and research* (4th ed., pp. 179–194). Routledge.
Hartmann, T. (2010). *Parasoziale Interaktionen und Beziehungen.* Nomos.
Hofer, M. (2016). *Presence und Involvement.* Nomos.
Nabi, R. L. (2020). Media and emotion. In M. B. Oliver, A. A. Raney & J. Bryant (Eds.), *Media effects. Advances in theory and research* (4th ed., pp. 163–178). Routledge.
Vorderer, P. & Klimmt, C. (Eds.). (2021). *The Oxford handbook of entertainment theory.* Oxford University Press.

Fragen zur Selbstüberprüfung

1. Welche zentralen Aussagen macht das Limited Capacity Model of Motivated Mediated Message Processing über die kognitive Verarbeitung von Medienbotschaften?
2. Wie entstehen aus der Perspektive der Appraisal-Theorien emotionale Reaktionen auf Medieninhalte?
3. Wie entstehen laut Affective Disposition Theory emotionale Reaktionen und Spannungserleben während der Rezeption?
4. Was ist Excitation-Transfer und welchen Einfluss hat es auf das Rezeptionserleben?
5. Definieren Sie Unterhaltungserleben.
6. Wie entstehen parasoziale Interaktionen?
7. Beschreiben Sie den Unterschied zwischen dyadischen und monadischen Konzepten der Interaktion von Rezipient:innen und Mediencharakteren.

8. Diskutieren Sie Parallelen und Unterschiede von Involvement, Presence und Flow.
9. Welche Eigenschaften des Mediums und der Rezipient:innen haben Einfluss auf das Zustandekommen von Presence?
10. Warum sind interaktive Medien besonders prädestiniert für das Hervorrufen von Flow?

5 Medienwirkungen

Medienwirkungen beschreiben die Effekte der Mediennutzung, die nach der Rezeption auftreten und über die einzelne Nutzungsepisode hinausgehen. Medieninhalte können unsere Kognitionen und unser Verhalten beeinflussen, und damit auch die Art, wie wir die Welt verstehen. Medien haben auch einen Einfluss auf unsere emotionalen Reaktionen. Sie beeinflussen, was und wie intensiv wir nach der Rezeption bestimmter Medieninhalte empfinden. Mit dem Konzept des Primings (▶ Kap. 5.1) und der Sozial-kognitiven Theorie der Massenkommunikation (▶ Kap. 5.2) werden zwei Ansätze vorgestellt, die wichtige Erklärmodelle für kurz- und langfristige Wirkungen der Mediennutzung liefern. Soziale Vergleichsprozesse (▶ Kap. 5.3) sind zentral für das Verständnis der Wirkung von Medien auf das Selbstkonzept, während das Elaboration-Likelihood-Model (▶ Kap. 5.4) die Wirkung von Medienbotschaften auf unsere Einstellungen adressiert. Auch fiktive Inhalte, in denen die Geschichten unterschiedlicher Protagonist:innen erzählt werden, haben einen Einfluss auf unsere Weltsicht durch den Prozess der narrativen Persuasion (▶ Kap. 5.5). Ein Thema, das sowohl in der medienpsychologischen Forschung als auch in der öffentlichen Diskussion auf breites Interesse stößt, ist die Wirkung von Medieninhalten auf aggressives und prosoziales Verhalten. Das General Aggression Model (▶ Kap. 5.6) führt die bisherige Forschung in diesem Bereich zusammen und zeigt verschiedene Wirkmechanismen auf. Abschließend stellen wir uns die Frage, unter welchen Umständen Medienwirkungen überhaupt auftreten. Das Differential Susceptibility Model (▶ Kap. 5.7) systematisiert die Rahmenbedingungen, unter denen Medienwirkungen entstehen.

5.1 Priming und Accessibility

Bei der Nutzung von Medien sind wir mit einer Vielzahl unterschiedlicher Informationen und Konzepte konfrontiert. Eine wichtige Frage für die Medienpsychologie ist, wie Medieninhalte unsere nachfolgenden Eindrücke und Urteile beeinflussen. Reagieren Menschen beispielsweise anders auf die Frage, wie sie zur Todesstrafe stehen, wenn sie kurz zuvor einen Nachrichtenbeitrag gesehen haben, in dem über eine grausame Straftat berichtet wurde? Das Konzept des *Primings* beschreibt, wie das Rezipieren einer Medienbotschaft unsere Informationsverarbeitung und unsere Einstellungen direkt im Anschluss an die Medienrezeption kurzfristig verändern kann. Beim Priming geht es also um die kurzfristige Verfügbarkeit von Gedanken. Der gängige Fachbegriff ist »Temporal Accessibility«. Darüber hinaus werden wir die langfristige, chronische Zugänglichkeit, also »Chronic Accessibility«, anschauen.

> **Definitionen**
>
> *Priming* bezeichnet einen kognitiven Prozess, bei dem durch einen vorausgehenden Medienstimulus (den sog. »Prime«) die kurzfristige Verfügbarkeit von im Gedächtnis gespeicherten Wissenseinheiten erhöht wird. Die durch Priming aktivierten Gedächtnisinhalte werden mit größerer Wahrscheinlichkeit bei der Interpretation einer nachfolgenden Information (des sog. »Target«) genutzt (Ewoldsen & Rhodes, 2020; Higgins et al., 1985).
>
> *Accessibility* (Verfügbarkeit) bezeichnet die Abrufbarkeit kognitiver Konzepte aus dem Gedächtnis, also wie leicht oder schwer diese zugänglich sind.
>
> *Temporal Accessibility* bezeichnet die durch Priming ausgelöste kurzfristig erhöhte Verfügbarkeit von Gedächtnisinhalten.
>
> *Chronic Accessibility* bezeichnet die längerfristige Verfügbarkeit von Gedächtnisinhalten, vor allem von Einstellungen oder Normen, die

> durch ständige Konfrontation oder eine vorhergehende tiefere Verarbeitung entsteht.

Priming beschreibt also in erster Linie *kurzfristige Medienwirkungen*, die im direkten Anschluss an die Mediennutzung auftreten. Effekte von Medien-Priming wirken in der Regel nur für einen Zeitraum von 15 bis 20 Minuten nach der Rezeption. Insbesondere im Bereich der politischen Kommunikation werden in der Priming-Forschung aber auch längerfristige Medienwirkungen diskutiert. Längerfristige Priming-Wirkungen werden häufig unter Berufung auf die *chronische Verfügbarkeit* von Kognitionen erklärt (Ewoldsen & Rhodes, 2020). Damit ist gemeint, dass Rezipient:innen in den Medien immer wieder mit ähnlichen Primes konfrontiert werden, etwa der stereotypen Darstellung bestimmter Gruppen oder wiederholter Berichterstattung über politische Persönlichkeiten in Zeiten des Wahlkampfs. Dabei können einzelne kurzfristige Priming-Effekte quasi aufeinander aufbauen, und dieses kumulierte Priming kann zu einer längerfristigen Steigerung der Verfügbarkeit bestimmter Konzepte führen.

Die Priming-Forschung basiert auf der Vorstellung, dass unser Gedächtnis einem *assoziativen Netzwerk* entspricht. Demnach kann man das menschliche Gedächtnis metaphorisch als ein Netzwerk von *Knoten* verstehen, die mehr oder weniger stark miteinander verbunden sind. Die einzelnen Knoten entsprechen dabei Wissenseinheiten bzw. Konzepten. Diese Knoten besitzen eine *Aktivierungsschwelle*. Wenn ein Knoten durch einen externen Stimulus angesprochen und dabei eine bestimmte Schwelle überschritten wird, werden dieser Knoten und mit ihm das entsprechende mentale Konzept im Gedächtnis aktiviert und sind somit abrufbar. Gleichzeitig breitet sich Aktivierungsenergie vom betroffenen Knoten über die Verbindungen des assoziativen Gedächtnisnetzwerkes zu anderen, verwandten Konzepten aus (Dillman Carpentier, 2017; Ewoldsen & Rhodes, 2020).

Medienstimuli fungieren als Primes und beeinflussen die Wahrnehmung und die Einstellungen von Rezipient:innen (Ewoldsen & Rhodes, 2020). Besonders intensiv wurde das Priming bei der Nutzung gewalthaltiger Medien untersucht, die wir uns später noch im Detail ansehen werden (▶ Kap. 5.6). Ein weiteres relevantes Forschungsfeld ist das *politische Priming*, dem wir uns im Folgenden widmen werden. Beim politischen Priming ist besonders die Aktivierung von Stereotypen durch Medieninhalte entscheidend (Dixon, 2020).

> **Definition**
>
> *Stereotype* bezeichnen Überzeugungen im Hinblick auf die Eigenschaften und Verhaltensweisen der Mitglieder bestimmter Gruppen. Stereotype können sich beispielsweise auf Angehörige sozialer (z. B. Männer vs. Frauen) oder ethnischer Gruppierungen (z. B. Deutsche vs. Italiener) beziehen. Zwar muss der Inhalt von Stereotypen nicht zwangsläufig negativ oder falsch sein, insbesondere weisen aber Stereotype in Bezug auf Gruppen, denen ein Individuum selber nicht angehört, häufig negative Verzerrungen auf (Kessler & Fritsche, 2018).

Medienstimuli, in denen eine bestimmte Gruppe in stereotyper Weise dargestellt wird, können nach medienpsychologischen Erkenntnissen als Prime wirken und die Accessibility der entsprechenden Stereotype erhöhen. Inhaltsanalysen zeigen, dass Personen mit Migrationshintergrund und Angehörige ethnischer Minderheiten in der medialen Berichterstattung überproportional häufig als Straf- und Gewalttäter:innen dargestellt werden (Dixon, 2020). Eine Reihe von Studien weist darauf hin, dass eine stereotype Medienberichterstattung zu einer verzerrten Beurteilung von Angehörigen der betroffenen ethnischen Gruppe führen kann. Dies verdeutlicht etwa ein Experiment von Arendt (2015), in dem die Proband:innen der Experimentalgruppe mit einer Reihe von Zeitungsartikeln konfrontiert wurden, in denen über Straftaten berichtet und die Täter:innen explizit als Ausländer:innen (im Original »foreigner«) identifiziert wurden. Die Proband:innen der Kontrollgruppe lasen die gleichen Zeitungsartikel, allerdings ohne, dass darin die Nationalität der Straftäter:innen erwähnt wurde. Im Anschluss zeigten die Proband:innen der Experimentalgruppe im Vergleich zu denen der Kontrollgruppe eine stärkere Tendenz, den Anteil von Ausländer:innen an der Gesamtheit aller Straftäter zu überschätzen. Die Berichterstattung hatte in ihrem Fall offensichtlich das negative Stereotyp der »kriminellen Ausländer:innen« (im Original »criminal foreigner«) aktiviert und somit ihre nachfolgende Realitätseinschätzung beeinflusst.

Generell hängt die Stärke des Priming-Effekts von drei Faktoren ab (Ewoldsen & Rhodes, 2020):

- *Stärke des Primes:* Primes, die für eine längere Zeit oder mit häufigeren Wiederholungen gezeigt werden, haben einen stärkeren Effekt als kürzer gezeigte Primes oder solche, die nur selten oder gar nicht wiederholt werden.
- *Zeitlicher Abstand zwischen Prime und Zielstimulus:* Die Aktivierung von Gedächtnisinhalten geht mit der Zeit zurück, wenn der entsprechende Knoten nicht erneut aktiviert wird. Daher sind Priming-Effekte im direkten Anschluss an die Konfrontation mit dem Prime stärker als bei längerem zeitlichen Abstand.
- *Ambiguität der Situation:* Je weniger eindeutig Menschen eine Situation erleben, umso eher verlassen sie sich auf die in Primes transportierte Information. In eindeutigen Entscheidungssituationen haben also Primes eine weniger starke Bedeutung als in uneindeutigen Entscheidungssituationen.

Dass auch Medieninhalte bzw. die Medien als Institution selbst Gegenstand von Priming-Effekten sein können, zeigt ein interessantes Experiment von Van Duyn und Collier (2019) im Kontext von »Fake News«. Unter Fake News versteht man Nachrichtenbeiträge, die nachweislich und durch die Verfasserin oder den Verfasser bewusst intendierte falsche Informationen enthalten (Allcott & Gentzkow, 2017). Fake News sind häufig Gegenstand öffentlicher Diskurse von Angehörigen gesellschaftlicher Eliten wie Politiker:innen oder Journalist:innen. So gehörte es z. B. zum politischen Standard-Repertoire des ehemaligen US-Präsidenten Donald Trump, ihm nicht gewogene Medienberichte pauschal als Fake News zu diffamieren (Ernst, 2019). Die Ergebnisse von Van Duyn und Collier (2019) legen nahe, dass solche Elite-Diskurse über Fake News als Prime wirken und einen Einfluss darauf haben können, wie Menschen Medieninhalte bewerten und wie sehr sie den Medien generell vertrauen. In ihrem Experiment lasen die Proband:innen in der Experimentalgruppe zunächst neun Tweets von Politiker:innen, Nichtregierungsorganisationen und Journalist:innen zum Thema Fake News. Die Proband:innen in der Kontrollgruppe lasen Tweets zu einem anderen Thema. Im Anschluss wurden beiden Gruppen Nachrichtenbeiträge vorgelegt – zum Teil mit faktisch richtiger Berichterstattung und zum Teil mit Fake News – und sie wurden gebeten, die Richtigkeit der Artikel einzuschätzen. Zwar beeinflusste das Priming nicht die *Identifikation* von Fake News, aber die Experimentalgruppe schätzte die eigentlich richtige Berichterstattung häufiger als Fake News ein und gab ein geringeres generelles Vertrauen in die Medien an als die Proband:innen der Kontrollgruppe. Die Tweets zum Thema Fake News hatten offenbar als Prime gewirkt und die nachfolgende *Bewertung* konkreter Medieninhalte und der gesellschaftlichen Institution Medien als Ganze beeinflusst.

Die Konzepte des Primings und der Accessibility haben eine enorme Theorieentwicklung durchlaufen (Higgins, 2012). Auch die Basis an robusten, zuverlässigen empirischen Studien ist enorm. Die Konzepte wurden über viele verschiedene Formen von Medieninhalten und -technologien und in vielen Anwendungsfeldern (z. B. politische Kommunikation, Gesundheits- und Nachhaltigkeitskommunikation) untersucht und bieten spannende und praktische weiterführende Ergebnisse. Trotz des erfolgreichen Einsatzes des Priming-Konzepts in der medienpsychologischen Forschung hat die Priming-Forschung bis heute mit einer Reihe von Limitationen zu kämpfen. Deutlich schwächer als die Wirkung auf Einstellungen und Kognitionen erwiesen sich in aktuellen Meta-Analysen die Effekte von Priming auf das Verhalten (Forscher et al., 2019). Eine wesentliche Unsicherheit besteht darüber hinaus in Bezug auf die zeitliche Dauer von Priming-Effekten. So ist unklar, inwiefern die längerfristigen Effekte im Bereich des politischen Primings mit der relativen Kurzlebigkeit von Priming-Effekten in anderen Bereichen (z. B. der Wirkung gewalthaltiger Primes) interagieren und in Einklang zu bringen sind. Ein nächster Schritt der medienpsychologischen Forschung zu Accessibility und Priming wird sein, herauszufinden, wie Interventionen zu Gesundheit oder Nachhaltigkeit geschickt Accessibility-Effekte berücksichtigen können, um Verhaltensänderungen zu bewirken.

5.2 Sozial-kognitive Theorie der Massenkommunikation

Während das Phänomen des Primings eine temporär oder chronisch erhöhte Verfügbarkeit *bereits bestehender* Gedächtnisstrukturen beschreibt, werden bei der Mediennutzung auch neue kognitive Strukturen (Wissen, Einstellungen, etc.) erworben. Ein besonders wichtiger Aspekt ist dabei die Tatsache, dass wir in den Medien Moderator:innen, Schauspieler:innen oder fiktiven Charakteren in TV-Serien und Filmen begegnen, zu denen wir emotionale und kognitive Verbindungen aufbauen und von denen wir lernen können. Die *Sozial-kognitive Theorie* von Albert Bandura (1986) ist eine Lerntheorie, die diese soziale Komponente der Wirkungen von Medien berücksichtigt. Die Theorie ist eine »Grand Theory« (Definition in ▶ Kap. 3.3), die viele verschiedene Theoriekomponenten vereint: das soziale Lernen, die Selbstwirksamkeit sowie Überlegungen zur Reziprozität von Medieninhalten und Personenfaktoren. All diese Aspekte beeinflussen unser Denken über Medienwirkungen bis heute enorm und sind Grundlage vieler wichtiger Theorien (z. B. GAM, ▶ Kap. 5.6). Die Sozial-kognitive Theorie fußt auf Banduras (1986) Forschung zum Phänomen des *sozialen Lernens*.

> **Definition**
>
> Das Konzept des *sozialen Lernens* (»*Lernen am Modell*«) beschreibt das Phänomen, dass die direkte eigene Erfahrung keine notwendige Voraussetzung für Lernprozesse darstellt. Um die Konsequenzen einer Handlung zu erlernen, können Menschen stellvertretend andere Personen (Modelle) in ihrem Handeln beobachten und von ihnen lernen. Wird das Verhalten eines beobachteten Modells belohnt (z. B. durch positive Handlungskonsequenzen oder positive soziale Reaktionen), entwickelt auch die Beobachterin bzw. der Beobachter eine positive Erfolgserwartung (»outcome expectation«) und wird die beobachtete Verhaltensweise mit erhöhter Wahrscheinlichkeit ebenfalls ausführen. Umgekehrt verhält es sich, wenn das Verhalten des Mo-

dells zu negativen Konsequenzen führt. Modelllernen ist dann besonders wahrscheinlich, wenn das beobachtete Modell als attraktiv und der eigenen Person ähnlich wahrgenommen wird (Bandura, 1986).

In seiner *Sozial-kognitiven Theorie der Massenkommunikation* überträgt Bandura (2001) das Prinzip des Modelllernens auf den Bereich der Medienwirkungen. Medien und die darin zu beobachtenden Akteur:innen beeinflussen unsere Gedanken und unser Verhalten demnach, weil sie uns als eine Quelle für *soziale Vorbilder und Modelle* dienen, anhand derer wir uns neues Wissen und neue Verhaltensweisen aneignen können. Diese Vorbildfunktion der Medien kann je nach Art des dargestellten Verhaltens positive oder negative, bzw. gesellschaftlich erwünschte oder unerwünschte Lernkonsequenzen haben.

Ein häufig unter Bezug auf die Sozial-kognitive Theorie diskutiertes Phänomen ist die Wirkung von sehr schlanken Models und Schauspielerinnen auf das Körperselbstbild (»Body Image«) und das Essverhalten von Rezipientinnen (Krcmar, 2020). So deuten die Ergebnisse von Inhaltsanalysen darauf hin, dass Medien häufig ein verzerrtes oder idealisiertes Körperbild transportieren, das nicht repräsentativ für den Bevölkerungsdurchschnitt ist. Schlanke Frauen werden dabei häufiger in den Medien dargestellt als schlanke Männer (Sink & Mastro, 2016). Übergewichtige Personen sind in den Medien hingegen unterrepräsentiert und ihre Darstellung ist häufig negativ konnotiert (Mastro & Figueroa-Caballero, 2018). Im Sinne der Sozial-kognitiven Theorie transportieren die Medien also eine große Zahl überschlanker Vorbilder, insbesondere für Rezipientinnen. Besonders problematisch ist die Situation im Kontext von Social Media. Nicht nur sind Darstellungen übermäßig schlanker oder übermäßig stark trainierter Körperformen z. B. unter Hashtags wie »fitspiration« oder »thinspiration« in Netzwerken wie Instagram oder Pinterest weit verbreitet (Ghaznavi & Taylor, 2015; Simpson & Mazzeo, 2017). Aus Sicht der Sozial-kognitiven Theorie sind solche Darstellungen als Rollenvorbilder auch besonders wirksam, weil es sich bei den Produzent:innen der Bilder häufig nicht um Prominente handelt, sondern um ganz »normale« Nutzer:innen. Dies erhöht die Wahrscheinlichkeit, dass Rezipient:innen eine hohe Ähnlichkeit zwischen sich und den Urheber:innen wahrnehmen und diese als Rollenmodelle für soziales Lernen fungieren (Krcmar, 2020). Verstärkt wird dieser Effekt noch durch die Interaktionsmöglichkeiten in sozialen Medien. Werden überschlanke Fotos positiv kommentiert oder »geliked«, stellt dieses positive Feedback eine öffentlich sichtbare Belohnung des dargestellten Verhaltens dar. Dadurch dürften sich die positiven Erfolgserwartungen für das dargestellte Körperideal bei den Rezipient:innen noch zusätzlich erhöhen, was eine Veränderung des eigenen Körperideals sowie des Ess- und Trainingsverhaltens noch wahrscheinlicher macht (Ghaznavi & Taylor, 2015; Simpson & Mazzeo, 2017). In der Tat konnte in einer Vielzahl von Studien gezeigt werden, dass die Konfrontation mit überschlanken Medienfiguren einen negativen Einfluss auf das körper- und gewichtsbezogene Selbstbild von Rezipient:innen hat und im Zusammenhang mit problematischem Essverhalten steht (Krcmar, 2020; Nabi & Prestin, 2017).

Soziale Lerneffekte durch problematische Rollenvorbilder in den Medien zeigen sich auch in anderen Kontexten. So kann auch das Konzept von Partnerschaft und Sexualverhalten durch mediale Rollenvorbilder beeinflusst werden. Dies zeigt eine Längsschnittstudie von Aubrey und Smith (2016), die US-College-Studierende zu ihrer Einstellung zur sogenannten »hookup culture«, also häufigem und unverbindlichem Sex, befragte. Die Ergebnisse zeigen einen positiven längsschnittlichen Zusammenhang zwischen der Rezeption von Medieninhalten, in denen unverbindlicher Sex positiv konnotiert dargestellt wird (z. B. Serien wie »Two and a half men« oder Zeitschriften wie »Playboy« oder »GQ«), und positiven Einstellungen gegenüber »hookups«. Allerdings fand sich der Zusammenhang nur für männliche Teilnehmer. Die Autorinnen führen das darauf zurück, das häufiger und unverbindlicher Sex für männliche Protagonisten in den Medien häufig positiv dargestellt und mit positiven Folgen (z. B. Reputationsgewinn) in Verbindung gebracht wird, das gleiche Verhalten bei weiblichen Charakteren hingegen häufiger als risikobehaftet (z. B. Kontroll- oder Reputationsverlust) dargestellt wird. Auch Verhaltensweisen, die ein gesundheitliches Risiko darstellen, können durch mediale Rollenvorbilder hervorgerufen werden. Entsprechende Befunde zeigen sich z. B. in Bezug auf die Rezeption von Pornografie und einer verringerten Bereitschaft zur Nutzung von Kondomen

(z. B. Whitfield et al., 2018), oder die Rezeption von Postings mit Alkohol-Bezug in Social Media und gesteigertem Alkoholkonsum (z. B. Boyle et al., 2016).

Neben dem Prozess des Modelllernens stellen *Selbstwirksamkeitserwartungen* eine zentrale Komponente der Sozial-kognitiven Theorie dar, die wichtige Anknüpfungspunkte für die Medienwirkungsforschung liefert.

Definition

Selbstwirksamkeitserwartungen (»self-efficacy expectations«) beschreiben die Überzeugungen und Erwartungen eines Individuums, die Handlungen erfolgreich ausführen zu können, die notwendig sind, um ein bestimmtes Ziel zu erreichen. Selbstwirksamkeitserwartungen beschreiben also, wie kompetent und handlungsfähig sich eine Person in Bezug auf ein bestimmtes Verhalten oder angesichts einer konkreten Problemstellung fühlt (Bandura, 1997).

Selbstwirksamkeitserwartungen schlagen eine entscheidende Brücke zwischen Wissen und Verhalten: Zwar kann sich eine Person das Wissen, das zur Ausführung eines bestimmten Verhaltens notwendig ist, aneignen (beispielsweise durch soziales Lernen). Ob die Person das entsprechende Verhalten aber auch tatsächlich zeigt und wie lange sie auch angesichts von Problemen und Widerständen an einem bestimmten Ziel festhält, hängt stark von ihrer Selbstwirksamkeitserwartung in Bezug auf das betreffende Verhalten ab (Bandura, 1997). Wir können Selbstwirksamkeit stellvertretend durch das Beobachten von Modellen aufbauen (Bandura, 1986). Wenn wir also sehen, dass andere, uns ähnliche Personen in der Lage sind, ein bestimmtes Problem zu lösen oder eine bestimmte Handlung auszuführen, kann das unsere eigene Selbstwirksamkeitserwartung steigern. Daher sind Medien und die in ihnen präsentierten Menschen ebenfalls eine wichtige Einflussgröße in Bezug auf die Selbstwirksamkeit, die wir in verschiedenen Lebensbereichen empfinden (Bandura, 2001).

Dadurch eröffnet sich ein erhebliches positives Wirkungspotenzial: Wenn sich durch Medienbotschaften die Selbstwirksamkeitserwartung,

z. B. in Bezug auf gesundheitsförderliches Verhalten, erhöhen ließe, bestünde die Chance, Rezipient:innen durch gezielte Gesundheitskommunikation zu fördern. Die medienpsychologische Forschung deutet klar auf solche positiven Medienwirkungen hin (Krcmar, 2020). So finden Braddock und Dillard (2016) in einer Meta-Analyse zur Wirkung narrativer Medienbotschaften einen signifikant positiven Effekt auf die Selbstwirksamkeit. Motiviert durch das vielversprechende Wirkungspotenzial von Medien zur gesundheitlichen und politischen Aufklärung hat sich unter dem Stichwort »Entertainment Education« (Singhal & Rogers, 2002) ein Forschungsfeld etabliert, das den gezielten Einsatz von unterhaltsamen Medienformaten zur Vermittlung von Wissen und zur gesellschaftlichen Aufklärung untersucht. Insbesondere in Entwicklungsländern sind dabei Versuche unternommen worden, durch den Einsatz von unterhaltsamen TV- und Radioprogrammen (z. B. »MTV Shuga«), die unter Rückgriff auf die zentralen Postulate der Sozial-kognitiven Theorie entwickelt wurden, um soziale Veränderungsprozesse anzustoßen und gesundheitsförderliches Verhalten zu verstärken (Chatterjee et al., 2017).

Beispiel

Entertainment Education
Ein aktuelles Beispiel für ein Entertainment-Education-Projekt ist die in den USA produzierte und auf der Streaming-Plattform »Hulu« verfügbare Serie »East Los High«. Zentrale Zielgruppe der Serie sind in den USA lebende Jugendliche mit Latino-Background. Latinas und Latinos sind die derzeit am schnellsten wachsende demografische Gruppe in den USA. Gleichzeitig haben jugendliche Latinos und Latinas in den USA ein im Vergleich zur Gesamtbevölkerung erhöhtes Risiko für Infektionen mit sexuell übertragbaren Krankheiten und ungewollte Schwangerschaften (Wang & Singhal, 2016). »East Los High« zielt auf die Vermittlung von Einstellungen und Verhaltensweisen zur Förderung der sexuellen Gesundheit. Die Serie spielt an einer fiktiven Highschool in East Los Angeles und erzählt die Geschichte einer Gruppe von Highschool-Schüler:innen, ausnahmslos

Latinas und Latinos, die sich im Verlauf der Serie mit einer Reihe kritischer Lebensereignisse (HIV-Infektion, ungewollte Schwangerschaft, Vergewaltigung) konfrontiert sehen und diese auf unterschiedliche Weise bewältigen. Die Erzählweise folgt dabei dem Prinzip des transmedialen Storytelling: Die Narration entwickelt sich nicht nur in der auf der Streamingplattform Hulu gezeigten Serie, sondern parallel auf verschiedenen weiteren Plattformen, z. B. der zur Serie gehörenden Website und Videoblogs der Hauptcharaktere. Darüber hinaus sind an verschiedensten Stellen Informations- und Beratungsangebote von kooperierenden sozialen Institutionen eingebunden. Die Serie wurde unter enger wissenschaftlicher Begleitung entwickelt und evaluiert. Die Ergebnisse von begleiteten Befragungsstudien und Experimenten sprechen dafür, dass die in der Serie vermittelten Rollenvorbilder einen signifikant positiven Einfluss auf die Einstellung, die Selbstwirksamkeit und die Verhaltensintentionen (z. B. Nutzung von Verhütungsmitteln) der Rezipient:innen haben (Wang & Singhal, 2016).

Insgesamt belegen die im Rahmen der Sozial-kognitiven Theorie gesammelten Befunde, dass Medien eine wichtige Sozialisationsinstanz sind. Die in den Medien präsentierten Akteur:innen wirken als Rollenmodelle und können einen signifikanten Einfluss auf kognitive Prozesse und Verhaltensweisen nehmen. Die Sozial-kognitive Lerntheorie ist eine der einflussreichsten grundlegenden Theorien der Medienpsychologie. Kritisiert wird an medienpsychologischer Forschung, die sich auf die Sozialkognitive Theorie stützt, dass die entsprechenden Studien sich häufig zwar der Grundideen der Theorie bedienen, die entsprechenden Mechanismen (z. B. die Attraktivität des beobachteten Modells oder die Verstärkung des beobachteten Verhaltens im Rahmen des sozialen Lernens) aber nicht hinreichend empirisch testen (Krcmar, 2020; Nabi & Prestin, 2017). Insbesondere angesichts der ständig wachsenden Zahl und Vielfalt von Rollenmodellen erscheint die Sozial-kognitive Theorie für zukünftige Forschung überaus vielversprechend.

5.3 Soziale Vergleichsprozesse

Medien liefern ein quasi unerschöpfliches Repertoire an Vergleichspartner:innen, die als Grundlage zur Beurteilung der eigenen Eigenschaften und Fähigkeiten dienen können: Wie sozial oder physisch attraktiv bin ich im Vergleich zu Influencer:innen? Wie gut stehe ich im Karrierevergleich mit meinen Kontakten auf Xing oder LinkedIn dar? Und können mein Urlaub und meine Hochzeit mit den Reise- und Hochzeitsbildern meiner Freunde auf Instagram mithalten? Prägend für unser Verständnis solcher Vergleichsprozesse ist die Theorie des sozialen Vergleichs von Leon Festinger (1957). Festingers Annahme ist, dass Menschen ein grundlegendes Bedürfnis danach haben, ihre Meinungen und Fähigkeiten anhand von objektiven Standards einschätzen zu können. Objektive Standards zu Meinungen und Fähigkeiten liegen häufig nicht vor, sodass Menschen motiviert sind, möglichst zuverlässige Standards in ihrer Umwelt zu finden.

> **Definition**
>
> Der Begriff des *sozialen Vergleichs* beschreibt einen Prozess, bei dem das Individuum Informationen über andere Personen kognitiv verarbeitet und auf sich selbst bezieht. Andere Personen dienen dabei also als Standard, mit dem die Eigenschaften der eigenen Person verglichen und somit evaluiert werden können (Wood, 1996).

Grundsätzlich lassen sich drei Formen sozialer Vergleichsprozesse unterscheiden (Corcoran et al., 2011): Bei *Aufwärtsvergleichen* vergleicht sich das Individuum mit einer ihm in der jeweiligen Vergleichsdimension überlegenen Person. *Abwärtsvergleiche* bezeichnen hingegen Vergleiche mit unterlegenen Vergleichspersonen und *Lateralvergleiche* solche mit Personen mit ähnlichem Niveau auf der betreffenden Vergleichsdimension.

Während Festinger (1957) in seiner Theorie des sozialen Vergleichs davon ausging, dass soziale Vergleiche nur dann auftreten, wenn dem Individuum andere, objektive Bewertungskriterien zur Selbsteinschät-

5.3 Soziale Vergleichsprozesse

zung fehlen, legt die darauf aufbauende Forschung nahe, dass soziale Vergleiche einen ganz grundlegenden Bestandteil sozialer Informationsverarbeitung darstellen (Mussweiler, 2003). Drei Motive initiieren soziale Vergleiche und haben darüber hinaus einen Einfluss darauf, in welche Richtung der soziale Vergleich verläuft (Corcoran et al., 2011):

- *Selbstevaluation* bezieht sich auf das Bedürfnis nach einer möglichst akkuraten Einschätzung bestimmter Eigenschaften des Selbst. Zentral hierfür ist die Wahl eines Vergleichsstandards, der dem Individuum in der Vergleichsdimension und relevanten Begleitfaktoren möglichst ähnlich ist und somit eine valide Vergleichsbasis bietet. Wenn z. B. die Vergleichsdimension der Berufserfolg ist, so würden sich Berufsanfänger:innen nicht mit den Star-Anwält:innen oder Top-Chirurg:innen ihrer Lieblingsserie vergleichen, sondern mit Personen, die ähnlich viel Erfahrung haben. Das Motiv der Selbstevaluation lässt sich somit am besten durch *Lateralvergleiche* verfolgen.

- *Selbstverbesserung* beschreibt das Bedürfnis, durch sozialen Vergleich an Informationen zu gelangen, die dem Individuum helfen, eigene Fähigkeiten in bestimmten Vergleichsdimensionen zu verbessern. Um Impulse für die eigene Entwicklung zu erhalten, ist ein *Aufwärtsvergleich* mit einer in der Vergleichsdimension überlegenen Person zielführend.

- *Selbstaufwertung* bezieht sich auf das Motiv, soziale Vergleiche zu nutzen, um eine positive Selbstwahrnehmung zu beschützen oder wiederherzustellen. Dies ist besonders durch Abwärtsvergleiche mit unterlegenen Vergleichspersonen möglich, die es erlauben, die eigenen Fähigkeiten oder auch Meinungen aufzuwerten.

Der Verweis auf zentrale Motive des sozialen Vergleichs mag die Vermutung nahelegen, dass soziale Vergleichsprozesse und die Auswahl von Vergleichspersonen stets bewusst, planvoll und strategisch vollzogen werden. Dies ist aber nicht der Fall. Allein schon durch die Menge potenzieller Vergleichspartner:innen, denen wir im Alltag ausgesetzt sind, kommt es häufig dazu, dass uns soziale Vergleichsinformationen quasi zufällig oder beiläufig begegnen, ohne dass wir diese aktiv und bewusst gesucht hätten (Wood, 1996).

Die Wirkungen sozialer Vergleichsprozesse zeigen sich auf drei Ebenen (Wood, 1996):

- *Kognitive Wirkungen* beziehen sich insbesondere auf das Selbstkonzept und können z. B. in einer positiveren bzw. negativeren Bewertung der eigenen Fähigkeiten bestehen. Soziale Vergleichsprozesse können demnach erhebliche Folgen für den subjektiven Selbstwert eines Individuums haben (Krause et al., 2019).
- *Affektive Wirkungen* entfalten sich in Form von positiven (z. B. Stolz) oder negativen (z. B. Neid) Gefühlen.
- *Konative Wirkungen* äußern sich in Form von Verhalten, z. B. in Trainings- oder Übungsmaßnahmen, die darauf abzielen, sich in der Vergleichsdimension zu verbessern.

Diese Wirkungen können ganz bewusst und intendiert sein. Wir suchen uns Vergleichspersonen in den Medien, um über uns zu lernen und als Ansporn für Verhaltensänderungen. Manche Wirkungen entstehen jedoch eher zufällig und unintendiert. Ausschlaggebend für die Wirkung eines sozialen Vergleichs ist die kognitive Perspektive (assimilativ, kontrastiv), die im Vergleichsprozess eingenommen wird.

Voraussetzung für den Vergleich ist zunächst ein gewisses Ausmaß an Ähnlichkeit. Der Vergleich kann dann entweder *assimilativ* oder *kontrastiv* stattfinden. Diesen Prozess beschreibt Mussweiler im *Selective Accessibility Model* (SAM; Mussweiler, 2003; Mussweiler et al., 2006; Suls & Wheeler, 2012).

Assimilative Vergleiche (»similarity testing«) finden eher statt, wenn Menschen beispielsweise sich selbst (Target) und ihre Vergleichsperson (Standard) im ersten Schritt als ähnlich empfinden. Im zweiten Schritt sind dann beim similarity testing kognitiv vor allem ähnliche Merkmale verfügbar. Bei assimilativer Perspektive kann ein Aufwärtsvergleich der eigenen Person (Target) mit der Medienpersona (Standard) zu positiven affektiven und kognitiven Reaktionen führen, weil die Vergleichsperson als ähnlich und der höhere Standard der Vergleichsperson somit als erreichbar empfunden wird. Dies wird als Ansporn empfunden. Beim assimilativen Abwärtsvergleich rückt hingegen aufgrund der Ähnlichkeiten zum Vergleichsobjekt auch das wahrgenommene Risiko in den

Vordergrund, auf dessen unterlegenes Niveau abzusteigen (Buunk et al., 1990).

Kontrastive Vergleiche (»dissimilarity testing«) finden statt, wenn die Vergleichspersonen im ersten Schritt als nicht ähnlich empfunden werden. Im zweiten Schritt sind dann beim dissimilarity testing kognitiv besonders unähnliche Eigenschaften verfügbar. Bei kontrastivem Aufwärtsvergleich werden Individuum (Target) und Vergleichsperson (Standard) als so unterschiedlich wahrgenommen, dass die Vergleichsperson quasi uneinholbar erscheint, was zu negativen Reaktionen führt, z. B. zu Frustration oder dem Gefühl der Unterlegenheit. Bei Abwärtsvergleichen verhält es sich umgekehrt. Hier betont ein kontrastiver Vergleich die Unterschiede zum Vergleichsobjekt und hebt das Individuum positiv von diesem ab.

Medienpersonen bieten sich aus einer Reihe von Gründen in geradezu idealtypischer Weise für den sozialen Vergleich an. Nicht nur gehen Mediennutzer:innen mitunter eine enge Bindung zu Mediencharakteren ein und setzen sich intensiv emotional und kognitiv mit ihnen auseinander (▶ Kap. 4.4). Auch die Vergleichsinformationen, die Medienfiguren transportieren, unterscheiden sich häufig von denen, die in nicht medial-vermittelten sozialen Situationen verfügbar sind (Peter, 2016): So offenbaren Medienfiguren häufig ihre Gedanken und Gefühle, präsentieren sich in privaten und intimen Situationen und bieten Vergleichsmöglichkeiten in Bezug auf Themenbereiche, die im engeren sozialen Umfeld sonst weniger explizit für den Vergleich abgefragt werden können (z. B. Sexualität).

Medienpersonae repräsentieren häufig die Extrempunkte von relevanten Vergleichsdimensionen. Sie sind entweder extrem attraktiv, reich, erfolgreich, oder aber das genaue Gegenteil. Die häufig stereotype Darstellung von Medienpersonae vereinfacht die Informationsverarbeitung und somit soziale Vergleichsprozesse. Zuschauer:innen erkennen schnell die zentralen Eigenschaften und Charakterdimensionen dieser »flachen Charaktere«. Soziale Vergleichsprozesse werden aber dadurch risikoreich. Wenn Medienfiguren eine stereotype Vergleichsgrundlage darstellen, können soziale Vergleichsprozesse negative Folgen haben, z. B. wenn sie zu Fehleinschätzungen der eigenen Person oder zu zweifelhaften Idealvorstellungen bezüglich relevanter Vergleichsdimensionen führen. Dutzende Studien demonstrieren etwa eine negative Wirkung sozialer Vergleiche mit überschlanken Models und unrealistischen Schönheitsidealen in Film, Fernsehen und Zeitschriften auf die Zufriedenheit mit dem eigenen Körper (Myers & Crowther, 2009; siehe auch ▶ Kap. 5.2). Auch im Kontext der Social-Media-Nutzung finden Saiphoo und Vahedi (2019) in einer Meta-Analyse einen signifikanten Zusammenhang zwischen sozialen Vergleichen und einem verzerrten Körperselbstbild.

Hinweise darauf, dass sich die Konsequenzen von sozialen Vergleichen im Social-Media-Kontext von sozialen Vergleichen mit Personen in Film und Fernsehen und nicht medial-vermittelten Alltagssituationen unterscheiden, liefert eine Experience-Sampling-Studie von Fardouly et al. (2017). Über einen Zeitraum von fünf Tagen wurden die 143 Teilnehmerinnen an fünf zufällig bestimmten Zeitpunkten im Tagesverlauf über ihr Smartphone zur Teilnahme an einer Online-Befragung aufgefordert. Erfasst wurde, ob und mit wem (Person in Social Media, Persona aus TV oder Film, oder Menschen in einer Face-to-Face-Interaktion) sich die Teilnehmerinnen seit der letzten Befragung in Bezug auf ihr Aussehen verglichen hatten. Erfasst wurde auch die Richtung des Vergleichs (Aufwärts-, Lateral- oder Abwärtsvergleich) sowie eine Reihe abhängiger Variablen (u. a. Zufriedenheit mit dem eigenen Aussehen und Stimmung). In allen drei Vergleichskontexten überwog der Anteil der aufwärtsgerichteten Vergleiche. Diese führten in allen drei Kontexten zu einer geringeren Zufriedenheit mit dem eigenen Aussehen und einer verschlechterten Stimmung. Diese negativen Konsequenzen waren bei sozialen Vergleichen im Social-Media-Kontext stärker ausgeprägt als bei Vergleichen mit Filmpersonae oder Menschen, denen die Probandinnen in einer Face-to-Face-Interaktion beggneten.

In der medienpsychologischen Forschung wird häufig die Sorge formuliert, dass soziale Vergleichsprozesse in sozialen Medien mit einer generellen Unzufriedenheit mit dem eigenen Leben und negativen affektiven Konsequenzen in Verbindung stehen (▶ Kap. 6.5). Soziale Vergleichsprozesse können dazu beitragen, ob die Nutzung sozialer Medien gesund und gewinnbringend ist. Wenn Menschen sich häufiger in sozialen Medien mit anderen vergleichen, dann berichten sie von weniger Lebenszufriedenheit und mehr depressiven Symptomen; insbesondere

5.3 Soziale Vergleichsprozesse

zeigt die Meta-Analyse von Yoon et al. (2019), dass der Aufwärtsvergleich in sozialen Medien einen mittleren Effekt auf depressive Symptome hat.

Studien weisen darüber hinaus auf einen positiven Zusammenhang zwischen passiver Nutzung und einer gesteigerten Häufigkeit sozialer Vergleiche und daraus resultierendem Neidempfinden hin, was sich wiederum negativ auf das Wohlbefinden auswirkt (Appel et al., 2016; Verduyn et al., 2017). Und auch die Zusammensetzung des eigenen Online-Netzwerks hat einen Einfluss auf soziale Vergleichsprozesse. So fanden Lup et al. (2015) in einer Befragungsstudie einen stärkeren Effekt der Instagram-Nutzung auf depressive Symptome bei Nutzer:innen, die einem hohen Anteil ihnen nicht persönlich bekannter Personen auf Instagram folgten. Die Autorinnen interpretieren dieses Ergebnis als Hinweis darauf, dass es uns schwer fällt, hinter die idealisierte und inszenierte Instagram-Fassade Unbekannter zu blicken und beschönigte Darstellungen als solche zu erkennen. Für diese Interpretation sprechen auch die Befunde von Lin und Utz (2015), die zeigen, dass wir auf die Facebook-Postings enger Freunde positiver reagieren und diesen ihre Erfolge eher gönnen als weniger nahestehenden Online-Kontakten.

Soziale Vergleichsprozesse haben sich für unser Verständnis von Medienwirkungen als äußerst relevanter Ansatz erwiesen. Eine zentrale Limitation der bisherigen Forschung liegt aber in ihrer eingeschränkten Perspektive. Die Mehrzahl der bestehenden Studien konzentriert sich auf dysfunktionale Aufwärtsvergleiche (Suls & Wheeler, 2012). Die Rolle unterschiedlicher Motive für soziale Vergleiche oder der Einfluss assimilativer vs. kontrastiver Informationsverarbeitung spielen in der medienpsychologischen Forschung bisher kaum eine Rolle. Entsprechend gering ist die Zahl von Studien, die sich mit dem positiven Wirkungspotenzial von sozialen Vergleichen im Medienkontext auseinandergesetzt haben wie etwa die Studie von Knobloch-Westerwick (2015a), die einen positiven Einfluss der Konfrontation mit Darstellungen überschlanker Models auf die Körperzufriedenheit von Probandinnen feststellte. Dieser positive Effekt zeigte sich, wenn sich die Probandinnen aus Selbstverbesserungsmotiven heraus mit den dargestellten Models verglichen. Soziale Vergleiche, die durch Selbstevaluation motiviert waren, korrelierten negativ mit der Körperzufriedenheit. Auch eine Studie von

Meier et al. (2020) gibt interessante Hinweise auf das positive Potenzial sozialer Vergleiche: Soziale Vergleiche auf Instagram sind mit positiven Gefühlen von Inspiration assoziiert. Dies ist insbesondere dann der Fall, wenn soziale Vergleichsprozesse assimilativ ablaufen, die Ähnlichkeit zur Vergleichsperson bei der Informationsverarbeitung also betont wird und Aufwärtsvergleiche somit als Inspiration und Ansporn dienen, sich selbst weiterzuentwickeln und neue Erfahrungen zu machen.

Exkurs: Was tun gegen dysfunktionalen sozialen Vergleich?

Angesichts der Allgegenwärtigkeit sozialer Vergleichsinformationen in den Medien stellt sich die Frage nach möglichen Interventionen, um das Risiko negativer Folgen sozialer Vergleichsprozesse für Rezipient:innen zu reduzieren. In der medienpsychologischen Forschung finden sich verschiedene Lösungsansätze für dieses Problem: Die Vermittlung von Aufmerksamkeit/Awareness und Wissen (auch ▶ Kap. 8). Wenn man Rezipient:innen dafür sensibilisieren könnte, dass mediale Darstellungen häufig hochgradig inszeniert und idealisiert sind und darüber hinaus das Wissen über die Inszenierungstaktiken vermittelt, ließen sich – so die Hoffnung – auch die negativen Wirkungen sozialer Vergleiche reduzieren. Die Forschungslage ist indes recht gemischt. In einem Experiment von Arendt et al. (2017) sahen Probandinnen in der Experimentalbedingung ein Aufklärungsvideo, indem aufgezeigt wurde, mit welchen technischen Hilfsmitteln (Make-Up, Lichteffekte etc.) die physische Attraktivität von Models in den Medien beeinflusst wird. Die Teilnehmerinnen in der Kontrollgruppe sahen ein Video ohne Aufklärungsinformationen. Im Anschluss wurden alle Probandinnen mit Fotos von idealisiert dargestellten Models konfrontiert und das Auftreten sozialer Vergleichsprozesse gemessen. Tatsächlich reduzierte das Aufklärungsvideo in der Experimentalgruppe das Auftreten sozialer Vergleiche im Kontrast mit der Kontrollgruppe signifikant. Weniger optimistisch stimmen hingegen die Ergebnisse eines Experiments von Tiggemann und Brown (2018). Die Autorinnen untersuchten das Auftreten sozialer Vergleichsprozesse bei der Rezeption von idealisierten Models in Werbeanzeigen mit zusätzlichen Informationslabels, die auf die Nachbearbeitung des Bildmaterials oder die negativen Folgen sozialer Vergleiche aufmerksam machen sollten. Im Vergleich mit einer Kontrollbedingung ohne zusätzliche Information führte keines der getesteten Labels zu einer signifikanten Reduktion des negativen Effekts der Werbeanzeigen auf die nachfolgende Körperzufriedenheit der Probandinnen.

5.4 Elaboration-Likelihood-Model

Eine wichtige Rolle kommt im Bereich der Medienwirkungen *persuasiven Botschaften* zu, Medieninhalten also, die in der Lage sind, *Einstellungen* zu beeinflussen. Beispiele für solche persuasiven Botschaften sind Werbung, Public-Relations-Maßnahmen (PR) oder politische Kampagnen.

Definition

Unter *Einstellungen* werden in der Psychologie allgemeine Bewertungen verstanden, die Individuen in Bezug auf sich selbst, andere Personen, Objekte oder Themen vornehmen. Einstellungen können in ihrer Valenz (positive vs. negative Einstellungen), Stärke und Stabilität variieren (Albarracin & Shavitt, 2018).

Das Elaboration-Likelihood-Model (ELM) von Richard E. Petty und John T. Cacioppo (1986) ist ein einflussreiches psychologisches Modell zur Persuasion und Einstellungsänderung (für einen Überblick zu weiteren Persuasionsmodellen siehe Dillard, 2020).

Das ELM gilt als ein »Zwei-Prozess-Modell« (Xu, 2017). Es postuliert, dass Einstellungsänderungen auf zwei unterschiedlichen Wegen, bzw.

Routen, zustande kommen können. Diese Routen unterscheiden sich dahingehend, wie intensiv die persuasive Botschaft *elaboriert*, also kognitiv verarbeitet wird (Petty & Cacioppo, 1986; Petty & Wegener, 1999):

- *Zentrale Route* der Informationsverarbeitung: Hierbei wird die persuasive Botschaft intensiv kognitiv verarbeitet und mit Vorwissen in Bezug gesetzt. Entscheidend für eine mögliche Einstellungsänderung sind dabei die *Stärke und Qualität der Argumente*, die in der persuasiven Botschaft enthalten sind.
- *Periphere Route* der Informationsverarbeitung: Hier betreibt der Empfänger oder die Empfängerin der Botschaft nur geringen kognitiven Aufwand und setzt sich nicht intensiv mit den Argumenten auseinander. Stattdessen gewinnen *periphere Hinweisreize*, z. B. die wahrgenommene Glaubwürdigkeit, das Auftreten oder die Attraktivität des Kommunikators bzw. der Kommunikatorin einen größeren Einfluss auf die Einstellungsänderung.

Die von Petty und Cacioppo (1986) beschriebenen Routen sind keine sich gegenseitig ausschließenden Kategorien. Sie stellen vielmehr die Endpunkte eines Kontinuums der Elaborationsstärke dar. Man verarbeitet persuasive Botschaften also nicht entweder zentral oder peripher. Vielmehr sind Abstufungen möglich, sodass bei mittlerer Elaborationsstärke sowohl zentrale als auch periphere Verarbeitungsprozesse stattfinden (Xu, 2017). Die grundlegende Annahme des ELM, dass die Qualität der vorgebrachten Argumente bei steigender Elaborationsstärke an Wichtigkeit für die Einstellungsänderung gewinnt, ist insgesamt gut belegt und wird auch in aktuellen Meta-Analysen bestätigt (Carpenter, 2015)

Wie intensiv wir uns mit einer persuasiven Botschaft auseinandersetzen, hängt von der *Fähigkeit* und *Motivation* zur Elaboration ab. Mit steigender Fähigkeit und Motivation steigt auch die Wahrscheinlichkeit für eine vorwiegend zentrale Informationsverarbeitung. Sowohl *Personeneigenschaften* als auch *Eigenschaften der Situation*, in der eine persuasive Botschaft rezipiert wird, haben Einfluss auf die Motivation und Fähigkeit zur Elaboration: Die wahrgenommene persönliche Relevanz der Botschaft und der individuelle »need for cognition« (Cacioppo & Petty, 1982), also das Denkbedürfnis der betreffenden Person, steigern die Motivation zur Elaboration. Die allgemeinen kognitiven Fähigkeiten, relevantes Vorwissen und eine moderate Anzahl von Wiederholungen der vorgebrachten Argumente erhöhen die Fähigkeit zur Elaboration (Petty & Cacioppo, 1986). Situative Ablenkung durch Störreize vermindert sowohl die Motivation als auch die Fähigkeit zu intensiver Informationsverarbeitung.

Die Intensität der Elaboration beeinflusst die *Stärke* und zeitliche *Stabilität* der resultierenden Einstellungsänderungen. Erfolgen Einstellungsänderungen aufgrund der zentralen Informationsverarbeitung, sind sie zeitlich stabiler, robuster gegenüber Gegenargumenten und haben einen stärkeren Einfluss auf das Verhalten der betreffenden Person als solche Einstellungen, die aufgrund peripherer Informationsverarbeitung zustande kommen (Petty & Cacioppo, 1986; Petty & Wegener, 1999). Die Grundpostulate des ELM und der durch das Modell prognostizierte Ablauf bei der Verarbeitung persuasiver Botschaften sind in Abbildung 5.1 im Überblick dargestellt (▶ Abb. 5.1).

Medieninhalte sind in unserem Alltag eine häufige, wenn nicht gar *die* häufigste Form persuasiver Botschaften. Die Postulate des ELM ermöglichen ein besseres Verständnis des komplexen Wechselspiels zwischen Prozessen der Informationsverarbeitung, den Inhalten der Botschaft und der Fähigkeit und Motivation der Rezipient:innen zur Elaboration, die in ihrer Kombination medieninduzierte Einstellungsänderungen erklären können (Petty et al., 2009). Das ELM ist dabei im Kontext der medienpsychologischen Wirkungsforschung besonders intensiv zur Prognose von Werbewirkungen eingesetzt worden.

Abschließend lässt sich festhalten, dass die persuasive Wirkung von Medienbotschaften, z. B. in Zeiten des Wahlkampfes, die Medienwirkungsforschung schon sehr früh intensiv beschäftigt hat (z. B. Lazarsfeld et al., 1944). Insgesamt hat sich das auf den zentralen psychologischen Dimensionen Fähigkeit und Motivation beruhende ELM dabei mit seinen präzisen Prämissen und seiner Zwei-Prozess-Logik als nützliches theoretisches Modell erwiesen. Das ELM hat den Vorteil, dass es Persuasionsprozesse unter verschiedenen Bedingungen beleuchten kann und dabei sowohl Personen- als auch Situationsfaktoren berücksichtigt. Während das ELM in der Vergangenheit sehr viel für die Erforschung erlösorientierter Persuasion (z. B. Kaufanreize und Werbung) verwendet wurde, so ist zu

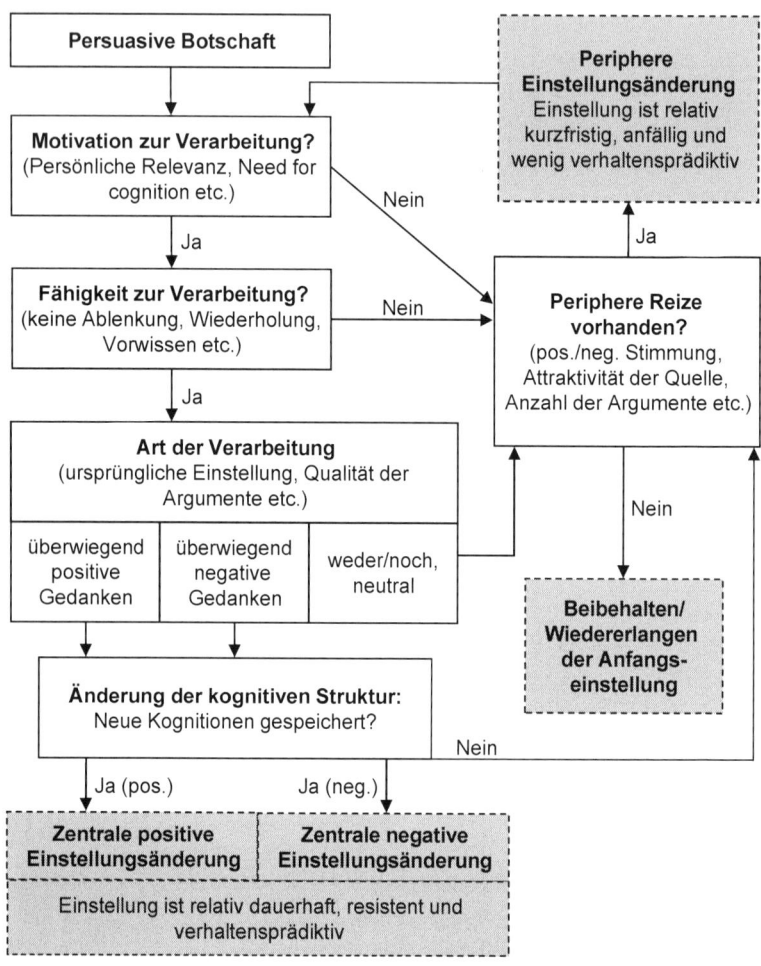

Abb. 5.1: Das Elaboration-Likelihood-Model und die zentrale vs. periphere Route der Informationsverarbeitung (Reprinted from Advances in Experimental Social Psychology, Vol. 19, Petty & Cacioppo, The elaboration likelihood model of persuasion, S. 126, © 1986, with permission from Elsevier)

hoffen, dass es zukünftig verstärkt auf die Veränderung von Einstellungen zu Diversität, Repräsentation und Toleranz angewendet werden wird.

5.5 Narrative Persuasion

Neben klassischen persuasiven Botschaften wie Werbung oder politischen Kampagnen können auch medial vermittelte Erzählungen und Geschichten, sogenannte narrative Medieninhalte, eine persuasive Wirkung entfalten (Bilandzic & Busselle, 2017; Braddock & Dillard, 2016).

> **Definition**
>
> Unter *Narrationen* oder *narrativen Medieninhalten* versteht man die Darstellung von Ereignissen oder einer Serie von Ereignissen. Während dieser Ereignisse durchleben die dargestellten Charaktere typischerweise Krisen und Konflikte, die im Laufe der Narration aufgelöst werden. Narrative Inhalte können fiktiv sein, sich aber auch auf Tatsachen und wahre Begebenheiten stützen (Green et al., 2020).

Eine erzählerische Präsentationsform kann strategisch mit dem Ziel der Persuasion eingesetzt werden, indem etwa in der Gesundheitskommunikation das persönliche Schicksal von Patient:innen in einer Geschichte präsentiert wird, um Rezipient:innen von der Nützlichkeit von Präventionsuntersuchungen zu überzeugen. Aber auch ganz klassische Geschichten in Form von Filmen oder Serien, die in erster Linie darauf abzielen, die Rezipient:innen zu unterhalten, können zu Einstellungsänderungen führen. Unter dem Schlagwort »Narrative Persuasion« hat sich ein Forschungsfeld etabliert, das sich der Persuasion durch solche erzählerischen Medienformate widmet (Green et al., 2020; Moyer-Gusé & Dale, 2017). Die so entstandenen Ansätze gehen davon aus, dass Einstellungsänderungen mithilfe von narrativen Inhalten anders ablaufen als im Fall von klassischen persuasiven Medienbotschaften, die darauf abzielen, Rezipient:innen auf der Basis inhaltlicher Argumente oder peripherer Hinweisreize in ihren Einstellungen zu beeinflussen, ohne diese in eine Geschichte einzubetten. Während für die Wirkung klassischer persuasiver Botschaften laut ELM (▶ Kap. 5.4) Variablen wie die Stärke der vorgebrachten Argumente oder das thematische Involvement der

Rezipient:innen für eine Einstellungsänderung entscheidend sind, kommt diesen Variablen im Kontext von narrativer Persuasion eine geringere Wichtigkeit zu.

Wir greifen zwei Modelle der narrativen Persuasion heraus, um die Grundidee und das Paradigma zu erläutern. Entscheidend sind dabei Prozesse der Identifikation und des Eintauchens in die Narration, die wir im vorhergehenden Kapitel erläutert haben (▶ Kap. 4.4, ▶ Kap. 4.5).

Mit dem *Transportation-Imagery Model* von Green und Brock (2002) lässt sich sehr gut aufzeigen, warum das Eintauchen in die Narration für deren Wirkung entscheidend ist. Mit dem Konzept der *Transportation* beschreiben die Autor:innen einen Zustand intensiver Aufmerksamkeit, in dem Rezipient:innen die echte Welt quasi hinter sich lassen und sich emotional und kognitiv voll auf die Narration einlassen. Die Aufmerksamkeit ist ganz vorrangig auf die Geschichte gerichtet. Durch diese Aufmerksamkeitslenkung und das tiefe Eintauchen in die erzählte Geschichte werden emotionale Reaktionen auf die Figuren und Geschehnisse intensiviert. Die präsentierten Informationen werden demzufolge weniger kritisch hinterfragt und es kommt zu weniger »Counter Arguing«, also Gedanken, die sich gegen die in der Narration präsentierte Botschaft richten. Darüber hinaus kommt es zu einer bildlichen Vorstellung (»Imagery«) der Geschichte. Die narrative Persuasion kommt also zustande, weil das innere Widersprechen aufgrund der Aufmerksamkeitslenkung ausgehebelt ist, weil das Erleben tatsächlichen Erfahrungen nahekommt und weil die Gefühle zu den Figuren und Handlungen einen Einfluss auf die Einstellungen haben.

Im *Extended Elaboration Likelihood Model* sehen Slater und Rouner (2002) die Immersion, also das sich Hineinversetzen und Aufgehen in der Narration, als zentralen Prädiktor für narrative Persuasion. Als zweiten zentralen Prädiktor nennen sie die Identifikation mit den Charakteren innerhalb der Narration. In Kombination führen beide Faktoren dazu, dass Rezipient:innen sich in die Gedanken- und Gefühlswelt der dargestellten Personen versetzen, ohne diese kritisch zu hinterfragen, positiv auf die in der Narration präsentierten Informationen reagieren und sich diese mit höherer Wahrscheinlichkeit zu eigen machen.

Beispiel

Persuasion durch fiktionale Medieninhalte
Ein Experiment von Tal-Or (2016) verdeutlicht die zentrale Bedeutung von Transportation und Identifikation für narrative Persuasion. Den Proband:innen wurde im Rahmen des Experiments ein Ausschnitt aus dem Film »Beaufort« präsentiert. Darin erhält ein Soldat von seinem Kommandanten den Befehl, einen vermeintlich entschärften Sprengsatz zu bergen. Der Soldat hat Zweifel am Erfolg der Entschärfung und weigert sich zunächst, wird aber schließlich von seinem Vorgesetzten gezwungen, den Befehl auszuführen. Der Sprengsatz explodiert und der Soldat stirbt. Experimentell variiert wurde die Rezeptionssituation: Die Proband:innen schauten den Filmausschnitt entweder allein oder zusammen mit einer Begleitperson. Bei dieser zweiten Person handelte es sich um in das Experiment eingeweihte Statist:innen, die instruiert waren, sich während der Rezeptionssituation neutral zu verhalten. Im Anschluss wurden die Proband:innen befragt. Neben Transportation und Identifikation mit dem Protagonisten wurde dabei die Zustimmung zu Items gemessen, die sich auf die zentrale Botschaft des Videoclips bezogen, z. B. die Aussage, dass blinder Gehorsam sinnlos sei und auch beim Militär das Wohl des einzelnen Soldaten geachtet werden müsse. Die Befunde unterstützen die zentralen Postulate des Transportation-Imagery Model und des Extended Elaboration Likelihood Model: Sowohl Transportation als auch Identifikation korrelierten positiv mit einer stärkeren Übernahme der im Videoclip vertretenen Botschaft. Je mehr sich die Proband:innen mit dem Soldaten identifizierten und je mehr sie von Transportation berichteten, umso eher verurteilten sie blinden Gehorsam. Für das Co-Viewing zeigte sich ein interessanter Gender-Effekt: Die Gegenwart eines männlichen Co-Zuschauers führte bei den Proband:innen zu höheren Levels von Transportation und Identifikation als die Gegenwart einer weiblichen Co-Zuschauerin. Tal-Or führt dies auf Gender-Stereotype zurück. So legen Geschlechterstereotype nahe, dass sich die Genre-Präferenzen von Männern und Frauen unterscheiden und Männer eine

> stärkere Vorliebe für gewaltlastige Inhalte und Action-Filme zeigen als Frauen. Bei einem männlichen Co-Zuschauer hätten die Proband:innen somit mit höherer Wahrscheinlichkeit implizit geschlussfolgert, dass dieser den Filmausschnitt positiv bewertet und sich mehr identifiziert, und sich davon quasi »anstecken« lassen, so Tal-Or. Dies habe dann das eigene Rezeptionserleben und die resultierenden persuasiven Effekte verstärkt.

Theoretische Ansätze wie das Transportation-Imagery Model und das Extended Elaboration Likelihood Model ergänzen das ELM, indem sie auch Einstellungsänderungen in narrativen Medienbotschaften aus medienpsychologischer Perspektive adressieren. Im Alltagsleben, in dem wir täglich einer Fülle konkurrierender Persuasionsversuche ausgesetzt sind, vollziehen sich Einstellungsänderungen schließlich in einem komplexen Wechselspiel aus fiktionalen und non-fiktionalen persuasiven Botschaften sowie Situations- und Personenvariablen, was auch für die künftige medienpsychologische Forschung eine Herausforderung bleibt.

5.6 General Aggression Model

Die bisher in diesem Kapitel vorgestellten Theorien widmen sich einzelnen Mechanismen, mit denen sich Zusammenhänge zwischen Mediennutzung und den daraus resultierenden psychologischen Folgen in ganz unterschiedlichen Bereichen erklären lassen. So erklärt z. B. der Priming-Ansatz (▶ Kap. 5.1) die Bildung von Stereotypen zu verschiedensten sozialen Gruppen und das Elaboration-Likelihood-Model (▶ Kap. 5.4) lässt sich auf die Wirkung unterschiedlichster persuasiver Botschaften (z. B. von Werbung oder politischer Kommunikation) übertragen. Andere medienpsychologische Theorien verfolgen einen anderen Ansatz. Sie bündeln unterschiedliche psychologische Mechanismen und thematisieren die daraus resultierenden Medienwirkungen in einem ganz bestimmten

5.6 General Aggression Model

Bereich. Dazu gehört das *General Aggression Model* (GAM) von Anderson und Bushman (2002, 2018), das die Stränge bestehender Theorien und empirischer Befunde zur Wirkung von gewalthaltigen Medien auf aggressives und prosoziales Verhalten in einem konsistenten Gesamtmodell vereint.

> **Definitionen**
>
> Mit dem Begriff *Aggression* wird Verhalten beschrieben, das sich auf eine andere Person richtet und das Ziel verfolgt, dieser Person zu schaden. Die Person, von der die Aggression ausgeht, handelt dabei im vollen Bewusstsein, dass die ausgeführten Handlungen der Zielperson Schaden zufügen (Anderson & Bushman, 2018).
>
> Der Begriff *Gewalt* beschreibt aggressives Verhalten, das darauf zielt, einer anderen Person extremen Schaden (z. B. Verletzungen oder Tod) zuzufügen (Anderson & Bushman, 2018).
>
> *Prosoziales Verhalten* wird mit dem Ziel ausgeführt, einer anderen Person oder sozialen Gruppe zu helfen oder diese zu unterstützen (Kessler & Fritsche, 2018).

Die Anfänge der systematischen Forschung zur Wirkung gewalthaltiger Medien reichen bis weit ins 20. Jahrhundert zurück. Bereits in den 1960er Jahren widmete sich Bandura der Wirkung aggressionsbezogener Medieninhalte auf Kinder (Bandura, 1965). Das wissenschaftliche und das gesellschaftliche Interesse an den Wirkungen von Mediengewalt basieren auf dem Eindruck, dass Gewaltdarstellungen in den Medien an der Tagesordnung sind und Gewalt ständig durch TV und Computerspiele in unsere Wohn- und Kinderzimmer transportiert wird. Inhaltsanalysen zeigen in der Tat, dass Gewaltdarstellungen in den Medien in erheblicher Zahl zu beobachten sind und die Prävalenz von realen Gewalttattaten um ein Vielfaches übersteigen (Smith et al., 2004). Noch dazu wird aggressives Verhalten im Fernsehen und in Computerspielen häufig nicht bestraft oder führt sogar zu positiven Konsequenzen für den Aggressor (Smith et al., 2004; Smith et al., 2003). Viele Computerspiele stellen Gewalt darüber hinaus in einer Art und Weise dar, die es den Spieler:innen leichter macht, sich moralisch von den eigenen Gewalthandlungen im Spiel zu distanzieren – z. B. indem die Gewalt als moralisch gerechtfertigt dargestellt wird, die Gegner im Spiel als wenig menschlich präsentiert werden und die negativen Konsequenzen von Gewalt (Verwundung, Schmerzen) gar nicht oder nur sehr oberflächlich gezeigt werden (Hartmann et al., 2014).

Das Ausmaß der Gewaltdarstellungen in den Medien führt zu der Vermutung, dass Aggression, Kriminalität, häusliche und öffentliche Gewalt oder sogar Amokläufe durch Medien verursacht werden. Es besteht die Sorge, dass Gewaltdarstellungen in den Medien, beispielsweise über den psychologischen Mechanismus des Modelllernens (▶ Kap. 5.2), zu einer gesteigerten Aggressionsbereitschaft und zu einer geringeren Neigung zu prosozialem Verhalten führen könnten (Piotrowski & Fikkers, 2020). Dementsprechend widmet sich ein großer Anteil medienpsychologischer Forschung der Frage, wie gewalthaltige Medien auf Menschen wirken.

Das General Aggression Model führt die Ergebnisse der Forschung zur Wirkung von Mediengewalt zusammen (Anderson & Bushman, 2002, 2018). Der *episodische Teil* des GAM stellt die Faktoren und Prozesse dar, die in einer bestimmten sozialen Situation darüber entscheiden, ob aggressives Verhalten auftritt (siehe den unteren Teil von ▶ Abb. 5.2). Eine solche Episode kann sich z. B. auf eine soziale Begegnung beziehen.

Das Modell beschreibt, dass Person und Situation interagieren und in ihrer jeweiligen Konstellation darüber entscheiden, ob es zu aggressivem Verhalten kommt oder nicht.

Relevante *Personenfaktoren* sind z. B.:

- eine aggressive Persönlichkeit,
- ein feindseliger Attributionsstil (also die Neigung, ambivalente Situationen als Provokationen zu interpretieren),
- bestehende Wissensstrukturen (z. B. Verhaltensskripte, die Regeln darüber enthalten, wie sich das Individuum in bestimmten Situationen typischerweise verhält),
- Erwartungen (z. B. starke vs. schwache Selbstwirksamkeitserwartung in Bezug auf aggressives Verhalten),

- Einstellungen (z. B. positive vs. negative Einstellungen gegenüber Gewalt) und moralische Werte.

Relevante *Situationsfaktoren* sind z. B.:

- gewalthaltige oder aggressionsbezogene Medieninhalte,
- die Verfügbarkeit aggressionsbezogener Hinweisreize in der Umwelt,
- das Auftreten von Provokation oder Frustration in der Episode,
- Faktoren wie Hitze, Kälte, Schmerz und Lärm, die zu negativem Affekt führen und die Aggressionsbereitschaft erhöhen können.

Durch die Interaktion von Personen- und Situationsfaktoren wird der *internale Zustand* des Individuums beeinflusst, der sich aus den aktuellen Kognitionen, dem Affekt und dem Erregungslevel zusammensetzt. Der aktuelle internale Zustand beeinflusst dann Bewertungs- und Entscheidungsprozesse, die wiederum das Verhalten beeinflussen.

Insgesamt ist die im episodischen Teil des GAM ausgedrückte Idee des Zusammenwirkens von Personen- und Situationsfaktoren sehr hilfreich, um die kurzfristigen Wirkungen der Rezeption gewalthaltiger Medieninhalte zu erklären. Der episodische Teil des GAM steht somit in enger Verbindung mit medienpsychologischen Experimenten, die sich beispielsweise auf die Priming-Wirkung (▶ Kap. 5.1) gewalthaltiger Medienbotschaften beziehen. Exemplarisch veranschaulicht dies ein Experiment von Gentile et al. (2017): Junge Proband:innen, die ein gewalthaltiges Computerspiel gespielt hatten, wiesen bei einer anschließenden Worterkennungsaufgabe schnellere Reaktionszeiten bei der Identifikation von aggressionsbezogenen Wörtern auf als Proband:innen, die zuvor ein nicht-gewalthaltiges Computerspiel gespielt hatten. Das gewalthaltige Computerspiel hatte offenbar als situativer Stimulus gewirkt und die kognitive Verfügbarkeit aggressionsbezogener Konzepte erhöht.

Wie vom GAM vorhergesagt, erhöht die durch Medienstimuli hervorgerufene Aktivierung aggressionsbezogener Kognitionen in manchen Studien auch die Wahrscheinlichkeit aggressiver Verhaltensweisen. In einem Experiment von Anderson und Dill (2000) spielten Proband:innen das Computerspiel »Wolfenstein 3D«, einen gewalthaltigen Ego-Shooter. Anschließend zeigten die Proband:innen sowohl eine gesteiger-

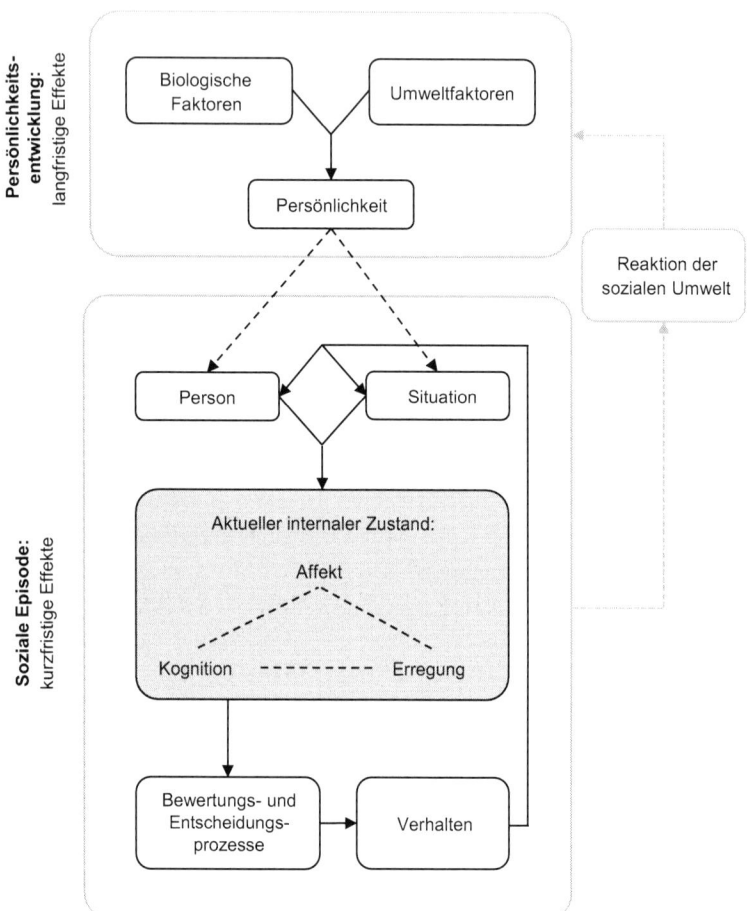

Abb. 5.2: Annahmen des General Aggression Model zum episodischen Zusammenwirken von Personen- und Situationsfaktoren bei der Entstehung aggressiven Verhaltens (unterer Teil) und der längerfristigen Entwicklung von Persönlichkeitseigenschaften (oberer Teil) (Reprinted from Anderson & Bushman, Media violence and the General Aggression Model. Journal of Social Issues, 74, S. 389, © 2018 The Society for the Psychological Study of Social Issues)

te Verfügbarkeit aggressionsbezogener Kognitionen als auch aggressiveres Verhalten als die Proband:innen der Kontrollgruppe: In einer fingierten kompetitiven Reaktionszeitaufgabe traten die Proband:innen nach dem Spielen des Computerspiels gegen einen fiktiven Gegner an. Waren die Proband:innen in einem Durchlauf schneller als ihr vermeintlicher (und vom Computer simulierter) Gegner, wurde dieser mit einem lauten und unangenehmen Geräusch bestraft. Dessen Länge und Intensität konnten die Proband:innen vorab festlegen. Die Proband:innen in der Versuchsbedingung mit gewalthaltigem Computerspiel wählten für ihre Gegner längere Lärmintervalle aus als die Personen der Kontrollgruppe.

In einem ähnlichen Experiment von McCarthy et al. (2016) findet sich hingegen kein Effekt auf aggressives Verhalten: Nach dem Spielen eines gewalthaltigen vs. gewaltfreien Computerspiels wurden die Proband:innen in einem simulierten Online-Chat von ihrer Chat-Partnerin bzw. ihrem Chat-Partner verbal provoziert und ihre verbalen Reaktionen hinsichtlich ihrer Aggressivität analysiert. Im Anschluss an den Chat konnten die Teilnehmer:innen dann entscheiden, wie viele Nadeln sie in eine Voodoo-Puppe stechen wollten, die ihre Chat-Partnerin bzw. ihren Chat-Partner repräsentieren sollte. Die Proband:innen aus den beiden Experimentalgruppen (gewalthaltiges vs. gewaltfreies Spiel) unterschieden sich weder hinsichtlich ihrer verbalen Aggressivität noch hinsichtlich des symbolischen aggressiven Verhaltens (Anzahl der Nadeln in der Voodoo-Puppe). Die Befunde in Bezug auf die Wirkung von Mediengewalt auf die situative Neigung zu aggressivem Verhalten könnten davon abhängen, welches Verfahren zur Verhaltensmessung verwendet wird. Die experimentell induzierte Wirkung von Gewaltinhalten auf aggressives Verhalten ist darüber hinaus die wohl am meisten umstrittene Wirkung, da viele widersprüchliche Ergebnisse vorliegen und diverse Studien keine Effekte nachweisen (Kneer et al., 2016).

Zusätzlich zum episodischen Teil des General Aggression Model, der sich auf die kurzfristigen Wirkungen bezieht, widmet sich ein zweiter Teil des GAM den langfristigen Wirkungen der Nutzung von Gewaltmedien auf die Aggressionsbereitschaft (siehe den oberen Teil von ▶ Abb. 5.2). Das GAM geht davon aus, dass eine zentrale Quelle von Persönlichkeitsunterschieden in *biologischen Faktoren* liegt. So sind bestimmte Persönlichkeitseigenschaften (u. a. die Aggressionsbereitschaft) teilweise genetisch bestimmt.

Zusätzlich wirken sich *Umweltfaktoren* auf die längerfristige Entwicklung von Persönlichkeitseigenschaften aus. Aus medienpsychologischer Perspektive besonders relevant ist die Annahme des GAM, dass die wiederholte Nutzung von gewalthaltigen Medien einen Umweltfaktor darstellt, der die Persönlichkeitsentwicklung beeinflussen und zu einer stärker ausgeprägten Aggressionsneigung und einer verringerten Bereitschaft zu prosozialem Verhalten führen kann. So geht das GAM davon aus, dass die wiederholte Nutzung von gewalthaltigen Medieninhalten zum Erwerb und zur Verstärkung aggressionsbezogener Kognitionen, etwa Einstellungen und Erwartungen, Wahrnehmungsschemata und Handlungsskripten, führt. Ein Umweltfaktor kann darüber hinaus ein familiäres Umfeld sein, in dem aggressives Verhalten an der Tagesordnung ist.

Auch die emotionale Desensibilisierung gegenüber Gewalt wird im GAM als Mechanismus zur Erklärung langfristiger Medienwirkungen auf die Aggressionsbereitschaft berücksichtigt. Desensibilisierungserscheinungen sind nicht auf die Medienrezeption beschränkt, sondern eine ganz alltägliche Anpassungsreaktion, die in vielen Bereichen der menschlichen Wahrnehmung auftreten kann.

Definition

Emotionale Desensibilisierung beschreibt einen Prozess der emotionalen Abstumpfung gegenüber emotional erregenden (Medien-)Stimuli, der durch die wiederholte Konfrontation mit dem gleichen Reiz oder mit ähnlichen Reizen ausgelöst wird. Dabei kommt es sowohl zu einer verringerten Reaktion in Bezug auf das subjektive emotionale Erleben (z. B. verringerte Angstreaktionen) als auch zu verringerter physiologischer Erregung (Krahé et al., 2011).

Die Konsequenzen emotionaler Desensibilisierung können durchaus positiv sein. Zum Beispiel wird in der Psychotherapie Virtual-Reality (VR)-Technology eingesetzt, um Patient:innen von bestimmten Ängsten, z. B. vor Spinnen oder vor Blut, zu befreien. Innerhalb einer VR-Umgebung können Patient:innen gefahrlos den für sie angstauslösenden Stimuli ausgesetzt werden. Liszio et al. (2020) verwenden VR-Umgebungen erfolgreich zur Aufklärung und Angstreduktion für Kinder, die sich einer MRT-Untersuchung unterziehen müssen. Problematisch ist die emotionale Desensibilisierung, wenn sie zu unerwünschten Abstumpfungseffekten führt. In der medienpsychologischen Forschung wurde die emotionale Desensibilisierung besonders intensiv in Bezug auf die Rezeption gewalthaltiger Medien untersucht. Allerdings weisen nur wenige längsschnittliche Studien diesen Effekt nach (Anderson et al., 2010). Es überwiegen die Studien, die keine Effekte von Gewaltdarstellungen auf Desensibilisierung zeigen konnten (Gao et al., 2017; Read et al., 2016; Szycik et al., 2017; Vossen et al., 2016).

In Abbildung 5.3 zeigen wir einen Überblick der Mechanismen, die laut GAM an der längerfristigen Entwicklung aggressiver Persönlichkeitsmerkmale beteiligt sind (▶ Abb. 5.3). Das GAM geht darüber hinaus davon aus, dass sich die beschriebenen kurz- und langfristigen Prozesse gegenseitig beeinflussen (Anderson & Bushman, 2002, 2018). So fließen einerseits längerfristige Entwicklungen aggressiver Persönlichkeitseigenschaften als Personenfaktoren in den episodischen Teil des GAM ein. Andererseits beeinflussen die Reaktionen der sozialen Umwelt auf das episodische Verhalten der Person (z.B. positive Folgen aggressiver Verhaltensweisen in einem Computerspiel) ihrerseits die längerfristige Entwicklung der Persönlichkeit.

Mehrere Meta-Analysen fassen die Befunde bestehender Längsschnittstudien zur Wirkung gewalthaltiger Video- und Computerspiele zusammen und finden in verschiedenen Bereichen kleine Effekte (Anderson et al., 2010; Greitemeyer & Mügge, 2014; Prescott et al., 2018): Sie zeigen beispielsweise, dass Menschen, die mehr gewalthaltige Computerspiele spielen sich auch eher aggressiv und weniger prosozial verhalten, dass sie kognitiv und emotional eher aggressiv reagieren und dass die gewalthaltigen Spiele sie zuweilen emotional desensibilisieren. Kontrovers wird die Richtung der Effekte diskutiert. Während manche Längsschnittstudien Hinweise auf die aggressionsfördernde Wirkung von Mediengewalt geben (Gentile et al., 2014), legen andere Studien eher einen Selektionseffekt nahe (Breuer et al., 2015). Demnach selektieren Personen, die bereits über eine aggressive Persönlichkeit verfügen, eher gewalthaltige Medienprodukte. Auch bezüglich der Stärke und Bedeut-

5 Medienwirkungen

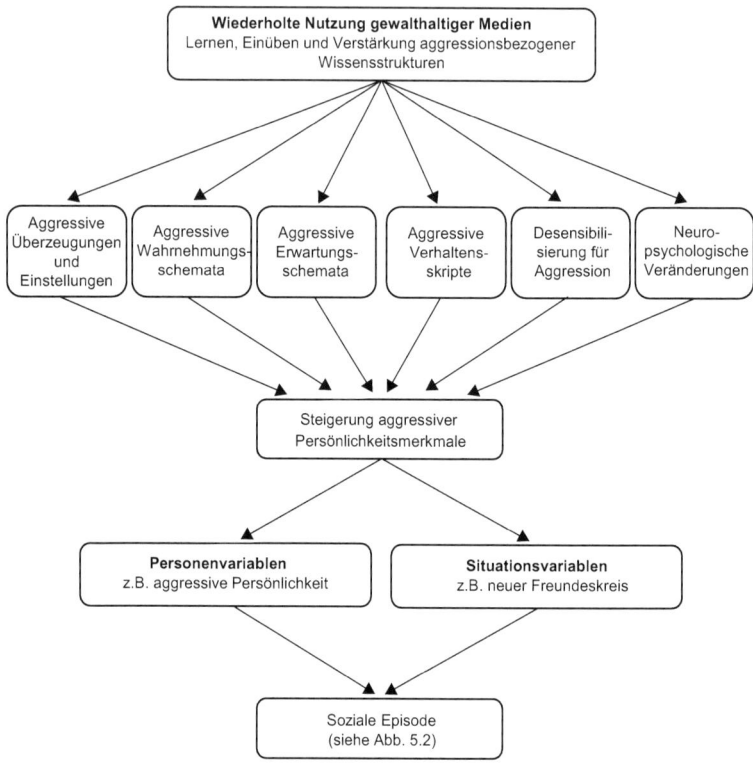

Abb. 5.3: Übersicht der Mechanismen, die laut GAM der Entwicklung aggressiver Persönlichkeitsmerkmale zugrunde liegen (Reprinted from Anderson & Bushman, Media violence and the General Aggression Model. Journal of Social Issues, 74, S. 393, © 2018 The Society for the Psychological Study of Social Issues)

samkeit von Gewaltwirkungen bestehen in der medienpsychologischen Forschung starke Kontroversen. Die Befundlage ist heterogen, unterschiedliche Meta-Analysen kommen in Bezug auf die Stärke der Wirkung gewalthaltiger Medien zu unterschiedlichen Ergebnissen (z. B. Anderson et al., 2010; Ferguson, 2015). Gerade weil das Thema Gewaltwirkungen ein so publikumswirksames und öffentlich relevantes Thema ist, besteht die Gefahr, dass die tatsächliche Wirkungsstärke aufgrund eines Publication Bias überschätzt wird (▶ Kap. 2.1).

5.6 General Aggression Model

Die in Experimenten gefundenen Effekte gewalthaltiger Medien sind zwar stärker ausgeprägt als die in längsschnittlichen Befragungsstudien (Greitemeyer & Mügge, 2014). Hier stellt sich aber häufig die Frage nach möglichen methodischen Problemen und Limitationen. Sind beispielsweise Worterkennungsaufgaben, die in Laborexperimenten häufig zur Erfassung der Verfügbarkeit aggressionsbezogener Kognitionen verwendet werden (z. B. Gentile et al., 2017), wirklich aussagekräftig für das Auftreten gewalthaltiger Verhaltensweisen außerhalb des Labors? Darüber hinaus sind die Verfahren, die in Experimenten verwendet werden, um aggressives Verhalten zu operationalisieren, weitgehend unstandardisiert und es erscheint unklar, ob sie echte, alltagsrelevante Formen von Aggression messen (Elson et al., 2014). Auch der Vergleich von gewalthaltigen vs. gewaltfreien Medienstimuli ist weniger trivial, als es auf den ersten Blick erscheinen mag. So ist es etwa bei Experimenten, die die Wirkung eines gewalthaltigen vs. gewaltfreien Computerspiels vergleichen, mitunter unklar, ob sich die experimentellen Stimuli tatsächlich nur in Bezug auf die dargestellte Gewalt unterscheiden, oder nicht auch Unterschiede bezüglich vieler anderer Faktoren, z. B. des Tempos des Spiels, der Spielschwierigkeit oder des Grads der Kompetitivität, bestehen, die alternative Erklärungen für gefundene Effekte darstellen könnten (Ferguson, 2015).

Insgesamt legen die verfügbaren Ergebnisse nahe, dass es sich bei der Nutzung gewalthaltiger Medien durchaus um einen Risikofaktor für die Entwicklung aggressiver Verhaltensweisen handeln kann. Gleichzeitig ist es aber wichtig, sich zu vergegenwärtigen, dass Mediengewalt eben nur einen unter vielen Faktoren ausmacht, die die Entwicklung problematischer Verhaltensweisen begünstigen können. Aufwachsen in einer Gegend mit hoher Kriminalitätsrate, Gewalt im Elternhaus, Mobbing, oder ein hohes Aggressionslevel im Freundeskreis stellen nur eine kleine Auswahl weiterer Risikofaktoren in der Entwicklung von Kindern und Jugendlichen dar, die das Risiko für aggressives Verhalten erhöhen und die möglichen Wirkungen von Mediengewalt verstärken können (z. B. Anderson & Bushman, 2018; Fikkers et al., 2016). Nur im Kontext und in Interaktion mit weiteren Schutz- und Risikofaktoren lässt sich ein alltagsrealistisches Bild der Wirkung gewalthaltiger Medien zeichnen.

5.7 Differential Susceptibility to Media Effects Model

Die bisher vorgestellten Medienwirkungstheorien befassen sich mit einzelnen Mechanismen, die Medienwirkungen zugrunde liegen (▶ Kap. 5.1 bis 5.5), oder integrieren die Befundlage zu unterschiedlichen Wirkungsmechanismen in einem ganz bestimmten inhaltlichen Bereich der Medienwirkungsforschung (siehe das GAM in ▶ Kap. 5.6). Im Gegensatz dazu gibt es auch sehr übergreifende Modelle, die Medienwirkungen im Sinne einer »Grand Theory« und quasi aus der Vogelperspektive betrachten. Dazu gehört das *Differential Susceptibility to Media Effects Model* (*DSMM*; Valkenburg & Peter, 2013).

Wozu brauchen wir nun solche Meta-Modelle? Schon die kleine Auswahl an Wirkungstheorien, die wir in diesem Kapitel kennengelernt haben, zeigt, wie komplex und facettenreich die Medienwirkungsforschung ist. In den letzten Jahrzenten sind Tausende von Medienwirkungsstudien entstanden, die in vielen Dutzend Meta-Analysen zusammengefasst worden sind (Rains et al., 2018). Das stellt einerseits einen großen Fortschritt für die medienpsychologische Forschung dar, denn mit jeder Studie kann sich unser Verständnis von Medienwirkungen ein Stück erweitern. Andererseits steigt mit der Anzahl empirischer Befunde auch die Komplexität und Differenziertheit des Gesamtbildes im Bereich Medienwirkungen. Dabei wird schnell deutlich, dass die medienpsychologische Forschung keine einfachen Antworten bezüglich der Wirkung von Medien geben kann. Auch in den vorhergehenden Abschnitten dieses Kapitels ist das immer wieder deutlich geworden. Beispielsweise können soziale Vergleichsprozesse im Medienkontext negative Auswirkungen haben und das psychologische Wohlbefinden einschränken, oder aber inspirierend wirken und die Motivation erhöhen, sich selbst zu verbessern (▶ Kap. 5.3). Statt pauschal von der Existenz oder Nicht-Existenz bestimmter Medienwirkungen auszugehen oder die Dominanz von positiven vs. negativen Medienwirkungen in bestimmten Bereichen zu postulieren, erscheint es somit sinnvoller und erfolgversprechender, Eigenschaften zu identifizieren, die Rezipient:innen für mögliche Effekte prädestinieren (Valkenburg, 2015). Für die

5.7 Differential Susceptibility to Media Effects Model

medienpsychologische Forschung lassen sich aus dieser Notwendigkeit einer differenzierten Perspektive auf Medienwirkungen drei zentrale Grundsätze ableiten (Valkenburg & Peter, 2013; Valkenburg et al., 2016):

1. Medienwirkungen sind *indirekt (Mediation)*: Die Effekte von Mediennutzung werden durch zwischengeschaltete Personen- oder Situationsvariablen, also Mediatorvariablen, vermittelt. Der Mediator kann situativ (z. B. ein Medienstimulus) oder eine Reaktion (z. B. Diskussion mit anderen) sein. Zum Beispiel kann die Lektüre eines Nachrichtenbeitrages (unabhängige Variable) auf den Wissenserwerb (abhängige Variable) indirekt wirken, indem der Nachrichtenbeitrag die Diskussion mit anderen Menschen (Mediatorvariable) stimuliert und der Wissenserwerb dann vornehmlich als eine Folge dieser Gespräche und nicht allein aufgrund der Nachrichtenlektüre stattfindet (Trepte & Schmitt, 2017).
2. Medienwirkungen sind *konditional (Moderation)*: Der Medienstimulus, z. b. in Form der Lektüre eines Nachrichtenbeitrages (unabhängige Variable), hat auf den Wissenserwerb (abhängige Variable) unterschiedlicher Rezipient:innen unterschiedlich starke Wirkungen. Die Beziehung von Nachrichten und Wissenserwerb wird von verschiedenen Moderatoren (z. B. vom Alter, da Ältere intensiver aus den Nachrichten lernen als Jüngere) beeinflusst (Trepte & Schmitt, 2017).
3. Medienwirkungen sind *transaktional:* Medienwirkungen haben ihrerseits einen Einfluss auf die Mediennutzung. Es besteht also eine reziproke und fortwährende Beziehung zwischen Personeneigenschaften, Medienselektion und Medienwirkungen. Das haben wir bereits im Kontext der Sozial-kognitiven Lerntheorie gesehen und diese Idee wird auch in anderen übergreifenden Wirkungstheorien wie z. B. in Slaters Modell der »Reinforcing Spirals« (2015) hervorgehoben. Darin postuliert er, dass Mediennutzung uns prägt und unsere Persönlichkeit verändern kann und dass wir mit dieser veränderten Persönlichkeit neue Medienerfahrungen machen. Personen- und Situationsfaktoren sind also fortwährend in ständigem Austausch begriffen, sie interagieren reziprok, dynamisch und können sich aufschaukeln. Beispielsweise haben Trepte et al. (2018a) in einer Längsschnittstudie mit

drei Messzeitpunkten (T1-T3) gezeigt, dass Selbstoffenbarung über Instant Messenger (T1) zu erhöhter sozialer Unterstützung führt (T2) und dies wiederum die Selbstoffenbarung erhöht (T3) (▶ Kap. 6.5).

Das *Differential Susceptibility to Media Effects Model* (DSMM; Valkenburg & Peter, 2013) überführt diese drei Grundsätze in ein generelles Medienwirkungsmodell, dessen zentrales Ziel es ist, das Auftreten und die Stärke von Medienwirkungen vorherzusagen. Die vier zentralen Postulate des Modells werden im Weiteren näher erklärt. Wir greifen im Folgenden bei der Darstellung des Modells exemplarisch auf Forschungsergebnisse aus dem Bereich der Nutzung und Wirkung gewalthaltiger Medien zurück. Das Modell lässt sich aber ebenso gut auf beliebige andere Medienwirkungen übertragen.

1. Das DSMM unterscheidet zwischen drei Gruppen von *Einflussfaktoren*, die der unterschiedlichen Anfälligkeit für Medienwirkungen zugrunde liegen: *Dispositionen* (z. B. Persönlichkeitseigenschaften, Informationsverarbeitungsstile, Einstellungen und Werte), *Entwicklungsfaktoren* (z. B. altersbedingte Unterschiede in den kognitiven Fähigkeiten oder emotionalen Reaktionen) und *soziale Faktoren* (z. B. Einflüsse durch Eltern und Freunde, Schule oder soziale und kulturelle Normen).
2. Das DSMM postuliert, dass die Medienwirkungen durch die während oder nach der Mediennutzung auftretenden psychologischen *Reaktionen* vermittelt werden. Das Modell unterscheidet dabei zwischen den *Kognitionen, Emotionen* und *Erregungszuständen*. Wie eine Medienbotschaft wirkt, hängt davon ab, wie sie verarbeitet wird. Ein gewalthaltiges Computerspiel entfaltet seine Wirkung z. B. umso stärker, je stärker sich Spieler:innen während der Rezeption mit den gewaltausübenden Spielcharakteren identifizieren (Gabbiadini et al., 2016).
3. Den Einflussfaktoren kommt im DSMM eine Doppelrolle zu: Zum einen beeinflussen sie die Mediennutzung des Individuums direkt, zum andern mediieren und/oder moderieren sie den Zusammenhang zwischen der Mediennutzung und den unmittelbaren Reaktionen auf die Mediennutzung. Das lässt sich gut anhand einer Längsschnitt-

studie von Fikkers et al. (2016) nachvollziehen. Die Autor:innen kommen zu dem Ergebnis, dass die Rezeption von gewalthaltigen Medien im Zeitverlauf (Mediennutzung) zu dem verstärkten Eindruck führt, dass aggressives Verhalten im Freundeskreis sozial akzeptiert ist (Reaktion/Mediator), was wiederum positiv mit aggressivem Verhalten korreliert (Medienwirkung). Ein solcher Einfluss der Mediennutzung auf aggressionsbezogene soziale Normen fand sich jedoch nur für Jugendliche, in deren Freundeskreis aggressives Verhalten ohnehin schon häufig auftritt (Moderator).

4. Abschließend greift das DSMM auch den Aspekt der transaktionalen Medienwirkungen auf und postuliert, dass Medienwirkungen sich ihrerseits in veränderten individuellen Dispositionen, Mediennutzungspräferenzen und Reaktionen auf Medienbotschaften niederschlagen können. Solche transaktionalen Medienwirkungen wurden auch im Kontext gewalthaltiger Medien untersucht. So beschreiben beispielsweise Slater et al. (2003) das Zusammenwirken von aggressiven Persönlichkeitsmerkmalen und Mediennutzung als *Abwärtsspirale* (»Downward Spiral«): Gewalthaltige Medieninhalte sind für Rezipient:innen mit aggressiver Persönlichkeit besonders attraktiv und werden von diesen besonders häufig genutzt. Gleichzeitig verstärken die genutzten Medieninhalte die aggressiven Persönlichkeitsstrukturen. Medienselektion und Medienwirkung verstärken sich also wechselseitig. Hinweise auf solche reziproken Wirkungen zwischen der Nutzung von gewalthaltigen Medien und der Neigung zu aggressiven Kognitionen und Verhaltenstendenzen sind inzwischen in mehreren Längsschnittstudien gefunden worden (z. B. Adachi & Willoughby, 2016; Greitemeyer & Sagioglou, 2017).

Das Differential Susceptibility to Media Effects Model verdeutlicht die Komplexität von Medienwirkungen und macht klar, dass pauschale Aussagen bezüglich *der* Wirkung eines Mediums auf *die* Rezipient:innen aus medienpsychologischer Sicht problematisch sind. Vielmehr ist es die zentrale Aufgabe der Medienwirkungsforschung, unser Verständnis der Rahmenbedingungen (siehe z. B. ▶ Kap. 6.2 zu »Affordances«) für Medienwirkungen immer weiter auszudifferenzieren, sensibel interindividuelle Unterschiede der Rezipient:innen zu berücksichtigen und Interventionen zu entwickeln, die das Risiko für negative Medienwirkungen minimieren sowie positive und intendierte Medienwirkungen fördern.

Zusammenfassung

Die Frage nach den Wirkungen der Mediennutzung ist seit rund hundert Jahren die Triebfeder medienpsychologischer Forschung. Die in diesem Kapitel zusammengetragenen Perspektiven verdeutlichen, dass Medien unsere Kognitionen und Emotionen und in der Folge auch unser Verhalten auf vielfältige Weise beeinflussen können. Medien können bestehende Gedächtnisinhalte leichter zugänglich machen, Quelle neuer Wissens- und Verhaltensstrukturen sein, als Basis für soziale Vergleichsprozesse fungieren, unsere Einstellungen und unsere Sicht auf die Welt durch die Vermittlung persuasiver Botschaften verändern und auch unsere emotionalen Reaktionen auf bestimmte Stimuli nachhaltig beeinflussen.

Problematisch ist dieser Einfluss der Medien auf unser Denken und Fühlen vor allem dann, wenn das über die Medien verbreitete Bild der Realität Verzerrungen aufweist und wenn diese Verzerrungen das Wohlbefinden oder sogar die physische und psychische Gesundheit beeinträchtigen, wie etwa in Bezug auf die Verbreitung von Stereotypen. Auch wenn problematische Verhaltensweisen, z. B. in Form von aggressiven Medienfiguren im Film oder in Computerspielen porträtiert oder gesundheitsschädliche Verhaltensweisen in persuasiven Botschaften propagiert werden, können Medien potenziell negative Wirkungen auf Rezipient:innen haben. Wenn Medien Rollenvorbilder transportieren, etwa im Rahmen von Entertainment Education, können sie relevantes Wissen vermitteln und das Vertrauen der Rezipient:innen in die eigenen Handlungsmöglichkeiten stärken. Die zentrale Aufgabe der medienpsychologischen Wirkungsforschung ist es daher, ein differenziertes Bild der Rahmenbedingungen zu zeichnen, unter denen Medienwirkungen auftreten können. Meta-Theorien wie das Differential Susceptibility to Media Effects Model geben für diese Aufgabe wichtige Impulse.

Literaturempfehlungen

Anderson, C. A. & Bushman, B. J. (2018). Media violence and the General Aggression Model. *Journal of Social Issues, 74*, 386–413. https://doi.org/10.1111/josi.12275

Carpenter, C. J. (2015). A meta-analysis of the ELM's argument quality × processing type predictions. *Human Communication Research, 41*, 501–534. https://doi.org/10.1111/hcre.12054

Ewoldsen, D. R. & Rhodes, N. (2020). Media priming and accessibility. In M. B. Oliver, A. A. Raney & J. Bryant (Eds.), *Media effects. Advances in theory and research* (4th ed., pp. 83–99). Routledge.

Green, M., Bilandzic, H., Fitzgerald, K. & Paravati, E. (2020). Narrative effects. In M. B. Oliver, A. A. Raney & J. Bryant (Eds.), *Media effects. Advances in theory and research* (4th ed., pp. 130–145). Routledge.

Greenwood, D. (2017). Social comparison theory. In P. Rössler (Ed.), *The international encyclopedia of media effects* (pp. 1804–1812). Wiley Blackwell.

Krcmar, M. (2020). Social cognitive theory. In M. B. Oliver, A. A. Raney & J. Bryant (Eds.), *Media effects. Advances in theory and research* (4th ed., pp. 100–114). Routledge.

Valkenburg, P. M., Peter, J. & Walther, J. B. (2016). Media effects: Theory and research. *Annual Review of Psychology, 67*, 315–338. https://doi.org/10.1146/annurev-psych-122414-033608

Fragen zur Selbstüberprüfung

1. Wie lassen sich auf der Basis von Priming kurzfristige Medienwirkungen erklären? Welche Faktoren entscheiden über die Stärke von Priming-Effekten?
2. Was sind Stereotype und wie können sie durch Mediennutzung beeinflusst werden?
3. Warum ist soziales Lernen für die medienpsychologische Wirkungsforschung relevant? Unter welchen Bedingungen tritt es auf?

4. Was versteht man unter Selbstwirksamkeitserwartungen? Welche Rolle spielen sie im Rahmen von Entertainment Education?
5. Welche unterschiedlichen Formen sozialer Vergleichsprozesse gibt es? Warum bieten sich Mediencharaktere in besonderer Weise als Vergleichsmaßstab an und welche Chancen und Risiken birgt dies?
6. Was ist der Unterschied zwischen zentraler und peripherer Informationsverarbeitung und welche Konsequenzen lassen sich daraus für Einstellungsänderungen ableiten?
7. Welche Faktoren beeinflussen laut ELM die Art der Informationsverarbeitung?
8. Warum haben narrative Inhalte einen besonders starken Einfluss auf unsere Einstellungen?
9. Was bedeutet »emotionale Desensibilisierung« und welche Auswirkungen auf das Verhalten kann sie haben?
10. Welche Faktoren tragen laut General Aggression Model kurzfristig und langfristig zum Auftreten von aggressivem Verhalten bei? Welche Rolle nehmen Medien dabei ein?
11. Wie ist die Forschungslage zur Wirkung gewalthaltiger Medien einzuschätzen? Welche Fragen sind offen?
12. Was versteht man unter indirekten, konditionalen und transaktionalen Medienwirkungen? Warum ist diese Unterscheidung für das Verständnis von Medienwirkungen wichtig?

6 Computervermittelte Kommunikation

Der Forschungsbereich der computervermittelten Kommunikation (CvK) betrachtet die Kommunikation von Menschen mithilfe von Individual- und Massenmedien. Es wird z. B. untersucht, ob wir in sozialen Medien anders kommunizieren als Face-to-Face (FtF), also von Angesicht zu Angesicht. Zu Beginn des Kapitels geben wir anhand von drei zentralen Paradigmen der CvK (▶ Kap. 6.1) einen Überblick über die Charakteristiken des betrachteten Forschungsfeldes. Im darauffolgenden Kapitel gehen wir auf das Konzept der Affordanzen und die Relevanz des Kontextes in der CvK ein (▶ Kap. 6.2). Weiterhin widmen wir uns zentralen Modellen der computervermittelten Kommunikation: dem *Hyperpersonal Model* (▶ Kap. 6.3) und dem *Social Identity Model of De-Individuation* (▶ Kap. 6.4). Abschließend werden wir in Kapitel 6.5 die psychologischen Prozesse der Selbstdarstellung, Selbstoffenbarung, Privatheit, sozialen Unterstützung und des Well-Being betrachten. Besonders relevant sind natürlich die Wirkungen der CvK, sodass wir Studien zum Einfluss der CvK auf das Erleben und Verhalten besondere Aufmerksamkeit schenken (▶ Kap. 6.5).

6.1 Paradigmen der CvK

Wir erläutern zunächst die theoretischen Rahmenbedingungen und Begriffe, die für die verschiedenen Paradigmen und Theorien der CvK relevant sind. Wir geben im Folgenden eine vereinfachte Definition von Kommunikation, von der wir anschließend die computervermittelte Kommunikation abgrenzen werden (für eine umfassende Definition von Kommunikation vgl. Kunczik & Zipfel, 2005):

> **Definitionen**
>
> *Kommunikation*
> Die zwischen Menschen stattfindende Übertragung von Informationen und Emotionen. Kommunikation kann mithilfe von Sprache, Mimik, Gestik oder durch Schrift und Zeichen stattfinden. Kommunikation kann einen informationellen (mitteilenden/empfangenden), sozialen (gemeinsamen) und publizistischen (teilnehmen lassenden/teilnehmenden; z. B. Journalismus, Massenkommunikation) Charakter aufweisen (Blanz, 2014).
>
> *Computervermittelte Kommunikation (CvK)*
> Der zwischen zwei oder mehr Personen stattfindende, interaktive Prozess des Erstellens, Austauschens und Empfangens von Informationen mithilfe von computerbasierten Systemen (Überblick in Carr, 2020).

Computervermittelte Kommunikation kann auf Individual- oder Gruppenebene sowie synchron oder asynchron stattfinden (Blanz, 2014; Lee, 2020). CvK auf *Individualebene* beinhaltet private Gespräche auf verschiedenen Plattformen sozialer Medien wie Messenger Apps (z. B. Threema, Telegram oder WhatsApp) oder auch die E-Mail-Kommunikation. Diese Art der Kommunikation gilt als one-to-one-Kommunikation.

Auf *Gruppenebene* werden zwei Arten der Kommunikation unterschieden: Dies ist zum einen die one-to-many-Kommunikation, welche durch öffentliche Postings auf sozialen Netzwerkseiten oder Blogs (z. B. Instagram oder Twitter) stattfinden kann. Dabei spricht eine Person ein großes und möglicherweise unbekanntes Publikum an. Die zweite Art der Kommunikation auf Gruppenebene ist die many-to-many-Kommunikation. Diese findet beispielsweise statt, wenn sich eine Gruppe mit einer gemeinsamen Botschaft (z. B. Aktivist:innen der »Fridays for Future«-Bewegung) an eine andere Gruppe (z. B. Politiker:innen) wendet, um diese Botschaft zu übermitteln (vgl. Massenkommunikation in ▶ Kap. 1.1). Die *asynchrone CvK* bedeutet, dass zeitversetzt kommuniziert wird. *Synchrone CvK* hingegen bedeutet zeitgleiche Kommunikation der Beteiligten. Die Unterscheidung zwischen synchroner und asynchroner CvK wird mit wachsender Funktionalität und Multimodalität von Internet-Plattformen und Messenger-Diensten zunehmend komplexer. Mit vielen Instant Messenger Apps (z. B. ICQ, WhatsApp in Europa oder WeChat in China) kann sowohl synchron als auch asynchron kommuniziert werden. Auch auf Postings auf sozialen Netzwerkseiten wie Instagram oder Facebook kann spontan oder zeitversetzt geantwortet werden. Darüber hinaus kann eine asynchron gestartete Kommunikation sogar in eine synchrone Kommunikation übergehen, oder umgekehrt, eine synchron gestartete Kommunikation kann zu einem asynchronen Gespräch werden. Somit lässt sich die Unterscheidung zwischen synchroner und asynchroner CvK eher situationsspezifisch als plattformabhängig definieren.

In der medienpsychologischen Forschung zur CvK werden computerbasierte Technologien als *Medien* der Kommunikation verstanden. Menschen kommunizieren beispielsweise mithilfe von Computern, Smartphones oder Tablets miteinander (Lee, 2020). Kommunikationsprozesse der CvK umfassen dabei mindestens zwei Personen und verfügen über eine zeitliche Struktur, welche die Rolle der Senderin bzw. des Senders und der Empfängerin bzw. des Empfängers bestimmt (Blanz, 2014). Untersucht werden die Reaktionen, das Verhalten und das Erleben der kommunizierenden Personen sowie ihre Interaktionen und Beziehungen.

Die Modelle und psychologischen Prozesse der CvK werden wir nachfolgend anhand dreier Paradigmen einordnen. Sie helfen uns, Theorien und Menschenbilder der CvK-Forschung zu systematisieren und damit leichter verständlich zu machen:

- Das *Paradigma der reduced social cues* beruht auf der Annahme reduzierter Hinweisreize im Rahmen der CvK. Diese Annahme beinhaltet, dass für die CvK weniger (oder andere) Kommunikationskanäle zur Verfügung stehen als in der FtF-Kommunikation. Die dieser Annahme zugrunde liegenden Modelle werden als *reduced social cues*- oder *cues-filtered-out*-Ansätze zusammengefasst (Walther et al., 2015). Sie besagen beispielsweise, dass die CvK im Vergleich zur FtF-Kommunikation verringerte Sozialität in einer Kommunikation gewährleistet (z. B. *lack of social context cues*-Ansatz; Kiesler et al., 1984). Der Grundtenor des Paradigmas ist also erstens ein Vergleich von CvK vs. FtF und zweitens die Annahme, dass die CvK weniger reichhaltig, vielleicht sogar defizitär ist. Die Ansätze dieses Paradigmas sind vor allem auf textbasierte Kommunikation wie E-Mail-Kommunikation anwendbar.

- Das *Paradigma der CvK als besondere Kommunikationssituation* beinhaltet, dass sich die CvK zwar durch reduzierte, bzw. im Gegensatz zur FtF-Kommunikation anders saliente Hinweisreize auszeichnet, aber eben auch – oder genau deswegen – besondere Kommunikationsformen mit sich bringt. Es beinhaltet also die Grundannahme der reduzierten Hinweisreize, aber nicht mehr die Defizitannahme. Das *Hyperpersonal Model* (▶ Kap. 6.3) und das *Social Identity Model of De-Individuation* (▶ Kap. 6.4) können zu diesem Paradigma gezählt werden. Sie gründen auf Beobachtungen der Nutzung asynchroner (z. B. E-Mail) als auch synchroner Medien wie Chats oder Computerspiele (z. B. Massive Multiplayer Online Games). In ihren Grundzügen erlauben diese Modelle einen zeit- und plattformunabhängigen Deutungsspielraum der CvK.

- Das *Paradigma der sozialen Medien, Technologien und ihrer Affordanzen* basiert auf der Beobachtung, dass soziale Kommunikationstechnologien (z. B. Smart Devices) und soziale Medien (z. B. soziale Netzwerke und Messenger-Dienste) durch interaktive und visuelle Funktionalitäten sowie plattform- und endgerätübergreifende Verknüpfungsmöglichkeiten eine Ausweitung der Kommunikation darstellen und dabei zahlreiche Dimensionen unseres Erlebens und Verhaltens betreffen (Bayer et al., 2020). Letztlich sind beinahe alle Medien sozial, aber die als solche bezeichneten sozialen Medien verdienen dieses Attribut der Sozialität aufgrund ihrer Interaktivität und der Möglichkeiten der Ko-Produktion und des Teilens von Medieninhalten ganz besonders (Schmidt, 2019). Sie haben den ursprünglichen Anwendungsbereich der CvK entscheidend ausgeweitet. Die CvK ist sozial aufgrund der Tatsache, *dass* Menschen miteinander kommunizieren und auch, *wie* sie miteinander kommunizieren. Das soziale Miteinander, die Beziehungen, Interaktionen und ihre Optimierung sind Ziele der Kommunikation und prägen die Gestaltung und Funktionalität der Technologien. Im Zuge dieses »social turns« der CvK hat sich auch die Perspektive auf die Kommunikationstechnologien verändert. In diesem Paradigma stellen Medien nicht nur starre »Umweltfaktoren« dar, sondern werden theoretisch anhand ihrer Affordanzen beschrieben (▶ Kap. 6.2). Sie sind ständig in Entwicklung sowohl durch die Anbieter:innen als auch durch die Nutzer:innen. Die sozialen Prozesse dieses Paradigmas, wie Selbstdarstellung, Selbstoffenbarung und soziale Beziehungen, schauen wir uns im letzten Abschnitt dieses Kapitels an (▶ Kap. 6.5).

Aktuelle Studien vereinen diese Paradigmen, indem sie sowohl auf die Bedeutung reduzierter sozialer Reize, als auch auf die CvK als besondere Kommunikationssituation, als auch auf die Besonderheiten sozialer Medien eingehen. Krishnan und Hunt (2019) zeigten z. B. in einem Experiment mit 505 Teilnehmer:innen, dass reduzierte soziale Schlüsselreize durch die Verwendung von Emoticons in der CvK ausgeglichen werden können. Die Teilnehmer:innen dieser Studie sahen Transkripte fiktiver *Instant Messenger*-Gespräche zwischen zwei Kommunizierenden. Die Transkripte variierten in Bezug auf die Verwendung von Emoticons, Akronymen, extremer Sprache und emotionaler Valenz (positive Valenz: z. B. »WOOOOOOW!! ☺«; negative Valenz: z. B. »grrrrrrr! ☹«; neutrale Valenz: Text ohne Emoticons). Die Empfänger:innen der Nachrichten nahmen die Sender:innen in Abhängigkeit der experimentellen Bedingung (positive/negative/neutrale Valenz) unterschiedlich wahr. Diejenigen, welche durch ihre Nachrichten positive Reize aussandten, wurden extravertierter und sozial verträglicher wahrgenommen als diejenigen, die negative oder neutrale Nachrichten sandten. Sender:innen der negativen Nachrichten wurden neurotischer eingeschätzt. Krishnan und Hunt (2019) argumentieren, dass die in der CvK fehlenden Hinweisreize aus der Beschaffenheit einer Botschaft abgeleitet und potenziell verstärkt werden, wodurch ein Persönlichkeitsbild des Senders bzw. der Senderin entsteht. Weiterhin wurde die Bereitschaft einer zukünftigen Interaktion mit den Absender:innen der Nachrichten untersucht, wobei sich zeigte, dass man am liebsten mit denjenigen Absender:innen interagieren möchte, die einem selbst am ähnlichsten sind und die neutrale oder positive Nachrichten verfassten. Auch dieses Ergebnis ist sowohl aus der Forschung zur FtF-Kommunikation als auch der Kommunikation in sozialen Netzwerken hinlänglich bekannt (Trepte, Scharkow & Dienlin, 2020).

Diese Studie vergegenwärtigt uns, wie fehlende Hinweisreize durch Elemente der CvK – in diesem Fall Emoticons – ersetzt werden können. Gleichzeitig weist diese Studie darauf hin, wie sehr wir durch und mit sozialen Medien sozialisiert sind, wie wir uns die Features sozialer Medien zu eigen gemacht haben und welch weitreichende Schlüsse wir allein aufgrund von Emoticons auf die Persönlichkeit unserer Gesprächspartner:innen ziehen. Im Folgenden werden wir auf diese Paradigmen zurückkommen, um die Entwicklung des Faches und die Schwerpunkte entsprechender Studien und Theorien zu verdeutlichen.

6.2 Kontext und Affordanzen der CvK

Eine der zahlreichen Besonderheiten der CvK ist, dass sie in stets neuen Kontexten und auf unterschiedlichen Plattformen stattfinden kann und sich trotzdem wiederkehrende Elemente und Muster beobachten lassen. Wir benötigen deshalb zum einen eine genaue Analyse der Technologien, Kontexte und Situationen und zum anderen eine theoretische Modellierung dieser wiederkehrenden Elemente, um Erkenntnisse des einen Mediums auf zukünftige Medien, Kontexte und Plattformen anwenden zu können.

Der *Kontext* der CvK kann als Gesamtheit einer Kommunikationssituation, bestehend aus mindestens zwei Personen, einem Kommunikationsmedium und die Situation prägenden persönlichen Faktoren sowie Umgebungsfaktoren, beschrieben werden. Masur (2018) beschreibt eine

Situation als »[...] the entirety of circumstances that affect the behavior of a person at a given time« (S. 136). Hier ist also eine zeitliche Spezifität gegeben und die Bandbreite aller Umgebungsvariablen in einem Zeitabschnitt definieren die Situation. Mit Affordanzen versuchen wir von der Situation zu abstrahieren und Merkmale von Medien, also im Prinzip die von Masur angesprochenen Umgebungsvariablen, zu systematisieren:

Definition

Affordanzen (Affordances) sind als Handlungsoptionen einer Situation zu verstehen, welche sich durch einen Aufforderungscharakter auszeichnen (Gibson, 1979) und in der computervermittelten Kommunikation durch bestimmte Funktionalitäten, sog. *Features*, sichtbar und nutzbar werden (Evans et al., 2017). Affordanzen sind dynamisch und werden durch eine fortlaufende Interaktion zwischen Technologie und Nutzenden geprägt (Trepte, 2015).

Bevor wir die relevantesten Affordanzen und ihre Features vorstellen (ausführliche Liste der Features in Treem & Leonardi, 2013), erläutern wir den Begriff der *Features*, denn dieser trägt entscheidend zum Verständnis der theoretischen Idee der Affordanzen bei. Ein typisches Feature sozialer Medien ist die Möglichkeit, Kontakte (z. B. bei Xing) oder Freunde (z. B. bei Facebook) zu einer Kontakt- oder Freundesliste hinzuzufügen. Damit ermöglicht das Feature »Kontakt- bzw. Freundesliste« die Affordanz *Assoziation*, da Kontakte und Freunde eine Verbindung zur eigenen Person, also eine Assoziation zwischen zwei oder mehreren Personen, darstellen. Ein Feature kann mehrere Affordanzen ermöglichen: Das Hinzufügen von Kontakten oder Freunden kann neben der Affordanz *Assoziation* ebenfalls der Affordanz *Anonymität* zugeordnet werden, da der Grad der individuellen Anonymität durch eine gesteigerte Anzahl an Kontakten und Freunden reduziert werden kann.

Affordanzen können je nach Nutzung oder Beschaffenheit sozialer Medien variieren. Sie können stärker oder weniger stark ausgeprägt sein und zu unterschiedlichen Wahrnehmungen der CvK beitragen. Affordanzen können über Plattformen und Kontexte hinweg identifiziert und analysiert werden (Bayer et al., 2020). Wir unterscheiden hier fünf Affordanzen:

- *Persistenz (Persistence)* betrifft die dauerhafte Speicherung und Archivierung von Daten im Internet. Die Dynamik dieser Affordanz ist anhand ihrer variierenden normativen Bedeutung ablesbar: Persistenz kann auf der einen Seite eine verringerte Kontrollierbarkeit und somit einen Verlust der informationellen Selbstbestimmung mit sich bringen, wenn beispielsweise persönliche Inhalte einer CvK langfristig gespeichert werden (Trepte, 2020). Auf der anderen Seite ermöglicht die Persistenz von Informationen einen langfristigen Zugriff auf diese Informationen und somit Lern- und Aneignungsprozesse. Ein typisches Feature in Wikis ist die Historie vergangener Beiträge und Aktivitäten. Ein Feature in sozialen Netzwerkseiten ist beispielsweise die Historie vergangener Kommunikationsinhalte.
- *Sichtbarkeit (Visibility)* beschreibt, ob und in welchem Ausmaß eine Information oder Person sichtbar und auffindbar ist (Evans et al., 2017). Soziale Medien können dazu beitragen, die Sichtbarkeit und somit die Auffindbarkeit von Informationen oder Personen zu erhöhen (Evans et al., 2017). Entsprechende Features der meisten sozialen Medien sind Text-, Bild- und Video-Beiträge oder auch die Möglichkeit der sichtbaren Meinungsäußerung über den Like-Button (Treem & Leonardi, 2013).
- *Editierbarkeit (Editability)* erlaubt das Bearbeiten von Nachrichten in der CvK oder von Profilinformationen auf sozialen Netzwerkseiten. Sie kann dazu beitragen, dass Inhalte – und somit auch die eigene Person – vorteilhaft präsentiert werden. Dies ist auch eine zentrale Annahme des Hyperpersonal Model (▶ Kap. 6.3). Neben der Lenkung des Eindrucks des Selbst kann die Editierbarkeit ein höheres Maß an Kontrolle über geteilte Informationen in der CvK und somit ein höheres Maß an Privatheit gewährleisten (Trepte, 2020). Ein Feature sozialer Netzwerkseiten ist die Möglichkeit, Inhalte im Nachhinein zu löschen oder zu bearbeiten (Treem & Leonardi, 2013).
- *Assoziation (Association)* bezieht sich auf die soziale Verbindung der Nutzenden sozialer Medien. Die Verbindung zu und die Kommuni-

kation mit anderen Personen ist ein zentrales Element sozialer Medien (Quinn, 2016). Mit der Assoziation gehen auf der einen Seite zentrale Gratifikationen wie soziale Unterstützung einher. Auf der anderen Seite beinhaltet sie ein geringeres Ausmaß an Kontrolle über persönliche Informationen und erfordert ein höheres Ausmaß an Kommunikation (Trepte, 2020). Features sozialer Netzwerkseiten sind Freundeslisten, Tagging und Verlinkungsmöglichkeiten zu anderen Personen und Inhalten (Treem & Leonardi, 2013).

- *Anonymität (Anonymity)* bedeutet, dass eine Person oder die Quelle einer Nachricht unbekannt ist. Im Internet ist vollständige Anonymität nur selten gegeben (Evans et al., 2017), sodass wir in sozialen Medien eher von dem Ausmaß der Identifizierbarkeit einer Nachricht oder Person sprechen. Ein beispielhaftes Feature, das die Affordanz Anonymität ermöglicht, ist die Abfrage des Namens bei der Erstellung eines Profils. Diese Abfrage kann entweder mit dem Klarnamen (geringe Anonymität/hohe Identifizierbarkeit) oder mit einem Fake-Namen (hohe Anonymität/geringe Identifizierbarkeit) beantwortet werden. Treem et al. (2020) bezeichnen die Anonymität als »root affordance«, da sie auch die anderen Affordanzen der CvK tangiert. So wird beispielsweise durch die Affordanz Assoziation auch die Anonymität beeinflusst, da die Verbindung zu anderen Personen mit geringerer Anonymität einhergeht.

In der CvK ist die Interaktion zwischen Person und Situation maßgeblich für jegliche Forschungsfrage. Die Grundidee der Affordanzen ist deshalb für das Verständnis von sozialen Medien und Kommunikationstechnologien als veränderbare und dynamische Angebote ganz besonders hilfreich. Die Betrachtung des Kontextes, der Situation oder auch der Affordanzen ist auch aus der CvK-Forschung nicht mehr wegzudenken und bringt spannende Modelle (Masur, 2018; Moreno & D'Angelo, 2019; Trepte, 2020) und Studien (Chen et al., 2019; Xue & Churchill, 2019) hervor. Dennoch ist das Konzept keinesfalls als fertiges Ergebnis der Forschung zu verstehen. Vielmehr befindet sich die medienpsychologische Forschung zu Affordanzen, Situationen und Kontexten von Online-Medien sowie deren sozialer Ausdeutung in einer intensiven Phase.

6.3 Das Hyperpersonal Model

Das *Hyperpersonal Model* (HPM) beinhaltet vier Komponenten: Kanal, Sender:in, Empfänger:in, und Feedback (Walther, 1996). Es basiert auf der *Social Information Processing*-Theorie (SIP; Walther, 1992) und betrachtet die Besonderheiten der sozialen CvK. Die SIP-Theorie geht bereits davon aus, dass man computervermittelt sozial kommunizieren kann, dies jedoch mehr Zeit beansprucht, als die FtF-Kommunikation. Das HPM geht ebenfalls davon aus, dass man computervermittelt sozial kommunizieren kann und geht sogar noch einen Schritt weiter: Die CvK kann nicht nur persönlich, sondern auch hyperpersönlich sein. Das HPM bezieht sich vorrangig auf die asynchrone Kommunikation (z. B. via E-Mail).

> **Definition**
>
> *Hyperpersönliche Kommunikation* bezieht sich auf die fokussierte Selbstdarstellung einer Senderin bzw. eines Senders, die von einer Empfängerin bzw. einem Empfänger in dieser selektiven Form stärker wahrgenommen und im Gegenzug durch Feedback intensiviert wird. Infolgedessen wird der gegenseitige Eindruck hyperpersönlich, fokussiert also die akzentuierten Eigenschaften der Kommunizierenden, welche nach positiver Verstärkung Teil der Identität werden können.

Mit dem Wortbestandteil »hyper« in »hyperpersönlich« soll ausgedrückt werden, dass ausgewählte Aspekte und Eigenschaften besonders selektiv adressiert und dadurch weiter verstärkt werden. Das HPM besagt also, dass Menschen die CvK zwecks ihres Identitätsmanagements ausschöpfen können, da sie Eigenschaften in den Vordergrund stellen können, die ihnen wichtig sind und die sie möglicherweise als Teil ihres Selbstkonzeptes definieren möchten. Walther (2007) vertritt damit ein technologiefreundliches Menschenbild. Dies steht im Gegensatz zu anderen, früheren cues-filtered-out-Modellen, die den Verlust sozialer Hinweisreize als Verlust der Kommunikationsintensität oder -qualität definieren und die CvK damit häufig als defizitär gegenüber der FtF-Kommunikation ansehen. Wir werden nun die vier Komponenten des Modells im Einzelnen beschreiben.

Kanal
Der Kanal beschreibt, wie und mit welcher Technologie kommuniziert wird. Grundidee des HPM ist, dass aufgrund des Kanals, der eine asynchrone Kommunikation ermöglicht, Zeit und Energie aufgewendet werden, um die eigenen Nachrichten zu editieren, ohne den Kommunikationsfluss zu stören. Die zeitliche Verzögerung erhält also in der CvK einen Nutzen. Das HPM besagt weiterhin, dass kognitive Kapazitäten aufgrund des Kanals und der daraus entstehenden asynchronen Kommunikation vollständig für die Erstellung einer Nachricht herangezogen werden können. Diese Ressourcen müssen in einer FtF-Kommunikation hingegen auf mehrere Aktionen aufgeteilt werden, nämlich auf das aktive Zuhören, Reagieren und Anpassen der Nachricht in der jeweiligen gegenwärtigen Situation sowie auf die Deutung der Umgebungselemente und physischen Reize des Kommunikationspartners bzw. der Kommunikationspartnerin (Walther et al., 2015). Die Kommunikationspartner:innen widmen also der idealisierten Selbstdarstellung (z. B. durch das Bearbeiten von Nachrichten) mehr Zeit und dies wird im Grundsatz der Theorie als eine positive Besonderheit der asynchronen CvK definiert (Walther, 1992). Obwohl man in der CvK grundsätzlich mehr Zeit für die selektive Selbstdarstellung zur Verfügung hat, heißt dies jedoch nicht zwingend, dass diese Zeit auch immer zur Selbstdarstellung genutzt wird. Persönlichkeitsfaktoren oder individuelle Motive können ebenso ausschlaggebend für die Intensität der Selbstdarstellung und -offenbarung in der CvK sein (▶ Kap. 6.5).

Sender:in
Eine zentrale Annahme des HPM ist, dass die CvK ohne physische Ko-Präsenz der Kommunizierenden stattfinden kann. Das bedeutet, dass die physische Erscheinung und ggf. auch Identität des Gegenübers laut HPM für die Empfänger:innen gar nicht (z. B. bei anonymen Nutzerprofilen im Darknet), oder im Moment der Kommunikation nicht

(z. B. bei der E-Mail-Kommunikation) oder nur eingeschränkt (z. B. bei videobasierter CvK) wahrnehmbar ist und deshalb gezielt gelenkt werden kann. Profilbilder auf sozialen Netzwerkseiten können für die idealisierte Selbstdarstellung verwendet werden, z. B. durch Filter, Beleuchtung, Make-Up, Kleidung oder Hintergründe. Der Selbstdarstellung sind jedoch gewisse Grenzen gesetzt, denn die Rezipient:innen können die Validität der Informationen oder Bilder in Abhängigkeit von bestimmten Merkmalen bewerten. Kennt die oder der Rezipierende z. B. die Person, welche sich online selbst darstellt, kann dies als Anker oder Schlüsselelement dienen, um die Akkuratheit zwischen Online-Selbstdarstellung und realer Person zu bewerten (*Warranting Theory*; Überblick in Walther, 2011; DeAndrea, 2014).

Empfänger:in
Die Empfänger:innen ergänzen ihr Bild des Gegenübers anhand der ihnen zur Verfügung stehenden Informationen. Wenn sie etwas über die Gruppenzugehörigkeit eines Kommunikationspartners oder -partnerin wissen (z. B. Sportler:in), so schließen sie stereotypisierend auf das äußere Erscheinungsbild (z. B. muskulös) und die Persönlichkeit (z. B. ausdauernd und ehrgeizig).

Feedback
Laut HPM wird die selektive (und idealisierende) Selbstdarstellung der Sender:innen durch vorhandenes oder ausbleibendes Feedback der Empfänger:innen im Laufe der Zeit verstärkt oder abgeschwächt. Es werden Formen der Selbstdarstellung vermehrt umgesetzt, die zuvor positiv verstärkt wurden (Walther et al., 2011). Auf diese Weise – so die Annahme des HPM – werden die positiv verstärkten Aspekte der Selbstdarstellung Teil der Identität der Sender:innen.

Wir stellen nun eine Studie vor, die zeigt, dass Menschen ihre hyperpersönlichen Eindrücke aus der CvK sogar auf FtF-Begegnungen übertragen und beibehalten können.

6.3 Das Hyperpersonal Model

> **Beispiel**
>
> Antheunis et al. (2019) beschäftigten sich mit den im HPM angenommenen Intensivierungseffekten der CvK. Dafür führten sie ein Speed-Dating-Experiment mit 39 Teilnehmer:innen durch, die entweder textbasiert oder videobasiert miteinander kommunizierten. Das Experiment fand in zwei Runden statt. In der ersten Runde interagierten alle Teilnehmer:innen für jeweils drei Minuten mit fünf verschiedenen Personen (potenzielle Date-Partner:innen). Diese Interaktion fand je nach Experimentalbedingung entweder textbasiert (per Instant-Messenger) oder videobasiert (per Skype) als synchrone CvK statt. In der zweiten Runde kommunizierten die Personen noch einmal mit denselben potenziellen Date-Partner:innen, dieses Mal jedoch nicht mehr computervermittelt, sondern FtF. Die Ergebnisse dieser Studie zeigen, dass sich Teilnehmer:innen nach der *ersten* Interaktion sozial attraktiver fanden, wenn sie textbasiert mittels Instant-Messenger miteinander kommunizierten, als wenn sie videobasiert kommunizierten. Darüber hinaus nahmen Personen ihre Kommunikationspartner:innen nach der *zweiten* Interaktion ebenfalls sozial attraktiver wahr, wenn sie erst textbasiert kommunizierten. Die Autor:innen argumentieren, dass die Teilnehmer:innen in der textbasierten CvK ihre Selbstpräsentation besser kontrollieren und optimieren konnten, wodurch sie einen positiven Eindruck vermitteln konnten. Dieser positive Eindruck hat sich bei den jeweiligen Dating-Partner:innen verfestigt und wurde auf die FtF-Situation übertragen. Dieser Befund stützt die Annahme des HPM, dass textbasierte Kommunikation Intensivierungseffekte hervorrufen kann und dass positive Attribute verstärkt wahrgenommen und auf die FtF-Kommunikation übertragen werden können.

Das HPM wird insbesondere in der Forschungsgruppe um Joseph Walther aktiv weiterentwickelt. Eine Limitation für die Anwendung des Modells ist sicherlich die postulierte Asynchronität, die für viele Medienangebote nicht gilt bzw. nicht praktiziert wird. Allerdings liefert das HPM davon abgesehen weitere interessante Anknüpfungspunkte.

Im Rahmen des HPM untersuchte man beispielsweise bisher hauptsächlich positive Intensivierungseffekte. Man kann aber ebenso von negativen Intensivierungseffekten in der CvK ausgehen (Rains et al., 2019). Einer weiteren besonderen Herausforderung für das HPM hat sich Walther (2011) selbst gewidmet: Sender:innen können die Wirkung ihrer Selbstdarstellung nicht immer vollständig kontrollieren, da Empfänger:innen mithilfe des »Warranting« ihr in der CvK gewonnenes Bild prüfen und möglicherweise falsifizieren können (siehe Paragraph »Sender:in«). Aufbauend auf dieser Annahme wird untersucht, ob und wie die persönlichen und computervermittelt gewonnenen Eindrücke von Menschen übereinstimmen, ob sie interagieren und wie sie soziale Beziehungen beeinflussen (DeAndrea, 2014).

6.4 Social Identity Model of De-Individuation

Das *Social Identity Model of De-Individuation* (SIDE; Reicher et al., 1995; Spears & Lea, 1994) geht davon aus, dass sich Menschen in anonymen, computervermittelten Umgebungen anders verhalten, als wenn sie sich gegenseitig kennen oder sich sehen können. Ebenso wie das HPM stellt auch das SIDE eine Erweiterung der cues-filtered-out-Ansätze dar, indem es die CvK als besondere Kommunikationssituation versteht. Das SIDE beschäftigt sich spezifisch mit der Wirkung der Salienz der personalen und sozialen Identität in der CvK.

Die *soziale Identität* bezieht sich auf die Zugehörigkeit zu einer spezifischen, dem Individuum bekannten Gruppe und basiert auf der Bewertung der in dieser Gruppe vorherrschenden Werte, Normen und Ansichten. Die geteilten und positiv bewerteten Ansichten der In-Group werden verstärkt wahrgenommen und es entsteht ein Gemeinschaftsgefühl. Persönliche Ansichten und die personale Identität sowie die abweichenden Ansichten der Out-Group werden weniger stark wahrgenommen (Spears & Postmes, 2015).

Eine *In-Group* bezeichnet eine Gruppe von Personen, die sich in bestimmten Eigenschaften gleichen oder hinsichtlich einer konkreten Thematik oder eines Gegenstandes eine einheitliche Meinung vertreten. Personen mit abweichenden Eigenschaften, Meinungen oder Einstellungen werden der *Out-Group* zugeordnet (▶ Kap. 3.3). Die Gruppenzugehörigkeit und damit auch die soziale Identität kann die Zugehörigkeit zu einer bestimmten Nationalität, politischen Partei, die Geschlechtszugehörigkeit, oder die (temporäre) Zugehörigkeit zu einer Interessensgruppe im Rahmen einer Online-Diskussion oder sozialen Bewegung umfassen. Die Mitglieder der In-Group werden als ähnlich wahrgenommen, auch wenn man diese nicht kennt oder sieht. Gleichzeitig werden die Mitglieder der Out-Group als weniger ähnlich wahrgenommen.

Der Grad der wahrgenommenen *Anonymität* der Gruppenmitglieder der In-Group kann die Salienz der sozialen Identität – und somit der jeweiligen Gruppennormen – erhöhen und verstärken. Man nimmt die kollektiven Werte der Gruppe bei hoher (visueller) Anonymität stärker wahr, als die eigenen Werte (personale Identität).

Die *personale Identität*, die nicht mit den kollektiven Werten der aktuellen Gruppe korrespondiert, wird zwar in der Gruppensituation weniger stark wahrgenommen, dennoch »verschwindet« diese nicht. Die personale Identität wird also nicht durch die soziale Identität abgelöst – es findet lediglich eine Verschiebung der Aufmerksamkeit statt. Die soziale und die personale Identität müssen weder grundlegend verschieden noch identisch sein: Ein Teil der sozialen Identität als Aktivist:in der »Fridays for Future«-Bewegung ist sehr wahrscheinlich auch ein Teil der personalen Identität dieser Person. Es findet aber innerhalb einer Gruppe, in der Gruppennormen salient sind, eine verstärkte Wahrnehmung der sozialen Identität, also eine Depersonalisierung statt. Spears und Postmes (2015) beschreiben *Depersonalisierung* als »the emergence of group in the self: the tendency to see others but also oneself in group terms« (S. 27).

Das SIDE unterscheidet grundlegend zwischen zwei verschiedenen Arten der Anonymität: *Anonymity of* (kognitive Dimension) und *Anonymity to* (strategische Dimension). Die kognitive Dimension der Anonymität ist vorrangig mit einer erhöhten Salienz der sozialen Identität verbunden. Forschung zur kognitiven Dimension der Anonymität untersucht, wie bestimmte Features der CvK die Salienz einer bestimmten Identität beeinflussen können. Die strategische Anonymität geht hingegen hauptsächlich mit einer verringerten Verantwortlichkeit und Verwundbarkeit gegenüber Nicht-Gruppenmitgliedern (z. B. aus der Out-Group) einher. Die Forschung zur strategischen Anonymität untersucht, wie die Features der CvK genutzt werden können, um bestimmte Werte der In-Group zu vertreten. Diese Werte vertritt man umso mehr, wenn man von gleichgesinnten In-Group-Mitgliedern identifiziert und gelobt werden kann, und weniger, wenn man von nichtgleichgesinnten Out-Group-Mitgliedern identifiziert und bestraft werden kann. Dies ist besonders relevant, wenn der In-Group eine mächtige Out-Group, wie z. B. eine große Interessensgruppe oder eine politische Partei, gegenübersteht (Spears & Postmes, 2015). Somit kann die strategische Anonymität eingesetzt werden, um die In-Group zu unterstützen und das Bestehen dieser In-Group zu sichern (Klein et al., 2007; Rains et al., 2017).

Die Salienz von Gruppennormen kann sich auf die Bereitschaft zur sozialen Unterstützung auswirken. Eine Studie von Li und Zhang (2018) zeigte, dass hilfesuchende Personen in einem Online-Forum eher Hilfe von In-Group-Mitgliedern als von Out-Group-Mitgliedern erhalten. Zudem werden mehr konkrete Hilfestellungen angeboten, wenn die hilfeleistende Person zuvor unterstützende Nachrichten anderer In-Group-Mitglieder – im Gegensatz zu Nachrichten von Out-Group-Mitgliedern – gesehen hat. Dies kann daran liegen, dass durch die Salienz der sozialen Identität die Einstellung gegenüber den In-Group-Mitgliedern positiv gefärbt ist und dadurch zu stärkerer Unterstützung und zu mehr Zusammenhalt führt (Li & Zhang, 2018).

Das SIDE wurde seit seiner Entstehung erweitert und auf andere Medien (z. B. videobasierte Kommunikation; Lea et al., 2007) übertragen. Die nachfolgende Beispielstudie befasst sich mit der strategischen Anonymität und ihrer Rolle für die soziale Identität. Die Autor:innen untersuchen, wie die strategische Anonymität genutzt werden kann, um (1) die soziale Identität zu festigen (*consolidate*) und (2) die anderen Mitglieder der In-Group zu aktivieren (*mobilize*), sodass diese In-Group bestehen bleiben kann. Die Festigung der In-Group (*consolidate*) kann dadurch erreicht werden, dass man Meinungen der In-Group vertritt und sich entlang der Gruppennormen verhält. Das Bestehenbleiben der Gruppe kann durch klare Äußerungen gegen eine Out-Group und Betonung des »Wir-Gefühls« innerhalb der In-Group erreicht werden (Rains et al., 2017). Die Bemühungen eines Gruppenmitglieds, die eigene Gruppe aufrechtzuerhalten und sie zu festigen, lässt sich als *identity performance* zusammenfassen (Klein et al., 2007). Ein Bereich, in dem die soziale Identität sehr salient ist und häufig *identity performance* betrieben wird, ist die Zugehörigkeit zu einer politischen Partei.

Beispiel

Rains et al. (2017) betrachten in ihrer Studie die group identity performance von Mitgliedern einer politischen Partei. Frühere Forschung zeigte, dass die Zugehörigkeit zu einer politischen Partei (In-Group) und die Abgrenzung von anderen politischen Parteien (Out-Group) mit inzivilem Verhalten in Online-Diskussionen zwischen den Anhänger:innen verschiedener Parteien zusammenhängen (z. B. Gervais, 2015). Inzivilität ist durch unhöfliches und unangemessenes Verhalten gekennzeichnet. Es wird angenommen, dass Inzivilität gegenüber der Out-Group ein Mechanismus zur Festigung der In-Group sein kann, da das Abwerten einer anderen Gruppe den Wert der eigenen Gruppe steigern kann. Vor diesem Hintergrund untersuchten die Autor:innen, ob sich Mitglieder einer In-Group bei visueller Anonymität in Online-Diskussionsforen gegenüber der Out-Group inzivil äußern. Dies wäre in Anlehnung an das SIDE eine Erscheinungsform der strategischen Anonymität. In der Studie wurden Äußerungen als inzivil definiert, wenn sie mindestens einer der folgenden fünf Kategorien zugeordnet werden konnten: Beschimpfung, Verleumdung, Lüge, Vulgarität oder abwertende Sprache. Die Autor:innen erwarteten im Sinne des SIDE, dass umso mehr inzivile Kommentare geschrieben werden, je mehr Mitglieder der In-Group an der Diskussion teilnehmen. Die Analysen zeigten jedoch gegenteilige Effekte: Personen schrieben weniger inzivile Kommentare, je mehr Mitglieder der In-Group an der Diskussion teilnahmen. Die Autor:innen vermuten, dass das Bestehenbleiben der In-Group durch eine

> große Gruppengröße und vorherige inzivile Äußerungen anderer Gruppenmitglieder als *nicht gefährdet* angesehen wird. Die Identität der In-Group wird als ausreichend repräsentiert und gesichert wahrgenommen, sodass die eigene (inzivile) Aktivität nicht mehr elementar für das Bestehenbleiben der Gruppe ist. Somit kann gruppenspezifisches und gruppenbestärkendes Verhalten unter bestimmten Umständen ausbleiben. Die Autor:innen schlussfolgern, dass neben statischen Elementen der visuellen Anonymität und der Gruppenzugehörigkeit zur Erklärung bestimmter Dynamiken in der CvK außerdem auch situative Motivatoren – wie z. B. die wahrgenommene Gefährdung einer In-Group – berücksichtigt werden müssen.

Unsere Beispielstudie deutet darauf hin, dass das SIDE zusätzlich zur Anonymität und Gruppenzugehörigkeit die situativen Motive und Ziele der Gruppenmitglieder berücksichtigen sollte, um das Verhalten und Erleben der Internetnutzer:innen besser vorhersagen zu können. Damit eröffnen sich auch für die weitere Forschung an diesem Modell interessante Perspektiven.

Wie wir gesehen haben, bringt die Popularität des SIDE eine große Forschungsvielfalt und spannende Diskussionen mit sich. Ein Diskussionspunkt bezieht sich auf den potenziellen Zusammenhang zwischen Anonymität und antisozialem Verhalten. Anonymität wird zum Beispiel von Festinger et al. in ihrer *Deindividuation Theory* aus dem Jahr 1952 mit antisozialem Verhalten assoziiert. Es wird vermutet, dass Menschen in anonymen Bedingungen weniger Angst vor Sanktionen haben und sich deswegen auch weniger sozial verhalten. Die Autoren des SIDE grenzen sich jedoch von diesem Verständnis von Anonymität ab (Spears & Postmes, 2015). Sie betonen, dass Anonymität nicht automatisch mit antisozialem Verhalten einhergeht. Ein weiterer Diskussionspunkt bezieht sich auf das Verständnis von Deindividuation. Hier geben Spears und Postmes (2015) einen entscheidenden Hinweis. Wie bereits in diesem Abschnitt erklärt, erläutern sie, dass Personen innerhalb einer In-Group ihre personale Identität nicht verlieren (Deindividuation), sondern die soziale Identität der aktuellen In-Group verstärkt wahrnehmen (Depersonalization). Obwohl der Begriff »Deindividuation« in »Social

Identity Model of De-Individuation« steckt, stützen sich die Autoren des Modells also auf das Konzept der Depersonalisation anstatt auf das der Deindividuation:

> »[…] although the model refers to ›deindividuation effects‹, it does not endorse deindividuation theory, nor a state of deindividuation. On the contrary, the SIDE model is grounded in a critique of deindividuation theory. The term deindividuation in ›SIDE‹ is used descriptively to denote the range of effects that researchers using deindividuation manipulations had found but which we argue (and research confirms) were in need of an adequate (new) theory.« (Spears & Postmes, 2015, S. 29–30)

Die Autoren des SIDE äußern sich zudem kritisch in Bezug auf vorherrschende Annahmen, dass das Modell ausschließlich der Unterscheidung anonymer vs. nicht anonymer Kommunikation diene: »In sum, the SIDE is not about anonymity but about the online representation of individuals and groups« (Spears & Postmes, 2015, S. 31). Es geht also nicht im Sinne eines Schwarz-Weiß-Denkens nur um anonym vs. nicht anonym, sondern um die Unterscheidung zwischen einem *höheren oder niedrigeren Grad* visueller Anonymität, der wiederum mit der wahrgenommenen sozialen oder personalen Identität verknüpft ist und unterschiedliche Verhaltensweise hervorbringen kann. Diese aktive Auseinandersetzung mit der Begriffsfindung zeigt nicht nur, wie aktiv das SIDE beforscht wird, sondern auch, dass eine stetige Anpassung des Modells an neue Medienangebote und -nutzungsweisen stattfindet.

6.5 Psychologische Prozesse in der CvK

Unsere Gedanken, Gefühle und Emotionen sind ausschlaggebend für unser Verhalten in sozialen Medien und dafür, wie wir andere Nutzer:innen wahrnehmen. Sie spielen eine Rolle für unsere Neigung zur Selbstdarstellung und Selbstoffenbarung und sie beeinflussen unsere Suche nach sozialer Unterstützung. Auf der einen Seite bedingen psychologische Prozesse, welche positiven oder negativen Erfahrungen wir mit und in der CvK machen. Auf der anderen Seite können unsere Online-Aktivitäten ebenso unsere Gedanken, Gefühle und Emotionen beeinflussen. Somit haben die psychologischen Prozesse der CvK einen großen Stellenwert in der Medienpsychologie und bieten ein faszinierendes Forschungsfeld (Überblicke in Bayer et al., 2020; Krämer et al., 2017). Wir werden uns in diesem Abschnitt den fünf zentralen psychologischen Prozessen widmen: Selbstdarstellung, Selbstoffenbarung und Privatheit, soziale Beziehungen sowie Wohlbefinden (Well-Being).

Selbstdarstellung
Selbstdarstellung (self-presentation) wird häufig als »Eindruckslenkung« (Schlenker, 1980; 2012) verstanden. Menschen versuchen den Eindruck, den sie auf andere machen, zu steuern und zu kontrollieren. Die Motivation der Eindruckslenkung ist interindividuell unterschiedlich (Leary, 1993). Sie ist zum Beispiel davon abhängig, wie sehr das aktuell wahrgenommene Selbstbild von einem angestrebten, idealen Selbstbild abweicht. Je stärker das eigene Selbstbild von dem empfundenen Idealbild abweicht, umso eher sind Menschen bemüht, sich selbst positiv darzustellen. Spezifische Ziele der Selbstdarstellung haben einen Einfluss darauf, wie motiviert eine Person ist, sich vor anderen Menschen auf eine bestimmte Weise zu präsentieren. Die Ziele können materieller oder sozialer Natur sein. Ein materielles Ziel ist beispielsweise beruflicher Erfolg, ein soziales Ziel kann beinhalten, bei bestimmten Personen anerkannt oder beliebt zu sein. Die Ziele können darüber hinaus die Steigerung des Selbstwertes oder die persönliche Weiterentwicklung betreffen (Leary & Kowalski, 1990).

Selbstdarstellung ist ein Teil des Identitätsmanagements, denn Menschen möchten ihre Identität nicht nur für sich selbst definieren, sondern sie auch von anderen wahrgenommen, verstanden und bestätigt wissen. Selbstdarstellung ist der Weg, mit dem diese Reflexion der eigenen Identität durch andere ermöglicht wird. Offensichtlich hat es also einen Vorteil, den Eindruck, den man auf andere macht, zu steuern und zu lenken. Die Forschung beschäftigt sich mit diesen potenziellen Vor- und Nachteilen der Selbstdarstellung und auch damit, welche Grenzen der eigenen Selbstdarstellung in den sozialen Medien gesetzt sind.

Medienpsychologische Studien verdeutlichen, dass Selbstdarstellung manchmal negative Effekte haben kann. In einer experimentellen Studie konnte beispielsweise gezeigt werden, dass das Fotografieren von Aktivitäten weniger Freude bereitet, wenn diese Fotos mit der Intention des anschließenden Teilens und der antizipierten Selbstdarstellung in sozialen Medien angefertigt werden, als wenn die Fotos nur für den persönlichen Gebrauch aufgenommen werden (Barasch et al., 2018). Selbstdarstellung ist darüber hinaus eng mit dem sozialen Vergleich verbunden (▶ Kap. 5.3). Fox und Vendemia (2016) zeigten bezüglich der Selbstdarstellung in Form von Fotos, welche online geteilt werden sollen, dass sich Frauen (im Gegensatz zu Männern) nach sozialen, abwärts gerichteten Vergleichen deutlich schlechter fühlen und ihre Fotos häufiger bearbeiten, bevor sie sie online teilen.

Auch Motive der positiven Selbstdarstellung in sozialen Medien werden in aktuellen Studien untersucht. Es zeigte sich zum Beispiel, dass Menschen, denen ihre Facebook-Freunde und ihr eigenes Image wichtig sind, eine starke Motivation haben, sich selbst möglichst vorteilhaft auf Facebook darzustellen (Lee & Jang, 2019). Die genannte Studie offenbarte zudem einen positiven Zusammenhang zwischen sozialer Ängstlichkeit und der Motivation, andere Facebook-Nutzer:innen zu beeindrucken. Auch dieser Befund korrespondiert mit früheren Annahmen von Schlenker und Leary (1982), wurde allerdings nur unter Konstanthaltung anderer relevanter Faktoren (soziale Kompetenz und Facebook-Nutzungsmuster; siehe Lee & Jang, 2019) gefunden und bedarf weiterer Forschung bezüglich der Kausalität und Richtung.

Übergreifend stellt sich die Frage, ob sich die Selbstdarstellung online überhaupt von der Selbstdarstellung in der FtF-Kommunikation unterscheidet (Schäwel & Trepte, 2021). Es wird vermutet, dass online und offline ähnliche Kommunikationsstrategien zur Selbstdarstellung verfolgt werden, auch wenn im Online-Setting möglicherweise andere technische und inhaltliche Kommunikationstaktiken angewendet werden als FtF. Die »reinforcing spirals«-Theorie (Slater, 2007) oder das DSSM (▶ Kap. 5.7) bieten eine nachvollziehbare Grundlage für die Annahme, dass soziale Medien nicht der alleinige Grund für die Selbstdarstellung sind. Es ist vielmehr von einer reziproken Verstärkung über die Zeit hinweg auszugehen: Personen, die sich offline gerne und intensiv selbst darstellen, werden dies sehr wahrscheinlich auch online tun und umgekehrt.

Selbstoffenbarung und Privatheit
Selbstoffenbarung gilt als eine Voraussetzung, um mit anderen Menschen in Kontakt zu treten und Beziehungen zu führen. Wenn wir nichts von uns offenbaren, können uns andere Menschen auch nicht kennenlernen und nur schwer auf uns eingehen (Berg & Derlega, 1987).

> **Definition**
>
> *Selbstoffenbarung* ist die intendierte Kommunikation einer Person über sich selbst an eine andere Person oder eine Gruppe. Informationen können dabei nicht nur verbal oder schriftlich, sondern auch nonverbal und medial übertragen werden (Masur, 2018).

Selbstoffenbarung unterliegt der Norm der Reziprozität (Berg & Derlega, 1987). Das bedeutet, wenn sich eine Person selbst offenbart, erhöht sie damit die Bereitschaft, dass sich der Empfänger oder die Empfängerin der Offenbarung ebenfalls offenbart. Dadurch, dass Selbstoffenbarung als Schlüsselkomponente für soziale Interaktionen und Beziehungen gilt, erweist sich die Selbstoffenbarung in psychologischen Studien als Einflussfaktor für die psychische Gesundheit. Menschen, die sich gegenüber anderen offenbaren und dadurch soziale Unterstützung erhalten oder Beziehungen aufbauen können, sind tendenziell weniger ängstlich, depressiv und berichten eher, dass sie mit ihrem Leben zufrieden sind, als Personen, die weniger von sich offenbaren (Huang, 2016; Trepte et al., 2014).

Empirische Forschung zum Thema Selbstoffenbarung untersucht, ob sich das Ausmaß der Selbstoffenbarung zwischen der CvK und der FtF-Kommunikation unterscheidet, ob sich Personen online genauso intensiv offenbaren wie offline und welche Konsequenzen häufige oder sensible Selbstoffenbarung haben kann. Trepte und Reinecke (2013) beschäftigten sich zum Beispiel damit, (1) ob Menschen, die sich gerne online offenbaren, als Folge vermehrt soziale Netzwerkseiten nutzen und (2) ob Menschen, die häufig soziale Netzwerkseiten nutzen, als Folge eher dazu neigen, sich online zu offenbaren. Die Autor:innen zeigten in ihrer Panel-Studie mit 488 Teilnehmenden, dass die Neigung zur Online-Selbstoffenbarung die Nutzung von sozialen Netzwerkseiten über die Zeit hinweg verstärkt (*Selektionseffekt*). Ebenso konnten sie zeigen, dass die Nutzung sozialer Netzwerkseiten einen positiven Einfluss auf die Tendenz zur Online-Selbstoffenbarung hat (*Sozialisationseffekt*). Diese Effekte waren für Personen stärker, die durch die Nutzung von sozialen Netzwerkseiten höheres Sozialkapital erlangten, also eine soziale Belohnung erhielten (siehe im Folgenden zu Sozialen Beziehungen). Wir sehen also zum einen, dass soziale Belohnungen die psychologische Neigung zur Selbstoffenbarung weiter verstärken können. Zum anderen wird hier deutlich, dass nicht nur soziale Medien das Verhalten beeinflussen, sondern auch Prädispositionen zu einer bestimmten Art der Nutzung sozialer Medien führen.

Die Neigung zur Selbstoffenbarung hängt zudem mit der Persönlichkeit zusammen. Winter et al. (2014) konnten zum Beispiel in einer Studie mit 172 Teilnehmer:innen zeigen, dass Personen mit einem starken Verlangen nach Zugehörigkeit und ausgeprägtem Narzissmus eher dazu tendieren, intime Informationen von sich auf Facebook zu offenbaren. Eine hohe Ausprägung von Narzissmus ging in der genannten Studie zudem mit einer erhöhten Frequenz von Status-Updates einher. Personen mit geringer Selbstwirksamkeit posteten eher solche Informationen, die mit einer breiten Masse kompatibel sind, während Personen mit hoher Selbstwirksamkeit weniger vorsichtig in Bezug auf Massentauglichkeit und Akzeptanz ihrer Status-Updates waren (Winter et al., 2014).

Medienpsychologische Forschung untersucht auch, ob Selbstoffenbarung und Selbstdarstellung in sozialen Medien miteinander einhergehen und welche Features die Offenbarungs- und Darstellungsprozesse beeinflussen. Schlosser (2020) fasst in seinem Review zur Gegenüberstellung von Selbstoffenbarung und Selbstdarstellung Features der CvK zusammen, die entweder als (1) förderlich für die Online-Selbstoffenbarung oder (2) förderlich für die Online-Selbstdarstellung gelten. Features, die der Selbstoffenbarung dienen, sind solche, die die Affordanz Anonymität erlauben oder eine verringerte Informations-Reichhaltigkeit bereitstellen. Features, die Online-Selbstdarstellung begünstigen, sind solche, die ein diverses Publikum adressieren, Feedback von anderen Nutzer:innen ermöglichen oder eine asynchrone Kommunikation erlauben. Selbstoffenbarung wird laut Schlosser (2020) verstärkt zur Übermittlung wahrer Informationen praktiziert, wohingegen Selbstdarstellung eher der gezielten Darstellung des Selbst dient, unabhängig davon ob die Informationen der Wahrheit entsprechen oder nicht. Durch die Features sozialer Netzwerkseiten können wir uns also offenbaren und darstellen. Welchen Prozess wir in welcher Intensität umsetzen, kann durch individuelle Kommunikationsmotive, Eigenschaften oder Privatheitsbedenken beeinflusst werden. Krämer und Schäwel (2020) zeigen in einem Review über Selbstoffenbarung und Privatheitsbedenken von Nutzer:innen sozialer Medien auf, dass sowohl der Drang nach Selbstoffenbarung als auch der Wunsch nach Privatheit tief im Individuum verankert sind. Diese Bedürfnisse stehen in der CvK häufig miteinander in Konflikt. Rationale Entscheidungen, bei denen die Vor- und Nachteile beider Bedürfnisse abgewogen werden (*Privacy Calculus*, siehe im Folgenden zur Privatheit), können oft nicht stattfinden (z. B. in emotionalen oder spontanen Situationen). Deswegen kann die Online-Selbstoffenbarung nicht nur positive Folgen haben (z. B. soziale Unterstützung), sondern auch negative Konsequenzen (z. B. ungewollte Weitergabe sensibler Informationen) mit sich bringen.

Definition

Privatheit bezeichnet die individuelle Einschätzung eines Individuums, (1) wie zugänglich es sich in einer Interaktion oder Situation fühlt und (2) in welchem Ausmaß es auf Mechanismen (z. B. Normen, Gesetze, persönliche Kommunikation, Kontrolle von Informationen) zurückgreifen kann, um die eigene Privatheit zu regulieren. Die Regulierung selbst gestaltet das Individuum dann über (3) Selbstoffenbarung, Kontrolle von Informationen oder interpersonale Kommunikation. In der CvK beeinflussen Affordanzen, welche Mechanismen zur Verfügung stehen und wie sie genutzt werden können (Trepte, 2020).

Privatheit ist ein (1) multidimensionales (Burgoon, 1982), (2) soziales (Altman, 1975; Westin, 1967) und (3) dynamisches (Altman, 1975) Konstrukt:

1. Die *Multidimensionalität* der Privatheit bezieht sich auf die Bereiche zwischenmenschlicher Interaktionen, in denen die Privatheit offline oder online reguliert werden kann. Diese Bereiche werden durch die Dimensionen der informationellen, sozialen, psychischen und physischen Privatheit gekennzeichnet (Burgoon, 1982). Informationelle Privatheit bedeutet, dass Menschen die Preisgabe oder Zurückhaltung von identifizierenden Informationen (z. B. Klarname in einem sozialen Netzwerk) kontrollieren können. Soziale Privatheit beschreibt, inwiefern Menschen eine Kontrolle über den Kontakt zu anderen haben. Auf dem Profil einer sozialen Netzwerkseite können wir Inhalte zum Beispiel »nur für Freunde« sichtbar machen. Psychische Privatheit beschreibt, inwiefern Menschen ihren emotionalen und kognitiven In- und Output selbstbestimmt kontrollieren können. Können sie zum Beispiel ihre Meinung frei äußern? Mit der physischen Privatheit ist angesprochen, inwiefern Menschen die Nähe und Distanz zu anderen Menschen kontrollieren können. Die physische Privatheit beinhaltet, wieviel Kontrolle bei der räumlichen Abgrenzung zur Verfügung steht. Diese Dimension wurde lange Zeit aus der medienpsychologischen Forschung ausgeklammert, da diese für den Online-Bereich als nicht anwendbar galt. Durch Smart Homes und Internet of Things wird jedoch auch die physische Privatheit tangiert.
2. Die *Sozialität* bezieht sich darauf, dass Privatheit durch die kontrollierte selektive Zuwendung zu bzw. Abgrenzung von anderen Personen oder Gruppen reguliert werden kann (Altman, 1975; Westin, 1967). Privatheit bezieht sich also nicht nur auf eine einzelne Person, sondern auch auf andere Menschen und soziale Kontexte. Trepte (2020) fasst diesen social turn der CvK-Forschung mit den Worten zusammen: »In social media, privacy is not a private affair« (S. 17).
3. Die *Dynamik* der Privatheit ergibt sich durch die Möglichkeit der situativen Regulierung des Zugangs zum Selbst und dadurch, dass die individuelle Privatheit situations- und kontextabhängig ist. Entschei-

dend für die Wahrnehmung der Privatheit sind sowohl persönliche Faktoren als auch Affordanzen (▶ Kap. 6.1).

Die Bedingungen und Umstände der Kommunikation im Internet, besonders in den sozialen Medien, sind im Hinblick auf die individuelle Privatheit heterogener und schlechter nachvollziehbar als offline. Oftmals wissen wir online gar nicht, wer unsere Informationen einsehen, verwenden und weiterleiten kann. Deswegen können wir unsere Privatheit online weniger umfassend kontrollieren als offline. Verschiedene Freundes-, Bekannten- oder Kommunikationskreise können ineinander übergehen (Vitak, 2012). Die geringere Kontrolle über die Verwendung ihrer Daten empfinden Menschen als besorgniserregend (Trepte, 2020). Zahlreiche Studien untersuchten bereits, inwiefern Bedenken bezüglich der Online-Privatheit das Verhalten der Nutzer:innen beeinflussen können (z. B. weniger Selbstoffenbarung, mehr Schutzmaßnahmen). Dabei zeigen sich widersprüchliche Ergebnisse (Überblick in Kokolakis, 2017): Zunächst bestand die Annahme eines *Privacy Paradox*, also dass Nutzer:innen trotz Privatheitsbedenken persönliche Informationen online teilen (Barnes, 2006). Andererseits demonstrieren aktuelle Studien weniger paradoxe Ergebnisse: In einer Panel-Studie mit 1 403 Teilnehmenden zeigte sich, dass Personen mit höheren Privatheitsbedenken weniger persönliche Informationen teilen, als Personen mit geringeren Privatheitsbedenken (Dienlin et al., 2021).

Die Annahme des *Privacy Calculus* besagt, dass Menschen Kosten (z. B. Verlust der Kontrolle über persönliche Informationen) und Nutzen (z. B. soziale Unterstützung) bei ihrer Entscheidung für oder gegen die Selbstoffenbarung abwägen (Dinev & Hart, 2006). Dabei bestimmt das Ergebnis dieser Abwägung darüber, ob und was wir von uns preisgeben, also beispielsweise, ob wir ein Foto auf Instagram hochladen oder nicht, oder ob wir einen Beitrag bei Facebook öffentlich oder privat teilen. Studien konnten bereits zeigen, dass Personen sich eher dann offenbaren, wenn sie einen größeren Nutzen und geringere Kosten der Selbstoffenbarung wahrnehmen (Dienlin & Metzger, 2016).

Ein Thema der Online-Privatheitsforschung ist das sogenannte »Sharenting«, also das elterliche Teilen von Bildern und Videos der eigenen Kinder auf Internetplattformen wie Facebook und Instagram (Blum-

Ross & Livingstone, 2017). Rezipient:innen dieser Instagram-Kanäle fühlen sich in ihrer eigenen Rolle als Eltern (u. a. durch wahrgenommene Ähnlichkeiten) verstanden, unterstützt und zudem unterhalten – dies macht den Erfolg solcher Kanäle aus. Die Motive des Sharentings können ganz unterschiedlich sein. Man erhofft sich z. B. Bewunderung für ein scheinbar perfektes Familienleben oder möchte einfach schöne Momente mit anderen teilen. Ein weiteres Motiv kann sein, soziale Unterstützung zu erhalten oder zu erteilen, wenn Kinder chronisch krank sind. In einem solchen Fall kann das Teilen persönlicher Erfahrungen Mut machen, Zuspruch generieren oder soziale Beziehungen pflegen. Trotzdem ist das Sharenting ein Eingriff in die Privatheit der Kinder, denn nicht sie treffen die Entscheidung, in der Öffentlichkeit zu stehen (z. B. weil sie zu jung sind). Hier ist es besonders wichtig, dass Eltern eine Balance zwischen Nutzen und Kosten der Offenbarung persönlicher Momente ihrer Kinder (Privacy Calculus) sowie einen akzeptablen Grad der Offenbarung (z. B. Gesichter der Kinder werden nicht gezeigt) finden und ihre Kinder aufklären und/oder selbst entscheiden lassen, sobald sie eigene Entscheidungen treffen können.

In Bezug auf den Schutz der Online-Privatheit wird diskutiert, welche Maßnahmen oder Features den Nutzer:innen dabei helfen könnten, ihre Selbstoffenbarungsaktivitäten zu regulieren. Wichtige Fragen sind hierbei, ob und wie man Menschen vor Privatheitsrisiken bei der CvK warnen oder schützen kann und wie man dies umsetzt, ohne die Selbstbestimmung und Autonomie der Nutzer:innen einzuschränken (Schäwel, 2019; Spottswood & Hancock, 2017). Vielversprechende Ansätze sind die Steigerung der Online-Privatheitskompetenz, der Medienkompetenz und der Kritikfähigkeit (Masur, 2020; ▶ Kap. 8.3) sowie der Einsatz von technischen Interventionsmaßnahmen (z. B. situationsspezifisches Feedback in bedrohlichen Situationen; Schäwel, 2019).

Auch wenn sich Nutzer:innen digitaler Medien einerseits in Bezug auf ihre Privatheit schützen sollten, muss auf der anderen Seite bedacht werden, dass für den Aufbau und Erhalt sozialer Beziehungen die Offenbarung persönlicher Informationen notwendig ist. Nutzer:innen sollten also zwischen ertragreicher (z. B. Aufrechterhaltung von Freundschaften) und gefährdender (z. B. Teilen von persönlichen Informationen mit einem unbekannten Publikum) Selbstoffenbarung unterscheiden können.

Darüber hinaus ist Datenschutz und -sicherheit nicht alleinige Aufgabe der einzelnen Nutzer:innen. Wichtige Aufgabe der medienpsychologischen Forschung ist auch herauszustellen, welche Rolle Gesetzgebung, Werte und soziale Normen spielen müssen, um einen adäquaten Schutzraum zu bieten.

Soziale Beziehungen
Die sozialpsychologische Forschung zu Beziehungen und Freundschaften wird auch im Kontext sozialer Medien relevant. Medienpsychologisch ist der Prozess der Beziehungsanbahnung und -pflege interessant. Es wird beispielsweise untersucht, wie Menschen computervermittelt aufeinander zugehen oder wie sie ihre sozialen Beziehungen pflegen. Dabei sind Prozesse der Selbstoffenbarung, Selbstdarstellung und Identität relevant, die wir in den vorhergehenden Abschnitten erläutert haben. Darüber hinaus geht es um die Frage, welchen Ertrag die computervermittelten Beziehungen bringen, z. B. ob Menschen dazu in der Lage sind, Freundschaften zu knüpfen oder zu pflegen, wenn sie sich über soziale Medien kennenlernen oder wenn sie über diese in Kontakt bleiben, und ob die Kommunikation auf sozialen Netzwerkseiten tatsächlich soziale Unterstützung oder doch nur oberflächliche Kontakte liefern kann. In der Medienpsychologie wird sowohl auf das psychologische Konzept der sozialen Unterstützung (*Social Support*) als auch auf das soziologische Konzept des Sozialkapitals (*Social Capital*) zurückgegriffen (siehe Meta-Analyse von Liu et al., 2016).

Definition

Social Support beinhaltet menschliche Interaktionen, mit denen Menschen emotionale und praktische Unterstützungen sowie Informationen anbieten, austauschen und erhalten (Dunkel-Schetter & Brooks, 2009).

Emotionale Unterstützung beruht hauptsächlich auf Gefühlen der Empathie und wird deswegen insbesondere solchen Personen geboten, die wir mögen und denen wir uns verbunden fühlen. *Instrumentelle Unter-*

stützung beschreibt Hilfestellungen materieller Natur, also z. B. das Ausleihen oder Schenken von Gütern oder Materialien. *Informationelle Unterstützung* bedeutet, dass sich Menschen durch den Austausch von Informationen, Empfehlungen und Erfahrungen in Bezug auf bestimmte Problemstellungen oder Gegenstandsbereiche helfen (Dunkel-Schetter & Brooks, 2009; Trepte et al., 2014; Wortman & Dunkel-Schetter, 1987). Soziale Unterstützung kann sowohl online als auch offline stattfinden. Sie kann zudem die Grundlage für positive Gefühle, Wohlbefinden und Lebenszufriedenheit darstellen (Trepte et al., 2014) und sogar negative Gefühle und psychische sowie physische Krankheiten puffern (Cohen & Wills, 1985).

> **Definition**
>
> *Social Capital* beschreibt die positiven Konsequenzen und Ressourcen, die Menschen aufgrund sozialer Kontakte in Form von *Bridging Social Capital* und *Bonding Social Capital* zur Verfügung stehen (Putnam, 2000).

Bridging Social Capital entsteht durch lockere soziale Kontakte, mit deren Hilfe Menschen ihre Perspektive erweitern, mit denen sie Informationen austauschen und die nützlich sein können, z. B. um sich auf einen Job zu bewerben. Ein solcher Austausch von Informationen findet ebenfalls bei der informationellen sozialen Unterstützung statt und steht vor allem in sozialen Medien zur Verfügung (Trepte et al., 2014).

Bonding Social Capital bezieht sich auf enge soziale Beziehungen und bietet emotionale Unterstützung in einer sozialen Beziehung (Trepte et al., 2014). In einer Studie zum Vergleich von sozialer Unterstützung, die man entweder online oder offline erhält, konnte gezeigt werden, dass sich soziale Netzwerkseiten besser zur informationellen Unterstützung eignen, wohingegen sich der Offline-Kontext besser für die emotionale und instrumentelle Unterstützung eignet (Trepte et al., 2014). Neben dem Einfluss des Kanals, welcher für den Erhalt und die Vergabe von sozialer Unterstützung und Sozialkapital verwendet wird, kann auch die Persönlichkeit einen Einfluss darauf haben, wie stark um Hilfe gebeten wird oder in welchem Ausmaß Hilfe angeboten wird. Eine Meta-Analyse zeigt, dass die Nutzung sozialer Medien in einem positiven Zusammenhang mit der Extraversion steht (Cheng et al., 2019). Damit einhergehend nutzen extravertierte Nutzer:innen soziale Netzwerkseiten häufiger zur Festigung und Generierung von sozialen Kontakten, was mit einer Steigerung des Sozialkapitals einhergehen kann (Cheng et al., 2019). Die Persönlichkeit des Individuums kann durch die Affordanzen sozialer Medien bestärkt werden (*rich-get-richer*-Effekt). In Bezug auf die Bildung von Sozialkapital sagt ein solcher rich-get-richer-Effekt, dass Personen, welche bereits offline ein großes Netzwerk und somit ein hohes Sozialkapital aufweisen, dieses Netzwerk online erweitern und ihr Sozialkapital weiter steigern können (Cheng et al., 2019). Der *poor-get-richer-Effekt* sagt hingegen, dass Personen, welche offline nur wenige soziale Kontakte haben, durch soziale Online-Netzwerke profitieren, da sie dort Kontakte knüpfen können, die sie in der physischen Welt möglicherweise nicht knüpfen können (Cheng et al., 2019; Trepte & Scharkow, 2016). Diese Zusammenhänge sind auf verschiedene soziale Medien übertragbar, beispielsweise solche, die der beruflichen Vernetzung und dem beruflichen Wissensaustausch dienen (Utz, 2016; Utz & Breuer, 2016).

Sozialkapital und soziale Unterstützung können also durch verschiedene Wirkungsketten in der CvK erreicht werden und zu psychologischem Wohlbefinden führen (Trepte & Scharkow, 2016). Wir stellen diese idealtypischen Zusammenhänge in Abbildung 6.1 vor (Trepte & Scharkow, 2016). So kann die Mediennutzung im Rahmen der CvK einen Effekt auf das Wohlbefinden haben, indem sie zunächst das Sozialkapital beeinflusst und somit die empfangene soziale Unterstützung bedingt, welche sich dann auf das Wohlbefinden auswirkt (A). Es kann aber auch angenommen werden, dass das Ausmaß des Sozialkapitals einen indirekten Einfluss auf das Wohlbefinden hat, indem dieses zunächst die Mediennutzung und damit die empfangene soziale Unterstützung prägt (B). Weiterhin ist es möglich, dass das psychologische Wohlbefinden als Ausgangspunkt fungiert und die soziale Unterstützung, mediiert durch Mediennutzung und Sozialkapital, beeinflusst (C).

6.5 Psychologische Prozesse in der CvK

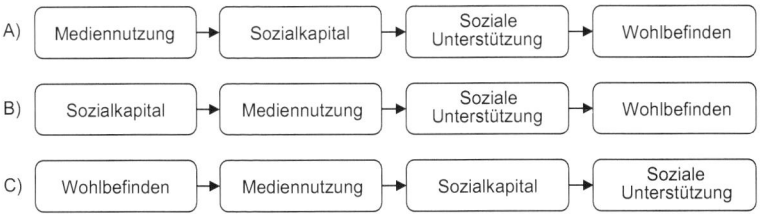

Abb. 6.1: Verschiedene Wirkungsketten bei der Nutzung sozialer Medien (nach Trepte & Scharkow, 2016)

Die Forschung zum Online-Sozialkapital zeigt, dass es vielfältige Motive, Auswirkungen und Implikationen in Bezug auf die Zusammenhänge zwischen CvK und Sozialkapital gibt. Cheng et al. (2019) konnten für die Ausprägung dieser Zusammenhänge mit ihrer Meta-Analyse drei wichtige Faktoren herauskristallisieren: (1) die generelle persönliche Präferenz, soziale Interaktionen einzugehen oder nicht einzugehen, (2) die Qualität und Quantität der Nutzung sozialer Medien, sowie (3) persönliche Eigenschaften und soziodemografische Faktoren.

In einer weiteren Meta-Analyse konnte ein positiver Zusammenhang zwischen der Nutzung sozialer Medien und dem wahrgenommenen Ausmaß sozialer Ressourcen der Nutzer:innen gezeigt werden (Domahidi, 2018). Es handelt sich um einen signifikanten Effekt von mittlerer Stärke. Bisherige Studien zum Sozialkapital sind in ihrer Operationalisierung der wahrgenommenen sozialen Ressourcen und in der Betrachtung sozialer Medien sehr heterogen. Somit bedarf es weiterer Forschung, die die Komplexität und Multimodalität sozialer Medien berücksichtigt und die die Operationalisierung von sozialen Ressourcen optimiert (Domahidi, 2018). Eine Möglichkeit wäre, den Zusammenhang zwischen zentralen Affordanzen (anstatt einzelner Plattformen) und der Bildung von Sozialkapital zu untersuchen.

Eine Herausforderung für Beziehungen der CvK entsteht aufgrund geltender Kommunikationsnormen und Normen der Selbstdarstellung. Solche Normen können bestimmte Verhaltensweisen hervorbringen (z. B. das Teilen von eher positiven als negativen Nachrichten), welche den Erhalt von sozialer Unterstützung in sozialen Medien erschweren können, z. B. weil negative Nachrichten nicht geteilt werden und somit nicht darauf reagiert werden kann. Ziegele und Reinecke (2017) demonstrierten in diesem Zusammenhang anhand eines Online-Experiments mit 870 Teilnehmenden, dass eine geringere Bereitschaft besteht, öffentlich auf negative anstatt auf positive Status-Updates zu antworten. Die Autoren schlussfolgern, dass der Erhalt von sozialer Unterstützung durch geltende Normen und Erwartungen in sozialen Medien beeinflusst werden kann (Ziegele & Reinecke, 2017).

Soziale Beziehungen im Internet finden jedoch nicht nur zwischen Freund:innen, Bekannten oder Familienangehörigen statt, sondern können ebenfalls zwischen »Influencer:innen« und Rezipient:innen stattfinden. Solche Beziehungen werden oftmals als wechselseitig wahrgenommen, zeichnen sich jedoch durch eine geringere Reziprozität aus. Dennoch findet deutlich mehr Interaktion statt als zwischen Stars klassischer Medien und ihren Rezipient:innen (vgl. parasoziale Beziehungen, ▶ Kap. 4.4). Influencer:innen lassen ihr Publikum in ihren privaten Raum eintreten – als Rezipient:in hat man den Eindruck, am Leben der Influencer:innen teilzunehmen. Influencer:innen gibt es im Bereich Mode oder Kosmetik und im persönlichen Bereich der Familie. So teilen einige sehr erfolgreiche Influencer:innen ihr Familienleben online und machen dies sogar zu ihrem Beruf (z. B. Verkauf von Familien-Ratgebern, Empfehlungen von Reisen und Sharenting). Mittlerweile beschäftigt sich auch die Forschung mit dem Phänomen der Influencer:innen und in Verbindung stehenden (teilweise negativen) psychologischen Effekten, wie beispielsweise Bewunderung oder Neid (z. B. Chae, 2018). Für zukünftige Forschung gilt heutzutage nicht mehr nur zu fragen, ob Menschen mit CvK Beziehungen und Freundschaften schließen, sondern vor allem wie, warum und mit welchem Ziel sie das tun.

Well-Being
In der Medienpsychologie ist ein großes Ziel herauszufinden, wie Menschen »das gute Leben« führen können und welchen Beitrag Medien und Mediennutzung dabei leisten (Überblick in Reinecke & Oliver, 2017). Natürlich wird die Forschung auch angetrieben von der Frage, was Menschen in ihrem Wohlbefinden einschränkt. Wir hatten bereits an mehreren Stellen im Buch auf das Wohlbefinden und die Lebenszufriedenheit als relevante abhängige Variablen verwiesen (z. B. ▶ Kap. 3.5,

▶ Kap. 4.2, ▶ Kap. 5.3, ▶ Kap. 5.7). Besonders intensiv werden dabei potenziell positive als auch potenziell negative Auswirkungen der Nutzung sozialer Medien (z. B. Johannes et al., 2019; Paez et al., 2019) und speziell der CvK (z. B. Meier et al., 2021) auf die mentale Gesundheit und das Wohlbefinden der Nutzer:innen untersucht.

> **Definition**
>
> *Subjektives Wohlbefinden (Subjective Well-Being)* bezeichnet die Lebensqualität eines Menschen aus seiner eigenen, individuellen Perspektive. Dazu werden positiver Affekt (z. B. Freude, Flow, Glück) und negativer Affekt (z. B. Schuld, Traurigkeit, Angst), die allgemeine Lebenszufriedenheit und die Bereichszufriedenheit (Familie, Arbeit, Freizeit, Gesundheit, Finanzen) erfasst (Diener et al., 2018).

Schaut man allein auf die Nutzungsdauer und -intensität, dann finden sich in der Literatur nur sehr schwache oder keine Zusammenhänge zwischen der Nutzung von Social Media und dem psychologischen Wohlbefinden (Liu et al., 2019; Orben et al. 2019; ▶ Kap. 6.5) sowie einem erhöhten Risiko für depressive Symptome (Yoon et al., 2019). Eine großangelegte Studie zum Zusammenhang zwischen der Nutzung sozialer Medien und der Lebenszufriedenheit von Jugendlichen zeigte beispielsweise, dass die Nutzung sozialer Medien nur ein schwacher Prädiktor für die Lebenszufriedenheit von Nutzer:innen sozialer Medien ist (Orben et al., 2019). Es gibt also keine Belege dafür, dass es Menschen, die mehr oder länger soziale Medien nutzen, deutlich schlechter oder besser geht (Johannes et al., 2019). Das ist auch plausibel, wenn wir allein an die Bandbreite der Social-Media-Inhalte und -Angebote denken (z. B. Nachrichten kommentieren vs. TikTok nutzen) und daran, wie sie genutzt werden können.

Wenn wir uns hingegen anschauen, *wie* soziale Medien genutzt werden, legt die Studienlage den Schluss nahe, dass *passive* Social-Media-Nutzung (also der reine Konsum bzw. die Rezeption von Social-Media-Inhalten) einen negativen Zusammenhang mit dem psychologischen Wohlbefinden aufweist, während die *aktive* Nutzung (also z. B. soziale

Interaktion oder das Posten eigener Inhalte) positiv mit dem psychologischen Wohlbefinden korreliert (Liu et al., 2019).

Unterscheiden wir nun darüber hinaus zwischen funktionalen und dysfunktionalen Nutzungsmustern, dann lassen sich negative vs. positive Einflüsse auf das Wohlbefinden und die mentale Gesundheit differenzieren. Ein Review zum Zusammenhang zwischen CvK und mentaler Gesundheit von Meier et al. (2021) zeigt: Wird die CvK für die Aufrechterhaltung von Freundschaften genutzt und wird computervermittelt mit Freund:innen kommuniziert, kann sich dies positiv auf die mentale Gesundheit auswirken und sogar soziale Unterstützung hervorbringen. Ist man in der CvK aber z. B. mit Gerüchten oder Cyberbullying konfrontiert, so hat dies negative Auswirkungen auf das Wohlbefinden (Paez et al., 2019). In einem systematischen Literaturüberblick konnten Keles et al. (2020) Korrelationen zwischen bestimmten Nutzungsmustern sozialer Medien und Depressionen, Angstsymptomen und psychologischem Stress feststellen. Allerdings stellen die Ergebnisse dieser konkreten Studie keinen Beleg für einen kausalen und gerichteten Zusammenhang zwischen der Nutzung sozialer Medien und der psychischen Gesundheit der Nutzer:innen dar. Es kann durchaus sein, dass Menschen mit Ängsten eher soziale Medien nutzen und dass dies im Kern ein funktionales Nutzungsmuster ist, da online nach sozialen Kontakten und Hilfe gesucht wird und diese dort auch gefunden werden.

Der Einfluss der CvK auf das Wohlbefinden und die mentale Gesundheit ist eines der wichtigsten Themen unserer Zeit und ein im Kern medienpsychologisches Thema, denn zum einen rekurriert dieses Thema auf zentrale Konzepte der Psychologie, wie die mentale Gesundheit oder Stress. Zum anderen können wir in diesem Zusammenhang mit dem Fach Medienpsychologie konkrete Ergebnisse zur Aufrechterhaltung psychischer Gesundheit beitragen. Die Forschungsvielfalt in diesem Bereich ist enorm und schließt nicht nur verschiedene Zielgruppen (z. B. Kinder, ältere Menschen) und Medienangebote (z. B. Social Media, Computerspiele), sondern auch verschiedene theoretische Zugänge ein (vgl. im Überblick Reinecke & Oliver, 2017). Viele Studien weisen Limitationen in der Messung, Operationalisierung und Auswertung auf (Keles et al., 2020). Aufgrund der großen gesellschaftlichen Brisanz des Themas werden Nicht-Zusammenhänge zwischen der Nutzung sozialer Medien und dem Wohlbefinden zuweilen als ein Beleg für die Gefahrlosigkeit der Angebote interpretiert, oder aber, wenn diese Zusammenhänge gefunden werden, die Studien populistisch als Trittbrett für die Verdammung sozialer Medien verwendet (Wolf, 2019). Abseits dieser Extrempositionen wird intensiv an der Nuancierung funktionaler und dysfunktionaler Nutzungsmuster gearbeitet und wir hoffen, in diesem und in anderen Abschnitten des Buches (▶ Kap. 3.4, ▶ Kap. 4.2, ▶ Kap. 5.3, ▶ Kap. 5.7) das Interesse für dieses spannende Forschungsfeld wecken zu können.

Zusammenfassung

Die hier vorgestellten Modelle adressieren die Frage, wie Menschen computervermittelt kommunizieren, wie bzw. ob sich ihre Kommunikation von der persönlichen FtF-Kommunikation unterscheidet und welche Wirkungen sie auf zentrale psychologische Prozesse haben. Modelle wie das HPM und das SIDE bringen sozio-emotionale Dimensionen und Voraussetzungen der Medien miteinander in Zusammenhang und stellen eine Erweiterung der frühen Ansätze reduzierter sozialer Hinweisreize dar. Das HPM besagt, dass Menschen sich computervermittelt selektiv präsentieren und dass ihre Selbstdarstellung auf die eigene Identität rückwirken kann, wenn sie von anderen positiv verstärkt wird. Das SIDE nimmt an, dass visuelle Anonymität und die Salienz der sozialen Identität Verhaltenstendenzen in Gruppen beeinflussen können. Aktuelle Forschung widmet sich psychologischen Prozessen der Internetnutzung. Dabei werden sowohl positive als auch negative Auswirkungen dieser Prozesse beleuchtet. Im Vordergrund der CvK-Forschung steht der Vergleich der computervermittelten und der FtF-Kommunikation. Aktuelle Fragestellungen betrachten FtF-Kommunikation und CvK immer mehr als integrierte Formen der Kommunikation, da sie bei der täglichen Kommunikation und vor allem im Hinblick auf ihre Wirkungen auf psychologische Prozesse kaum noch voneinander zu trennen sind.

Literaturempfehlungen

Bayer, J. B., Triệu, P. & Ellison, N. B. (2020). Social media elements, ecologies, and effects. *Annual Review of Psychology*, 71, 471–497. https://doi.org/10.1146/annurev-psych-010419-050944

Spears, R. & Postmes, T. (2015). Group identity, social influence, and collective action online – Extensions and applications of the SIDE model. In S. Sundar (Ed.), *The handbook of the psychology of communication technology* (pp. 23–46). John Wiley & Sons.

Sundar, S. (2015). *The handbook of the psychology of communication technology.* John Wiley & Sons.

Trepte, S. (2020). The social media privacy model: Privacy and communication in the light of social media affordances. *Communication Theory.* https://doi.org/10.1093/ct/qtz035

Walther, J. B. (2011). Theories of computer-mediated communication and interpersonal relations. In M. L. Knapp & J. A. Daly (Eds.), *The SAGE handbook of interpersonal communication* (pp. 443–479). SAGE Publications.

Walther, J. B., Van Der Heide, B., Ramirez, A., Burgoon, J. K. & Peña, J. (2015). Interpersonal and hyperpersonal dimensions of computer-mediated communication. In S. Sundar (Ed.), *The handbook of the psychology of communication technology* (pp. 3–22). John Wiley & Sons.

Fragen zur Selbstüberprüfung

1. Definieren Sie Kommunikation und CvK und grenzen Sie diese voneinander ab.
2. Definieren Sie synchrone CvK und asynchrone CvK und grenzen Sie diese voneinander ab. Was ist dabei die Besonderheit?
3. Nennen und erläutern Sie die Paradigmen der CvK.
4. Nennen und erläutern Sie die Affordanzen der CvK.
5. Beschreiben Sie das Hyperpersonal Model und erläutern Sie, warum die CvK hyperpersönlich werden kann.
6. Beschreiben Sie die Bedeutung von In-Group und Out-Group innerhalb des SIDE-Modells.

7. Nehmen Sie kritisch Stellung zum SIDE-Modell. Welches sind die zentralen Annahmen und welche Herausforderungen stellen sich hier im Hinblick auf die CvK?
8. Erläutern Sie, inwiefern die Prozesse der Selbstoffenbarung und Selbstdarstellung mit der Bildung von sozialen Beziehungen zusammenhängen.
9. Erläutern Sie Sozialkapital und soziale Unterstützung und nennen Sie Prozesse, die das Sozialkapital steigern können.
10. Definieren Sie Privatheit und erläutern Sie die Besonderheiten der Privatheit in der CvK.
11. Nehmen Sie kritisch Stellung zum sogenannten Sharenting und überlegen Sie, welche Motive und Beweggründe Eltern für das Sharenting haben könnten.

7 Mensch-Computer-Interaktion

Die Mensch-Computer-Interaktion (MCI) findet anhand von virtuell (z. B. Agenten oder Avatare) und physisch (z. B. Roboter) repräsentierten Entitäten statt. Solche Entitäten können uns im Alltag helfen, indem sie uns Fragen beantworten oder uns bei der Umsetzung von bestimmten Aufgaben oder Tätigkeiten unterstützen (z. B. Sprachassistenten wie Alexa, Siri oder Google Home). Bei der technischen Entwicklung und Implementierung dieser artifiziellen, also künstlichen Entitäten wird auf psychologische Erkenntnisse zurückgegriffen, um sie möglichst intuitiv bedienbar zu machen. Ihre Wirkung auf uns Menschen wird ebenfalls unter Zuhilfenahme von psychologischen Erkenntnissen evaluiert. Die MCI befasst sich im Speziellen damit, wie Menschen mit artifiziellen Entitäten interagieren und wie sie sich dabei fühlen. Wir werden zunächst zentrale Entitäten der MCI vorstellen (▶ Kap. 7.1) und anschließend etablierte Theorien und Modelle der MCI skizzieren (▶ Kap. 7.2). In der MCI wird untersucht, ob Handlungsskripte der Mensch-Mensch-Interaktion (MMI) auf die MCI übertragen werden können, oder ob neue Verhaltensskripte für die MCI entwickelt werden (▶ Kap. 7.3). Dafür wird geprüft, ob klassische psychologische Paradigmen auch in Bezug auf artifizielle Entitäten gelten. Abschließend widmen wir uns der Gestaltung und Wirkung artifizieller Entitäten. Dabei skizzieren wir auch, welche Herausforderungen die MCI mit sich bringt (▶ Kap. 7.4).

7.1 Entitäten der MCI

In der *Mensch-Computer-Interaktion (MCI)* werden Computer, Maschinen und Technologien vorrangig als Quelle der Kommunikation verstanden. Demnach befasst sich die medienpsychologische Forschung rund um die MCI mit der Interaktion zwischen Menschen und Computern, bzw. mit *artifiziellen Entitäten*, welche durch den Computer oder die Technologie repräsentiert werden. Im Gegensatz dazu steht bei der computervermittelten Kommunikation (▶ Kap. 6) die computervermittelte Interaktion von Menschen im Vordergrund. Ein Bereich, welcher sowohl in der CvK- als auch in der MCI-Forschung beheimatet ist, ist die Interaktion mit Avataren. Denn Avatare werden im Gegensatz zu virtuellen Agenten von Menschen gesteuert.

Um die einzelnen Anwendungsbereiche der MCI besser voneinander unterscheiden zu können und somit ein grundlegendes Verständnis für die MCI-Forschung zu schaffen, werden nachfolgend verschiedene virtuelle (Avatare, Agenten) und physische (Roboter, smarte Technologien) Entitäten, mit denen die Kommunikation zwischen Mensch und Technologie umgesetzt werden kann, definiert.

> **Definitionen**
>
> *Avatare* sind von Menschen gesteuerte virtuelle Entitäten, welche den Menschen in einer virtuellen Umgebung repräsentieren und mit anderen Avataren, also anderen Menschen, interagieren können (Soliman & Guetl, 2010).
>
> *Agenten* sind computergesteuerte, virtuell repräsentierte Entitäten. Im Gegensatz zu Avataren werden sie nicht von Menschen, sondern von Computern gesteuert (Straßmann, 2019).
>
> *Soziale Roboter* sind computergesteuerte, physisch repräsentierte Maschinen, welche mit Menschen kommunizieren können und außerhalb von virtuellen Realitäten eingesetzt werden (Fong et al., 2003).

> *Smarte Technologien* sind computergesteuerte, physisch repräsentierte Technologien. Sie können die Umwelt mithilfe von Sensoren wahrnehmen bzw. »einlesen«, auf diese reagieren und mit Menschen interagieren (Marikyan et al., 2019). Dies können Sprachtechnologien (z. B. Alexa, Siri), tragbare Geräte (z. B. Uhren, Fitnesstracker), smarte Haushaltsgeräte (z. B. Staubsauger-Roboter) oder *Smart Home*-Technologien (Vernetzung ambienter, also in den persönlichen Raum integrierter Technologien im Haushalt) sein.

MCI kann also sowohl mit virtuellen als auch mit physisch repräsentierten Entitäten stattfinden. Bevor wir die verschiedenen Entitäten aus psychologischer Perspektive betrachten, möchten wir auf ihre Gestaltung eingehen. Wir beziehen uns hierbei speziell auf die Gestaltung von Robotern und Agenten.

Um den »Human-Likeness Score« von Robotern zu ermitteln, also um einschätzen zu können, wie menschenähnlich einzelne Roboter sind (▶ Abb. 7.1), baten Philipps et al. (2018) 1 059 Personen darum, 50 Roboter anhand vorgegebener Kategorien in Bezug auf ihre Menschlichkeit zu bewerten. Dies taten sie zum Beispiel dahingehend, ob die Roboter ein Gesicht, einen Kopf oder einen Torso haben. Die Autor:innen ermittelten vier Dimensionen zur Einschätzung der Ähnlichkeit zwischen Roboter und Mensch: Oberflächliche Erscheinung, Körperteile, Gesichtsmerkmale und Bewegung. Anhand dieser Dimensionen ist es möglich, den Human-Likeness Score von verschiedenen Robotern zu ermitteln. Zu diesem Zweck stellen die Autor:innen eigens eine Website zur Verfügung (http://abotdatabase.info/), auf der man anhand einer interaktiven Visualisierung, mithilfe der vier Dimensionen und des Human-Likeness Scores, verschiedene Repräsentationen von Robotern abrufen kann. Diese Sammlung und Kategorisierung von über zweihundert Robotern ermöglicht es Forscher:innen, eigene Stimulusmaterialien zu finden, einzuordnen und ihre Wirkung zu verstehen.

Straßmann (2019) nahm eine Kategorisierung verschiedener Gestaltungsmöglichkeiten virtueller Agenten vor (▶ Abb. 7.2). Dabei unterscheidet die Autorin zwischen den folgenden Kategorien: Spezies bzw. Verkörperung, Realismus, Dimension (2D/3D) und Spezifikation. Diese

7.1 Entitäten der MCI

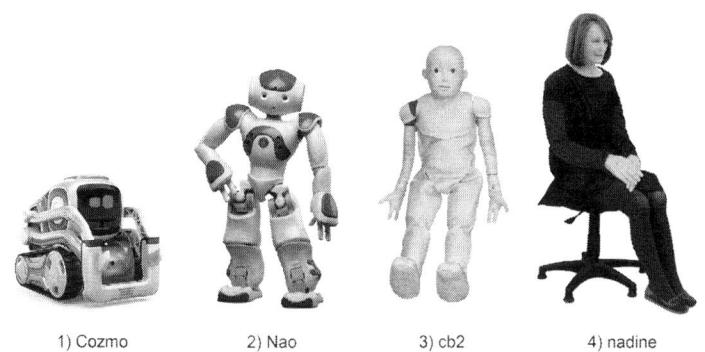

1) Cozmo   2) Nao   3) cb2   4) nadine

Abb. 7.1: Roboter mit verschiedenen Erscheinungsformen und zunehmendem »Human-Likeness Score« (HLS; Philipps, Zhao, Ullman & Malle, 2018): 1) Cozmo (HLS 0-25), 2) Nao (HLS 25-50), 3) cb2 (HLS 50-75), 4) nadine (HLS 75-100) (entnommen aus: ABOT. The Anthropomorphic Robot Database. Verfügbar unter: http://abotdatabase.info/)

Kategorien bieten Gestaltungsmöglichkeiten, welche letztlich das konkrete Aussehen eines Agenten ausmachen. Solche Agenten, welche einer Verkörperung unterliegen, können sowohl als statisches Bild als auch als dynamische Animation dargestellt werden. Diese verkörperten Agenten können einen Menschen, ein Tier, einen Roboter, ein Objekt, oder eine mystische Kreatur repräsentieren (Spezies). Je nach Stilisierung (natürlich vs. stilisiert), Detailgrad (detailliert vs. simplifiziert) und Auflösung (hohe vs. geringe Auflösung) können die Agenten in unterschiedlichen Realismusgraden dargestellt werden. Dies kann entweder in einem zwei- oder dreidimensionalen Raum geschehen. Die finale Spezifizierung kann anhand von soziodemografischen Merkmalen (z. B. Geschlecht, Alter, Ethnizität), Styling-Elementen (z. B. Kleidung, Frisur, Make-Up, Accessoires) oder Charakteristiken des Körpers (z. B. Größe, Gewicht, Hautfarbe) umgesetzt werden (Straßmann, 2019). Dabei beeinflussen die einzelnen Kategorien die Möglichkeiten der Spezifizierung und finalen Ausgestaltung: Je nachdem, ob es sich z. B. um einen Agenten in Form eines Tieres oder Menschen handelt, können unterschiedliche Spezifizierungen vorgenommen werden (z. B. Fellstruktur vs. Hautfarbe). Die gewählte Spezies und die nachgeordnete Ausgestaltung eines Agenten bestimmen den Realismusgrad und haben damit einen entscheidenden Einfluss darauf, wie die Agenten von Nutzer:innen wahrgenommen werden und wie sie mit ihnen interagieren.

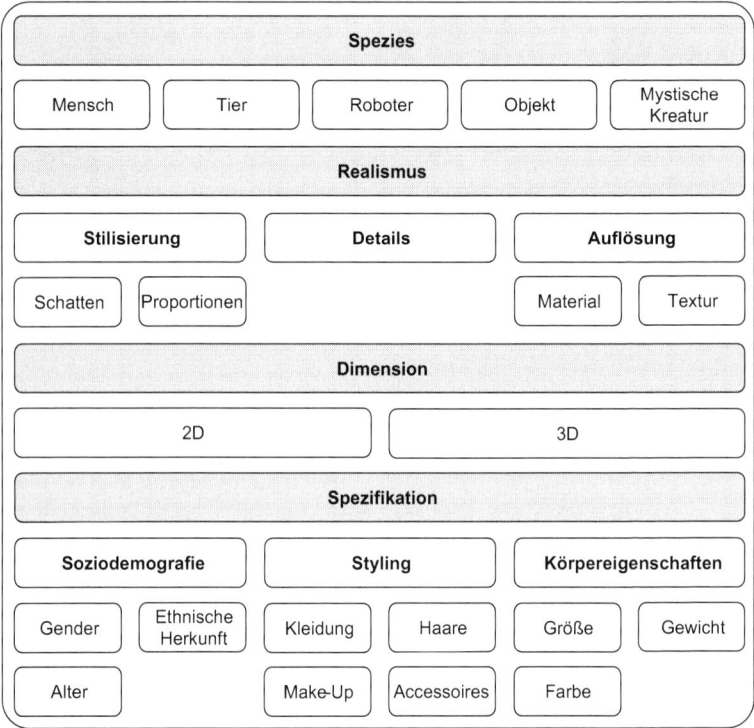

Abb. 7.2: Die Kategorisierung verschiedener Gestaltungsmöglichkeiten von virtuellen Avataren (Quelle: Straßmann, 2019, S. 35; eigene Übersetzung)

Anhand der Beispiele und Definitionen wird deutlich, dass diese artifiziellen Entitäten und ihre Anwendungsbereiche durch sehr unterschiedliche Funktionalitäten und Charakteristiken geprägt sind. Sie können in ihrer Erscheinungsform stark variieren: Sie können menschenähnlich gestaltet sein oder auch die Gestalt eines Tieres oder Objektes annehmen. Genau deswegen ist es wichtig, die Wirkung unterschiedlicher Gestaltungen und Verkörperungen solcher Entitäten aus psychologischer Perspektive zu betrachten. Je nach Anwendungsbereich und persönlicher Erfahrung der Anwender:innen können diese Merkmale unterschiedliche Wirkungen erzielen und spezifische Interaktionen hervorbringen. Jede Funktion bringt darüber hinaus spezifische technische, gesellschaftliche, ethische oder privatheitsrelevante Herausforderungen in der Implementierung, Bereitstellung, Nutzung und Erforschung der MCI mit sich (Cowie, 2015; Stephanidis et al., 2019).

Affective Computing ist ein Beispiel für eine sensible Mensch-Computer Interaktion. Affective Computing bedeutet, dass eine technologische Entität die Emotionen von Nutzer:innen durch Gesichtserkennung oder Erkennung der Körperhaltung annäherungsweise erfassen und auf diese reagieren kann (Brigham, 2017). Im therapeutischen Kontext kann ein Roboter zudem die Rolle eines sozialen Assistenten bzw. einer sozialen Assistentin einnehmen oder als zusätzliches Werkzeug für den Erfolg der Therapie herangezogen werden (Fosch-Villaronga & Albo-Canals, 2019). Artifizielle Entitäten werden ebenso als Assistent:innen im industriellen Kontext evaluiert. Forscher:innen sind z. B. daran interessiert, wie die Interaktion zwischen Robotern und Menschen in der Industrie gestaltet sein muss, um zufriedenstellend und effizient zu sein. Arntz et al. (2020) zeigen mit einer Studie, die sie mit 80 Teilnehmer:innen in einer virtuellen Umgebung (Virtual Reality) durchführten, dass die Zufriedenheit mit der Interaktion mit einem industriellen Roboterarm von der kommunikativen Funktionalität dieses Roboters bzw. Roboterarms abhängen kann. Roboterarme werden z. B. bei der Produktion von Automobilen herangezogen, um bestimmte Arbeitsschritte präzise auszuführen. In der genannten Studie wurde die Interaktion mit einem Roboterarm, welcher sich für die Teilnehmer:innen nachvollziehbar verhielt (durch Zusatzinformationen, Lichtsignale und angekündigte Bewegungen), als weniger stressig und negativ wahrgenommen, als die Interaktion mit einem Roboterarm ohne diese Funktionalitäten. Zudem war die wahrgenommene Kommunikationsqualität zwischen Mensch und Maschine höher, wenn die Teilnehmer:innen mit einem kommunikativ angereicherten Roboterarm (anstatt mit einem Roboterarm ohne die genannten Funktionen) interagierten (Arntz et al., 2020).

Um die Besonderheiten der Interaktionen und mögliche Herausforderungen besser einschätzen zu können, soll zunächst geklärt werden, wie wir Menschen diese artifiziellen Entitäten wahrnehmen. Dafür stellen wir nachfolgend Ansätze und Theorien der MCI-Forschung vor.

7.2 Modelle der MCI

Wir stellen zunächst die Ansätze vor, die von Computern als sozialen Akteur:innen ausgehen: *Media Equation* und *Computers as Social Actors*. Anschließend werden Modelle zur konkreten Differenzierung, ob Computer als Quelle oder als Medium angesehen werden sollten, gegenübergestellt: *Computer as Source* und *Computer as Medium*.

Media Equation Theory
Media Equation leitet sich von »media equals life« ab (Krämer et al., 2015). »Equation« weist darauf hin, dass Menschen Computer und ihre Mitmenschen vergleichbar behandeln. Reeves und Nass (1996) und weitere Vertreter:innen dieses Ansatzes argumentieren, dass Menschen nur eine eingeschränkte Fähigkeit besitzen, zwischen realen und künstlichen Repräsentationen zu unterscheiden. Deswegen reagieren sie auch auf letztere sozial. Um diese sozialen Reaktionen erklären zu können, verwenden Nass und Moon (2000) den Begriff »ethopoeia«. Dieser Begriff beschreibt, dass Menschen gedankenlos (»mindless«) und unbewusst in sozialer Weise auf artifizielle Entitäten reagieren, obwohl sie wissen, dass diese keiner sozialen Behandlung bedürfen. Diese Reaktionen fallen mit zunehmenden sozialen Reizen, welche von der artifiziellen Entität ausgesendet werden, stärker aus (»revised version of ethopoeia«; Krämer et al., 2015).

Computers as Social Actors
Der Computers as Social Actors-Ansatz (CASA; Nass & Moon, 2000; Nass et al., 1997) besagt ebenso, dass Menschen artifiziellen Entitäten

mit menschlichen Verhaltensweisen begegnen. Der Ansatz entspringt der Media Equation Theory (Reeves & Nass, 1996). Nutzer:innen reagieren laut CASA während der MCI automatisch, anstatt sich aktiv damit auseinanderzusetzen, ob sie dem Computer anders begegnen sollen als einem Menschen (Fox et al., 2015). Der CASA-Ansatz fokussiert sich im Gegensatz zur ursprünglichen Media Equation Theory noch stärker auf konkrete Bedingungen, unter denen artifizielle Entitäten ähnlich zu Menschen wahrgenommen werden (z. B. kommunikative Fähigkeiten; Gambino et al., 2020). Es können allerdings nur Technologien mit dem CASA-Ansatz erklärt werden, die ausreichend soziale Schlüsselreize aussenden, denn nur auf diese wird laut CASA sozial reagiert (Gambino et al., 2020).

Computer as Source und *Computer as Medium*
Die Modelle Computer as Source (CAS) und Computer as Medium (CAM) wurden von Sundar und Nass (2000) zur weiteren Unterscheidung etabliert, wann Computer als Menschen oder als technische, von Algorithmen gesteuerte Systeme angesehen werden (Klowait, 2018). Das *CAS-Paradigma* beinhaltet, dass Menschen Computern ein gewisses Maß an Individualität und Selbststeuerung zuschreiben und deshalb auf diese ebenso wie auf Menschen reagieren. Attributionen werden demnach direkt auf die artifizielle Entität gerichtet, mit der man interagiert. Programmierer:innen oder andere Menschen, die mit der Steuerung der Entität betraut sind, seien für die Nutzer:innen der Technologie irrelevant (Sundar & Nass, 2000; Klowait, 2018).

Das *CAM-Paradigma* besagt hingegen, dass Attributionen auf die Programmierer:innen gerichtet werden und der Computer vor allem als Medium verstanden wird, das zwischen Nutzer:innen und anderen Personen, die für die Bereitstellung der Inhalte und Technik verantwortlich sind, vermittelt. Laut CAM kann die Interaktion zwischen Mensch und artifizieller Entität also ähnlich zur CvK (▶ Kap. 6) verstanden werden, da die Technologie hier letztlich als Vermittler zwischen Mensch und Mensch angesehen wird (Klowait, 2018).

Sundar und Nass (2000, S. 688) fassen zusammen: »In sum, the CAS model argues that users think too little about the computer as a machine, whereas the CAM model argues that users think beyond the computer to the programmer«. Sundar und Nass (2000) sprechen sich klar für den CAS- und gegen den CAM-Ansatz aus, da in ihren eigenen Studien der CAS-Ansatz gestützt wurde (Sundar & Nass, 2000; Klowait, 2018).

Die dargelegten Erklärungsansätze werden von zahlreichen Forscher:innen herangezogen, um Verhaltensweisen von Nutzer:innen in der MCI zu erklären. Dabei werden meist solche Situationen betrachtet, die sowohl in der MCI als auch in der *Mensch-Mensch-Interaktion (MMI)* vorkommen können. Beispielsweise wird ein Gespräch zwischen Menschen mit einem Gespräch zwischen Mensch und Maschine verglichen. Dabei wird analysiert, inwiefern sich die Reaktionen der Menschen auf andere Menschen oder auf artifizielle Entitäten ähneln oder unterscheiden. Aktuelle Forschung, wie die nachfolgende Beispielstudie, vergleicht demgegenüber aber auch typische MCI-Situationen mit solchen Situationen, die in der Interaktion zwischen Menschen eher untypisch sind. Dabei stützt sie sich auf die Annahmen der Media Equation Theory und untersucht, wie Menschen in einer Interaktion mit einem Roboter reagieren, wenn dieser nach einer Interaktion ausgeschaltet werden soll.

Beispielstudie

Media Equation? (Horstmann et al., 2018)
Horstmann et al. (2018) untersuchten Media Equation-Annahmen für Situationen, welche in der MMI unüblich, in der MCI jedoch üblich sind, nämlich das Ausschalten der Interaktionspartnerin bzw. des Interaktionspartners nach einer Interaktion. Dafür setzten sie ein 2x2-between-subjects-Laborexperiment mit insgesamt 85 Teilnehmer:innen um, welche unter verschiedenen Bedingungen mit dem Roboter Nao (▶ Abb. 7.1) interagierten. Die experimentellen Bedingungen unterschieden sich in Bezug auf die Art der Interaktion (sozial/funktional) und dahingehend, ob Nao gegen das Ausschalten protestierte, oder nicht (Protest/kein Protest). Die Teilnehmer:innen sollten anhand von zwei verschiedenen Aufgaben mit Nao interagieren. Zum einen wurde gemeinsam mit Nao ein Wochenplan mit verschiedenen Aktivitäten erstellt (z. B. Arbeiten oder Schwimmenge-

hen). Zum anderen wurde ein Frage-Antwort-Spiel umgesetzt, in dem Nao die Teilnehmer:innen beispielsweise fragte, ob sie Pizza oder Nudeln präferieren. Die Antworten von Nao unterschieden sich jeweils darin, ob er sozial oder funktional reagierte. Die sozialen Antworten beinhalteten Aussagen mit einem höheren Maß an Selbstoffenbarung, Humor, geteiltem Wissen oder Emotionen (z. B. »Oh ja, Pizza ist toll! Ich habe mal eine Pizza gegessen, die so groß war, wie ich!«), während funktionale Antworten eine geringe Ausprägung der genannten Konzepte aufwiesen (z. B. »Du bevorzugst Pizza. Das hat gut funktioniert. Fahren wir fort.«). Nach der Interaktion erfuhren die Teilnehmer:innen von der Versuchsleitung, dass sie den Roboter nun ausschalten könnten (aber nicht müssten). Je nach experimenteller Bedingung wehrte sich Nao verbal gegen das Ausschalten (»Nein, bitte schalt' mich nicht aus. Ich habe Angst, dass es gar nicht mehr hell wird!«) oder nicht. In Anlehnung an die Media Equation-Annahme sollte Nao besonders bei einer hohen Anzahl sozialer Schlüsselreize (hier z. B. Humor oder Emotion) eher als sozialer Akteur bzw. soziale Akteurin und weniger als funktionales Objekt wahrgenommen werden und beeinflussen, ob die Teilnehmer:innen Nao ausschalteten und wie sie ihn bewerteten. Die Ergebnisse zeigten, dass Nao weniger häufig ausgeschaltet wurde, wenn er gegen das Ausschalten protestierte. Interessanterweise zögerten die Teilnehmer:innen jedoch länger, wenn sie in der funktionalen (anstatt in der sozialen) experimentellen Bedingung waren. Die Forscher:innen erklären sich dieses unerwartete Ergebnis damit, dass sich ein Widerspruch zwischen der vorherigen funktionalen Interaktion und der plötzlichen autonomen sozialen Reaktion von Nao ergab, welcher von den Teilnehmer:innen zunächst kognitiv verarbeitet und verstanden werden musste. Die durch die funktionale Interaktion gebildeten Erwartungen an den Roboter entsprachen nicht der autonomen Reaktion von Nao. Ohne den Protest wäre das Ausschalten keine kognitiv anstrengende oder überraschende Aufgabe, sondern vergleichbar mit der möglicherweise bekannten Situation des Ausschaltens einer smarten Technologie wie Siri oder Alexa gewesen. Trotzdem bewerteten die Teilnehmer:innen Nao weniger positiv und waren weniger gestresst, wenn sie ihn ausschalteten, wenn dieser mit ihnen zuvor funktional interagierte. Interagierte Nao sozial mit den Teilnehmer:innen, bewerteten sie ihn positiver und empfanden mehr Stress, wenn sie ihn ausschalteten. Die Forscher:innen schlussfolgern, dass die Personen, die Nao positiver bewerteten, eine soziale Verbindung mit ihm aufbauten, wodurch das Ausschalten als emotionale Belastung empfunden wurde. Die Forscher:innen zeigten, dass Media Equation auch für Interaktionssituationen gilt, die in der MCI typisch, in der MMI jedoch untypisch sind. Das autonome Verhalten des Roboters (Protest gegen das Ausschalten) induzierte soziale Verhaltensweisen der Teilnehmer:innen des Experiments (nicht Ausschalten, Mitleid). Nao wurde also als sozialer Akteur bzw. soziale Akteurin anstatt als funktionales Objekt wahrgenommen.

Wie unsere Beispielstudie zeigt, ist die Interaktion zwischen Mensch und Technologie eine ganz besondere Art der Kommunikation mit interessanten psychologischen Implikationen. Im nächsten Abschnitt werden wir uns intensiver der großen medienpsychologischen Herausforderung widmen, ob Roboter wie Nao eher soziale Akteur:innen oder funktionale Objekte sind.

7.3 Artifizielle Entitäten als soziale Akteur:innen oder funktionale Objekte?

In der bisherigen Forschung zur Interaktion zwischen Mensch und Computer haben sich zwei grundlegende Positionen herauskristallisiert, denen wir uns nun widmen. Vertreter:innen der ersten Position verstehen artifizielle Entitäten als soziale Akteur:innen (vgl. Beispielstudie in ▶ Kap. 7.2). Vertreter:innen der zweiten Position verstehen Computer als funktionale Objekte.

7.3 Artifizielle Entitäten als soziale Akteur:innen oder funktionale Objekte?

Position 1: Artifizielle Entitäten als soziale Akteur:innen
Wenn Menschen bei Computern (unbewusst) menschliche oder menschenähnliche Eigenschaften wahrnehmen, reagieren sie auf diese ähnlich wie auf Menschen. In diesem Fall können grundlegende sozialpsychologische Erkenntnisse der Mensch-Mensch-Interaktion auf die Mensch-Computer-Interaktion übertragen werden. Wissenschaftler:innen (z. B. Krämer et al., 2012; Krämer et al., 2015; Krämer & Manzeschke, 2021) resümieren, dass es kaum möglich sei, unbeeinflusst von den Verhaltensmustern der MMI mit einer artifiziellen Entität zu kommunizieren. Sie nehmen an, dass Menschen sich immer auf die Erfahrungen mit Menschen berufen, wenn sie mit Maschinen kommunizieren.

Soziale Verhaltensmuster in der MCI können allgemein als »[...] people's display of emotional, cognitive and behavioral manners when a machine is present« (Krämer et al., 2018, S. 5) verstanden werden. In zahlreichen Interaktionssituationen zwischen Mensch und artifizieller Entität konnten bereits typisch soziale Verhaltensmuster beobachtet werden, wie z. B. höfliche Reaktionen auf einen Agenten oder Roboter (Überblick in Krämer et al., 2015). Um das Aufkommen solcher und ähnlicher sozialer Verhaltensmuster besser erklären zu können, zogen Krämer et al. (2012) etablierte Kommunikationstheorien der Sozialpsychologie heran. Wir werden hier das Perspective Taking (Krauss & Fussell, 1991) und die Common Ground Theory (Clark, 1992) aufgreifen.

Der Ansatz des Perspective Taking besagt, dass die Fähigkeit der Perspektivübernahme von Gesprächspartner:innen eine zentrale Voraussetzung für eine erfolgreiche Kommunikation zwischen Menschen darstellt (Krauss & Fussell, 1991). In der MMI kann dies unter anderem durch Empathie und emotionale Intelligenz erreicht werden. In der MCI ist dies jedoch schwieriger: Grundlegendes Wissen, welches für das Antizipieren der menschlichen Bedürfnisse herangezogen werden muss, kann zwar in die Maschine implementiert werden (z. B. zeitliche Abstände, in denen ein Mensch von einem Agenten oder Roboter an eine Medikamenteneinnahme erinnert werden soll). Die Umsetzung des entsprechenden »Verhaltens« basiert dann jedoch nicht auf Empathie und emotionaler Intelligenz, sondern auf einem zuvor festgelegten Skript. Die technische Implementierung ermöglicht es künstlichen Entitäten auch ohne Empathie, insbesondere im Bereich des Affective Computings, unsere Emotionen zu erkennen und darauf zu reagieren (▶ Kap. 7.1; Calvo et al., 2015; Picard, 1997). Teilnehmer:innen einer Interview-Studie sagten sogar explizit, dass sie von einem Roboter keine emotionalen oder empathischen Gefühle erwarten würden und dass ein Roboter lediglich das tut, was durch den Menschen vorbestimmt, also programmiert wurde (Horstmann & Krämer, 2019).

Die Common Ground Theory (Clark, 1992) postuliert, dass Kommunizierende gemeinsame Grundvoraussetzungen für eine Interaktion haben. Ein Kommunikator bzw. eine Kommunikatorin geht davon aus, dass die Gesprächspartnerin oder der Gesprächspartner ein vergleichbares Set an Basiswissen (z. B. über Kommunikationsregeln, Normen, grundlegende Informationen zu einem Thema) hat und kann in der Kommunikation darauf aufbauen. In der MCI mangelt es den artifiziellen Entitäten in den meisten Fällen jedoch an menschlichen Erfahrungswerten und den Menschen an ausreichender Erfahrung mit artifiziellen Entitäten, wodurch die Erreichung eines gemeinsamen Basiswissens erschwert wird (Krämer et al., 2012; Krämer & Manzeschke, 2021). Dennoch verhalten sich Menschen, die mit einer artifiziellen Entität agieren, sozial. Teilnehmer:innen eines Laborexperiments reagierten mit Lachen und Lächeln auf die Berührung des Roboters Nao (Hoffmann, 2017) oder offenbarten sich gegenüber Nao, wenn dieser zuvor menschenähnliches nonverbales Verhalten zeigte (Rosenthal-von der Pütten et al., 2018). Ein Grund für diese sozialen Verhaltensmuster ist, dass die artifizielle Entität soziale Schlüsselreize aussendet, auf die der Mensch in Anlehnung an habitualisierte und internalisierte Reaktionsmuster der MMI reagiert. Soziale Reaktionen auf soziale Schlüsselreize artifizieller Entitäten bedeuten im Umkehrschluss jedoch nicht, dass das Verhalten zwischen Mensch und Technologie mit dem Verhalten zwischen Menschen vollends gleichzusetzen ist (Krämer & Manzeschke, 2021).

Über diese beiden theoretischen Ansätze hinaus wurden weitere psychologische Erklärungsansätze für das Aufkommen sozialer Reaktionen in der MCI vorgeschlagen (z. B. Guzman & Lewis, 2020; Hoffmann, 2017; Peter & Kühne, 2018). Krämer et al. (2015) fassen drei Erklärungen zusammen:

7.3 Artifizielle Entitäten als soziale Akteur:innen oder funktionale Objekte?

Erstens, Menschen haben wenig Erfahrung mit der Interaktion mit artifiziellen Entitäten oder sie verfügen über geringe kognitive Ressourcen. Deshalb seien sie weniger dazu in der Lage, zu verstehen, dass sie mit einer Maschine anstatt mit einem Menschen interagieren. Erfahrene Menschen könnten hingegen zwischen Mensch und Maschine unterscheiden und würden somit vermutlich eher nicht mit sozialen Verhaltensweisen reagieren. Man unterscheidet dahingehend konkret zwischen unangemessener (»impropriety«) und defizitärer (»deficiency«) Reaktion auf artifizielle Entitäten. Wenn Menschen sich darüber bewusst sind, dass sie mit einem Agenten oder einem Roboter kommunizieren, und trotzdem mit Handlungsskripten der MMI antworten, spricht man von impropriety, da die Reaktion in diesem MCI-Kontext eigentlich unangemessen ist. Sind sich Menschen hingegen nicht dessen bewusst, dass sie mit einer artifiziellen Entität interagieren (z. B. aufgrund mangelnden Wissens oder kognitiver Einschränkungen), spricht man von deficiency, also von defizitärem Handeln (Sundar & Nass, 2000; Klowait, 2018).

Zweitens, Menschen verhalten sich unbewusst sozial. Diese Perspektive geht mit der CASA-Annahme einher und wird z. B. dadurch gestützt, dass sich Teilnehmer:innen experimenteller MCI-Studien im Anschluss an die Untersuchung teilweise nicht mehr an ihre eigenen sozialen Reaktionen erinnern können. Selbst wenige soziale Reize können ein soziales Verhalten triggern. In der Interaktion mit einem Agenten zeigten Teilnehmer:innen eines Experiments unbewusstes Mimikry-Verhalten, also Nachahmen, als Reaktion auf ein Lächeln des Agenten, indem sie ebenfalls lächelten, ohne sich im Anschluss an das Experiment aktiv daran erinnern zu können (Krämer et al., 2013). Krämer et al. (2015) schlussfolgern daraus, dass eine soziale Reaktion stattgefunden hat. Solche und ähnliche soziale Reaktionen sind in der MMI nichts Ungewöhnliches, z. B. synchronisieren Menschen in Paaren oder Gruppen sogar ihre Bewegungen (Bente & Novotny, 2019). Die Reaktionen sind aber dafür umso interessanter, wenn sie in der MCI stattfinden.

Drittens, Menschen nehmen die artifizielle Entität als autonom und handlungsfähig wahr. Diese Perspektive geht von einem Schwellenwert des sozialen Einflusses (*Threshold Model of Social Influence*, TMSI; Blascovich et al., 2002) aus, der überschritten werden muss, damit man sozial auf eine künstliche Entität reagiert. Die Annahme des TMSI ist besonders im Kontext der vergleichenden Forschung zu Agenten vs. Avataren relevant (siehe Fox et al., 2015). Dieser Schwellenwert des sozialen Einflusses kann durch ein hohes Ausmaß eigener Handlungsmacht (»agency«) und/oder hohem Verhaltensrealismus (»behavioral realism«) überschritten werden (Blascovich et al., 2002; Nowak & Fox, 2018). Bei Avataren wird eine starke Handlungsmacht (agency) wahrgenommen, da sie von Menschen gesteuert werden. Dies führt dazu, dass Menschen Avatare als sozialen Einfluss wahrnehmen und sozial auf sie reagieren. Ein Agent übt automatisch geringere Handlungsmacht aus, da er computergesteuert ist. Deshalb reagieren Menschen nur dann sozial auf einen Agenten, wenn sie sein Verhalten als sehr realistisch wahrnehmen (behavioral realism). In einer Meta-Analyse von 32 Studien untersuchten Fox et al. (2015) in Anlehnung an Blascovich et al. (2002), ob es tatsächlich einen Unterschied macht, ob eine virtuelle Entität von einem Menschen (Avatar) oder von einem Computer (Agent) gesteuert wird, und inwiefern dies die wahrgenommene soziale Präsenz beeinflusst. Ihre Ergebnisse zeigen, dass Avatare einen größeren Einfluss auf das soziale Verhalten von Menschen haben als Agenten (Fox et al., 2015). Die Ergebnisse stützen die Annahme des sozialen Einflusses: Avatare können stärkere soziale Präsenz ausstrahlen als Agenten und somit einen größeren sozialen Einfluss ausüben. Dies zeigt sich zum Beispiel darin, dass Menschen beim Lösen einer Aufgabe schlechtere Leistungen erbringen, wenn Avatare (anstatt Agenten) anwesend sind, weil sie sich durch die Anwesenheit der Avatare (hohe agency) gehemmt fühlen (Fox et al., 2015; Hoyt et al., 2003).

Es wird also auch zukünftig weiter untersucht werden müssen, wie und ob sich die Wirkung von Avataren und Agenten unterscheidet und für welche Anwendungsbereiche welche Art der artifiziellen Entität sinnvoller erscheint. Je nach Kontext und Anwendungsfeld könnte auch eine hybride Form aus Agent und Avatar eingesetzt werden, bei der die positiven Eigenschaften der jeweiligen Entität kombiniert werden (z. B. semi-autonomer *teaching agent*; Fox et al., 2015). Uns erscheint auch denkbar, dass Menschen Agenten und Avatare als sozial wahrnehmen, weil sie es in diesem Moment einfach möchten und ganz bewusst entscheiden, dass die Interaktion mit »ihrem« Avatar oder Agenten einfach unterhaltsamer und angenehmer verläuft, wenn sie sich vorstellen, dass

7.3 Artifizielle Entitäten als soziale Akteur:innen oder funktionale Objekte?

dieser ein soziales Wesen ist. Schauen wir uns im Folgenden jedoch zunächst die zweite Position an.

Position 2: Artifizielle Entitäten als funktionale Objekte
Wenn der Computer als eigene, technologische Entität aufgefasst wird, entwickelt sich eine spezifische Mensch-Computer-Interaktion, die sich von der Mensch-Mensch-Interaktion unterscheidet. Einige Wissenschaftler:innen (z. B. Gambino et al., 2020) argumentieren, dass in der MCI differenzierte Mensch-Technologie-Handlungsskripte sozialisiert und verwendet werden, welche von der MMI abzugrenzen sind. Handlungsskripte können als Muster für bestimmte Verhaltensweisen verstanden werden, die es dem Menschen erleichtern, ohne hohen Aufwand auf wiederkehrende Situationen zu reagieren.

Gambino et al. (2020) postulieren, dass Ansätze zur Analyse der MCI, wie der CASA-Ansatz, überarbeitet und erweitert werden müssen. Menschen seien dazu in der Lage, Handlungsskripte für die Interaktion zwischen Mensch und artifizieller Entität zu entwickeln und anzuwenden und sich somit in der MCI von den Handlungsskripten der MMI zu lösen (Gambino et al., 2020). Diese Fähigkeiten seien insbesondere dadurch entstanden und gewachsen, dass die Menschen aufgrund des technologischen Fortschrittes und der immer häufigeren Konfrontation mit artifiziellen Entitäten mehr Erfahrungswerte sammeln konnten und diese für die Interaktion mit Agenten oder Robotern heranziehen können. Aus diesen Erfahrungswerten würden dann die neuen MCI-Handlungsskripte entstehen. Dabei verneinen die Autor:innen jedoch nicht, dass Menschen gedankenlos handeln (vgl. Annahmen zu Defiziten und unbewusstem Verhalten in der Position »Artifizielle Entitäten als soziale Akteur:innen«). Ganz im Gegenteil: Menschen handeln gedankenlos, aber wenden dabei die Handlungsskripte der MCI anstatt die der MMI an: »When humans are mindlessly interacting with media, they do not necessarily implement social scripts associated with human-human interactions as predicted by CASA. Instead, given a deeper and broader realm of experience, humans may implement scripts they have developed for interactions specific to media entities.« (Gambino et al., 2020, S. 72). Als beispielhaften Befund dafür, dass die Annahmen des CASA-Ansatzes nicht mehr gültig sind, nennen Gambino et al. (2020) eine Studie von

Serholt und Barendregt (2016). In dieser Studie wurde gezeigt, dass Kinder sich nach mehrmaliger Interaktion mit einem Roboter immer weniger sozial gegenüber dem Roboter verhielten, weniger mit ihm sprachen, weniger nickten und lächelten. Allerdings verschwanden diese Verhaltensweisen nicht vollkommen. Auch in der dritten Interaktion mit dem Roboter verhielten sich die Kinder noch sozial – wenn auch in geringerem Ausmaß. Straßmann (2019) zeigte in ihrer Langzeitstudie mit 75 Teilnehmer:innen sogar, dass sich die Beziehung zwischen einem Menschen und einem Agenten über vier Wochen hinweg verstärken kann: Je häufiger Teilnehmer:innen der Studie mit einem Agenten interagierten, desto näher fühlten sie sich dem Agenten. Gambino et al. (2020) fordern eine völlige Zurückweisung des CASA-Ansatzes: »Different expectations and responses to humans and media agents can serve as evidence to simply refute CASA; that is, we may not treat media agents like people« (S. 78). Dies erscheint jedoch aufgrund der empirischen Evidenzen für soziale und unbewusste Reaktionen auf artifizielle Entitäten nicht tragbar.

Welche der beiden Positionen in der Medienpsychologie vorherrschend ist, wird aktiv erforscht und diskutiert. Welcher Position können Sie sich persönlich eher anschließen? Wir möchten abschließend zwei Aspekte hervorheben, die den Widerstreit der Positionen vielleicht etwas aufklärt (Krämer et al., 2012). (1) Wenn es eine alternative Form der Kommunikation für die MCI geben würde, müssten Menschen diese Form der Kommunikation neu erlernen (oder bereits erlernt haben), um mit artifiziellen Entitäten kommunizieren zu können. Dies wäre mit sehr viel Aufwand verbunden und erscheint somit unrealistisch. (2) Selbst wenn Menschen diese Form der Kommunikation erlernen würden oder bereits erlernt hätten, wären sie in der direkten Interaktion dennoch beeinflusst von vorherigen Erfahrungen, erlernten Verhaltensmustern und Gewohnheiten. Dies würde dazu führen, dass Menschen in bestimmten Situationen immer noch ihre gewohnten Muster der MMI – wenn auch unbewusst – auf die MCI anwenden würden (Krämer et al., 2012; Krämer et al., 2015).

Die zwei dargestellten Positionen sind selbstverständlich idealtypische Vereinfachungen, die es uns hier in erster Linie ermöglichen, das

Forschungsfeld zu strukturieren. Für die MCI gilt ebenso wie für andere Bereiche der Medienpsychologie, dass vor allem die zunehmende Komplexität bei der Erforschung der Bedingungsgefüge und Kontexte viele Fragen beantworten wird. Das Verständnis der MCI und ihrer Modellierung sind beispielsweise maßgeblich von dem Ziel und der spezifischen Form der Interaktion zwischen Mensch und artifizieller Entität abhängig (Krämer et al., 2011; Krämer et al., 2015; Krämer & Manzeschke, 2021). Es macht zum Beispiel einen Unterschied, ob man eine längerfristige Beziehung mit einem Agenten (ähnlich einer parasozialen Beziehung) oder Roboter aufbauen möchte, oder ob nur eine einmalige Interaktion mit einer artifiziellen Entität stattfinden soll. Eine weitere wichtige Komponente stellt die Präsenz der artifiziellen Entität dar – physisch anwesende Roboter können aufgrund ihrer Präsenz ganz andere Reaktionen auslösen, als per Video repräsentierte Roboter. Straßmann et al. (2020a) konnten zum Beispiel zeigen, dass der Roboter Pepper menschlicher wahrgenommen wird, wenn er physisch anwesend ist, als wenn ein Video von ihm gezeigt wird (siehe »Soziale Funktionen«, ▶ Kap. 7.4). Je nach Verkörperung, Präsenz, Funktion oder Interaktionszeitraum kann es also sein, dass wir unterschiedliche Gedanken, Gefühle oder auch Anforderungen in Bezug auf die MCI entwickeln und die Interaktion mit einer artifiziellen Entität als mehr oder weniger vergleichbar mit der Interaktion von Mensch zu Mensch ansehen. Die Rolle der Gestaltung von artifiziellen Entitäten soll in dem nachfolgenden Abschnitt näher erläutert werden.

7.4 Gestaltung und Wirkung artifizieller Entitäten

Ausgehend von der Beobachtung, dass Menschen in bestimmter Weise auf Computer reagieren, stellt sich die Frage, wie genau die Gestaltung der artifiziellen Entitäten die Attributionen, Einstellungen oder Verhaltensweisen der Menschen beeinflussen kann. Nass et al. (1996) nannten bereits Mitte der 1990er Jahre Bedingungen für soziale Reaktionen auf Computer: Interaktivität, Sprache und das Erfüllen von Rollen, die normalerweise Menschen einnehmen. Ganz besonders intensiv untersucht werden die Wirkungen des Realismusgrades und sozialer Funktionen.

Realismusgrad
Je nach Gestaltung einer artifiziellen Entität können unterschiedliche Wirkungen und Reaktionen bei Menschen erzielt werden. Eine frühe Meta-Analyse zeigte bereits im Jahr 2007, dass menschenähnliche Entitäten mit einem hohen Realismusgrad bei subjektiver Messung (z. B. Selbstreport) eine stärkere soziale Wirkung erzielten, als Entitäten mit geringem Realismusgrad (Yee et al., 2007). Schauen wir uns nun einzelne Studien an, in denen der Realismusgrad variiert wurde.

Li et al. (2016) untersuchten den Einfluss der Gestaltung eines virtuellen Kommunikators (animierter Mensch/animierter Roboter) im Vergleich zu einem gefilmten realen menschlichen Kommunikator bzw. einem gefilmten physisch existierenden Roboter auf den Lernerfolg und die Einstellung der Lernenden in einem Online-Kurs. Auf der einen Seite zeigte sich ein größerer Lerneffekt bei Lernenden, wenn sie einen realen menschlichen Kommunikator in dem Online-Kurs sahen, als wenn sie einen animierten menschlichen Kommunikator sahen. Auf der anderen Seite konnte jedoch auch beobachtet werden, dass der Lerneffekt größer war, wenn ein animierter sozialer Roboter (Nao) anstelle eines gefilmten physisch existierenden Roboters die Rolle des Kommunikators übernahm. Es entsteht der Eindruck, dass der Mensch als Tutor in seiner realen Umgebung für die Lernenden eine sinnvollere Passung von Kommunikator und Kontext darstellte, als ein animierter Tutor in einer künstlichen Umgebung. Die Teilnehmer:innen konnten dem animierten Roboter eher die Vermittlerrolle »abkaufen« als dem gefilmten echten Roboter und lernten gern mit ihm. Animation und Roboter stellte also auch eine gute Passung dar. Insgesamt wurde dennoch beobachtet, dass die Einstellungen gegenüber dem menschlichen Kommunikator positiver ausfielen, als gegenüber einem Roboter-Tutor.

Schwind et al. (2017) variierten den Realismusgrad einer virtuellen Katze, um zu untersuchen, ob das sog. *Uncanny Valley* (Mori, 1970) auch für Tiere existiert. Das Uncanny Valley beschreibt, dass die Vertrautheit mit und die positive Reaktion auf eine artifizielle Entität zunächst mit ansteigendem Realismusgrad zunimmt, während an einem bestimmten Punkt des Realismusgrades ein starker Abfall in das »Tal« des Uncanny Valleys zu verzeichnen ist. Steigt der Realismusgrad dann weiter an, sodass die virtuelle Entität fast fotorealistisch ist, nehmen die wahrgenommene Vertrautheit und die positiven Reaktionen wieder zu. Tatsächlich konnten Schwind et al. (2017) zeigen, dass unrealistisch dargestellte und stilisierte Katzen als vertraut, Katzen mit einem höheren Realismusgrad hingegen als weniger vertraut wahrgenommen wurden (obwohl dieser Realismusgrad dem Realismusgrad derzeitiger Videospiele entsprach). Die Autor:innen bezeichnen diese Befunde als »valley of familiarity« (S. 54).

Stein und Ohler (2017) konnten zeigen, dass es in Bezug auf das Uncanny Valley einen Interaktionseffekt zwischen Agent bzw. Avatar und hoher bzw. niedriger Autonomie einer artifiziellen Entität gibt. Die 92 Teilnehmer:innen eines Experiments empfanden autonome Avatare als weniger unheimlich als nicht-autonome Avatare, während sie autonome Agenten als unheimlicher bewerteten als nicht-autonome Agenten (Stein & Ohler, 2017). Es scheint für Menschen gruselig zu sein, wenn autonomen, nicht von Menschen gesteuerten Agenten plötzlich eine Menschlichkeit mit eigenem Willen zugeschrieben werden muss. Eine weitere Studie konnte das Uncanny Valley als Reaktion auf die Konfrontation mit Bildern von »artificial humans«, »android robots«, »humanoid robots« und »mechanoid robots« (in absteigender Menschenähnlichkeit) sogar eindrucksvoll anhand von fMRT-Analysen demonstrieren (Rosenthal-von der Pütten et al., 2019). Die Aktivität im ventromedialen präfrontalen Cortex, einer Gehirnregion welche für Belohnungen zuständig ist, stieg mit zunehmender »Menschlichkeit« an. Bei der Konfrontation mit den »artificial humans« verringerte sich die Aktivität wieder deutlich (Rosenthal-von der Pütten et al., 2019). Dieses Ergebnis zeigt, dass das Uncanny Valley nicht nur anhand der berichteten Wahrnehmung von Personen, sondern auch anhand der Gehirnaktivität untermauert werden kann.

Soziale Roboter weisen häufig menschenähnliche Funktionen oder Charakteristiken auf, damit sie die Rolle des sozialen Helfers gut erfüllen können. Dabei imitieren sie den Menschen jedoch nicht zu vollständig, um negative Effekte des Uncanny Valleys zu vermeiden (Horstmann & Krämer, 2019).

Soziale Funktionen
Verschiedene Gestaltungsmerkmale erlauben unterschiedliche Funktionalitäten (▶ Kap. 7.1). Zentral sind laut Fox und McEwan (2017) soziale und kommunikative Funktionen. Zu diesen Funktionen gehören Mimik und Gestik einer virtuellen Entität oder die Haptik, Mimik und Gestik einer physischen Entität. Diese Funktionen tragen zur wahrgenommenen Sozialität und Personalisierung der artifiziellen Entität bei und formen die MCI.

Die zahlreichen Forschungsarbeiten zur Gestaltung und Wirkung artifizieller Entitäten lassen die Frage nach *der einen* perfekt gestalteten und funktionalen Entität aufkommen. Eine perfekte artifizielle Entität in physischer oder virtueller Form kann es jedoch kaum in allgemeingültiger Form geben. Dies liegt unter anderem daran, dass das Ziel, die Interaktionsform und die Interaktionsdauer einen entscheidenden Einfluss darauf nehmen, welche Gestaltungsformen und Funktionen für den konkreten Anwendungsfall präferiert werden. Es erscheint also kaum sinnvoll, *die eine* perfekte Entität für alle MCI-Situationen und für alle Menschen zu erstellen. Weiterhin unterscheiden sich Interaktionssituationen zwischen Mensch und artifizieller Entität durch interindividuell unterschiedliche Wahrnehmungen, Erwartungen, Handlungsskripte und Charakteristiken desjenigen Menschen, welcher mit der Entität interagiert (Horstmann & Krämer, 2019; Hosseinpanah et al., 2018; Straßmann & Krämer, 2017). Hosseinpanah et al. (2018) konnten zeigen, dass ein virtueller Agent, welcher soziale Funktionen in Form von emotionalen nonverbalen Verhaltensweisen aufwies, von Senior:innen (durchschnittlich 66 Jahre alt) empathischer und glaubwürdiger bewertet wurde, als von jungen Teilnehmer:innen (durchschnittlich 24 Jahre alt) eines Experiments. In einem weiteren Experiment in Bezug auf soziale Funktionen in Form von kooperativem Verhalten wurden ebenfalls Alterseffekte gefunden: Ältere Personen (durchschnittlich 68 Jahre alt) zeigten in der Interaktion mit einem virtuellen Agenten kooperativeres Verhalten als jüngere Personen (durchschnittlich 22 Jahre alt; Straßmann et al., 2018). Darüber hinaus wurden in einem Experiment mit 130 Teilnehmer:innen bei der Bewertung eines Agenten sogar Interaktionseffekte zwischen dem Alter der Proband:innen (Senior:innen/Student:innen) und dem Erscheinungsbild des Agenten (menschlicher Cartoon-Stil/ maschinenartiger Cartoon-Stil/realistischer menschlicher Agent/Agent ohne Verkörperung) festgestellt (Straßmann et al., 2020b): Senior:innen, die mit einem Agenten interagierten, welcher in einem menschlichen Cartoon-Stil repräsentiert war, äußerten am stärksten den Wunsch nach einer zukünftigen Interaktion mit diesem Agenten und fühlten sich mit diesem am stärksten verbunden. Student:innen, die mit eben diesem Agenten interagierten, hatten hingegen den geringsten Wunsch nach einer zukünftigen Interaktion mit diesem Agenten und fühlten sich am wenigsten mit diesem verbunden (Straßmann et al., 2020b). Die Gestaltung und Funktionalität artifizieller Entitäten kann also nicht nur die kurzfristige Interaktion beeinflussen, sondern auch relevant für den Beziehungsaufbau zwischen Mensch und Entität sein (Krämer et al., 2018; Straßmann et al., 2020b).

Ein weiterer relevanter Faktor im Bereich der sozialen Funktionen ist die Selbstoffenbarung (▶ Kap. 6.5). Auch in der MCI kann die Selbstoffenbarung eines Agenten oder eines Roboters die darauffolgende Selbstoffenbarung eines Menschen beeinflussen (▶ Kap. 7.3; Rosenthal-von der Pütten et al., 2018). In einem between-subjects Experiment konnten Kang und Gratch (2012) zeigen, dass die Selbstoffenbarung eines Agenten die Tendenz zur Selbstoffenbarung von sozial ängstlichen Personen erhöhen kann. In diesem Experiment wurde die Art der Selbstoffenbarung des virtuellen Agenten (aus menschlicher/technischer Perspektive) variiert: Aus menschlicher Perspektive offenbarte der Agent z. B. »I was born in L. A.«, während der Agent in der technischen Bedingung sich mit dem Satz »I was designed and built in L. A.« offenbarte (Kang & Gratch, 2012, S. 2). Sozial ängstliche Personen vertrauten dem Agenten in der menschlichen Bedingung in einem Gespräch mehr an, als weniger sozial ängstliche Personen (Kang & Gratch, 2012). Eine weitere experimentelle Studie zeigte ebenfalls, dass Persönlichkeitseigenschaften in der Interaktion mit virtuellen Agenten eine große Rolle spielen (Krämer et al., 2017). Personen mit einem hohen »need to belong«, also einem starken Bedürfnis nach sozialer Zugehörigkeit (Kelly, 2001), waren nach einer Interaktion mit einem Agenten, welcher soziales Feedback-

Verhalten zeigte (Nicken, Lächeln), weniger geneigt, weitere soziale Interaktionen (z. B. mit Freunden) zu initiieren, als nach der Interaktion mit einem Agenten, der kein soziales Feedback-Verhalten zeigte. Dieses Ergebnis wurde von den Autor:innen damit erklärt, dass die Interaktion mit dem sozialen Agenten das Bedürfnis nach Kontakt und Zugehörigkeit als eine Art »social snack« vorläufig stillen konnte (Krämer et al., 2017).

Der potenzielle Einfluss von Robotern und Agenten auf die Entscheidungsfindung in moralischen Dilemmata ist ein weiterer interessanter Bereich der MCI, welcher soziale Funktionen artifizieller Entitäten und ethische Aspekte der MCI vereint. In einer experimentellen 2x2-between-subjects-Laborstudie mit 91 Teilnehmer:innen untersuchten Straßmann et al. (2020a) inwiefern die physische vs. digitale (per Video) Anwesenheit eines Roboters und dessen Sicherheit vs. Unsicherheit in Bezug auf eine moralische Entscheidung die Entscheidung der Teilnehmer:innen und ihre Bewertung des Roboters beeinflussten. Die Teilnehmer:innen ließen sich in ihrer moralischen Entscheidung zwar nicht vom Roboter beeinflussen. Aber wenn der Roboter physisch anwesend war, wurde er menschlicher bewertet. Wenn er sich dann auch noch in seiner moralischen Entscheidung unsicher war, wurde er zudem als lebendiger und intelligenter wahrgenommen.

Diese Studien verdeutlichen einen zentralen Befund der psychologischen Forschung: Sowohl die Eigenschaften der Interaktionspartner:innen (hier der artifiziellen Entitäten) als auch die Charakteristiken der Nutzer:innen selbst haben einen Einfluss auf die Wahrnehmung und das Verhalten der Nutzenden. Die Forschung mit artifiziellen Entitäten wird immer genauer und betrifft immer sozialere und sensiblere Bereiche. Darum ist es wichtig, neben erfolgversprechenden Innovationen auch ethische Implikationen zu beachten und diese sowohl in der Forschung als auch in der Anwendung zu berücksichtigen.

Ethische Implikationen
Die vielfältigen Anwendungsbereiche und Interaktionsmöglichkeiten zwischen Mensch und Maschine bringen einige Herausforderungen mit sich. Dabei geht es insbesondere um die Symbiose von Mensch, Technologie und Umwelt (z. B. Carolus et al., 2019), die Relevanz von Privat-

heit, Sicherheit und Ethik, den Stellenwert des menschlichen Wohlbefindens und der Gesundheit, den Zugang und Zugriff zur Technologie, sowie die Rolle von Lernen und Kreativität (Stephanidis et al., 2019). Die Interaktion zwischen Mensch und artifizieller Entität betrifft immer sensiblere Bereiche z. B. die Intimität und Sexualität mit Robotern (Döring, 2017).

Problematisch kann es werden, wenn die Technologien die Grenzen der Privatheit der Nutzer:innen überschreiten und unbemerkt sensible Informationen in Bild- und Ton-Formaten aufnehmen oder sogar speichern. Sogenannte »Smart Toys« (Holloway & Green, 2016; Mascheroni, 2018) können beispielsweise die Gespräche von Kindern aufzeichnen. Ein bekanntes Beispiel ist die Puppe »My Friend Cayla«. Diese Puppe reagiert auf menschliche Spracheingaben und ermöglicht ein interaktives Spielerlebnis. Gleichzeitig kann ohne technische Hürden (z. B. ein Passwort) auf die Puppe zugegriffen und diese für die Überwachung verwendet werden. Mittlerweile ist die Puppe Cayla in Deutschland verboten (Hessel, 2017). Die Bedenken in Bezug auf smarte Technologien bleiben jedoch bestehen.

Weitere ethische Bedenken bezüglich smarter Technologien und künstlicher Intelligenz beziehen sich darauf, wie und aus welcher Perspektive sie programmiert sind. Einigen Technologien wird Sexismus oder Rassismus vorgeworfen und es gibt unzählige Beispiele und Debatten darüber, dass und wie smarte Technologien oder auch Suchmaschinen anhand der Vorstellungen einer Elite programmiert werden, die eher männlich, weiß und hochgebildet ist (Rekabsaz & Schedl, 2020). Rassistisch können intelligente Technologien auch werden, wenn ihre Algorithmen auf wenig diversen Trainingssamples beruhen. In der Folge könnten beispielsweise Namen oder Gesichter von Menschen, die ethnischen Minoritäten angehören, eher als Hinweis auf »Abweichung« und damit auf Kriminalität gewertet werden. Dies ist beispielsweise der Fall gewesen bei der von Amazon vertriebenen Software zur Gesichtserkennung, die von der US-amerikanischen Polizei eingesetzt wurde (Latonero, 2018). Da Software zur Gesichtserkennung auch für Roboter oder andere smarte Technologien verwendet wird, ist dies eine erhebliche Gefahr, die weit über ethische Bedenken hinausgeht und die menschliche Würde und Grundrechte berührt. Rekabsaz und Schedl

(2020) zeigen zum Beispiel, dass Suchmaschinen bei der Beantwortung von Suchanfragen mit vorurteilsbelasteten Ergebnissen antworten und diese Vorurteile sogar noch intensivieren können. Bestimmte Begriffe, die z. B. sowohl männliche als auch weibliche Berufe bezeichnen (z. B. auf Englisch: »Nurse« für Krankenschwester *und* Krankenpfleger), werden von Deep Learning Algorithmen als weiblich identifiziert und geben hauptsächlich Ergebnisse in Bezug auf weibliche Krankenschwestern aus (»algorithmic bias«). Das liegt daran, dass die Algorithmen mit bestimmten Daten trainiert werden, die häufig in Zusammenhang stehen und sich somit Vorurteile und Biases verstärken können. Die Autoren stellen ein Framework bereit, mit welchem man das Ausmaß dieser Vorurteile messen kann und regen zur weiteren Forschung an. Solche Zuspitzungen und Herausforderungen verdeutlichen die Heterogenität dieses Feldes, da sie aus verschiedenen methodischen und inhaltlichen Ansätzen und Anwendungsbereichen resultieren. Sie dienen aber ebenso als Agenda für zukünftige Forschung und sind Indikatoren der gesellschaftlichen Relevanz der MCI-Forschung.

Zusammenfassung

Mensch-Computer-Interaktion beinhaltet, dass Menschen mit Technologien Informationen austauschen und dabei Emotionen empfinden können. Im Vordergrund der medienpsychologischen Forschung stehen dabei auf der einen Seite die Fragen, ob Computer als soziale Akteur:innen wahrgenommen werden und unter welchen Voraussetzungen Menschen computergesteuerte Schnittstellen als soziale Akteur:innen wahrnehmen. Der technische Innovationscharakter der MCI-Studien bedingt, dass viele Studien Pionierarbeiten sind und übergreifende Theorien sich folglich noch in der Entwicklung befinden. Die MCI-Forschung bemüht sich, klassische psychologische Paradigmen in virtuellen Umgebungen zu replizieren. Auf der anderen Seite befasst sich ein wesentlicher Teil der Forschung zur MCI mit der Frage, wie bestimmte

Darstellungsparameter artifizieller Entitäten die Kognition, Emotion und das Verhalten der Nutzer:innen beeinflussen. Je nach Gestaltung und Präsenz bestimmter Parameter nehmen wir künstliche Entitäten anders wahr und empfinden mehr oder weniger soziale Nähe, Zuneigung oder Akzeptanz. Ethische und sicherheitsbezogene Überlegungen sind weitere große Herausforderungen der MCI-Forschung.

Literaturempfehlungen

Fox, J., Ahn, S. J., Janssen, J. H., Yeykelis, L., Segovia, K. Y. & Bailenson, J. N. (2015). Avatars versus agents: A meta-analysis quantifying the effect of agency on social influence. *Human–Computer Interaction, 30*(5), 401–432. https://doi.org/10.1080/07370024.2014.921494

Gambino, A., Fox, K. & Ratan, R. A. (2020). Building a stronger CASA: Extending the computers are social actors paradigm. *Human-Machine Communication, 1*, 71–86. https://doi.org/10.30658/hmc.1.5

Krämer, N. C., Rosenthal-von der Pütten, A., M. & Hoffmann, L. (2015). Social effects of virtual and robot companions. In S. Sundar (Ed.), *The handbook of the psychology of communication technology* (pp. 137–159). John Wiley & Sons.

Nowak, K. L. & Fox, J. (2018). Avatars and computer-mediated communication: A review of the definitions, uses, and effects of digital representations. *Review of Communication Research, 6*, 30–53. https://doi.org/10.12840/issn.2255-4165.2018.06.01.015

Stephanidis, C., Salvendy, G., Antona, M., Chen, J. Y. C., Dong, J. et al. (2019). Seven HCI grand challenges. *International Journal of Human-Computer Interaction, 35*(14), 1229–1269. https://doi.org/10.1080/10447318.2019.1619259

Fragen zur Selbstüberprüfung

1. Definieren Sie MCI und grenzen Sie sie von der CvK ab.
2. Definieren Sie Avatare, Agenten, Roboter und smarte Technologien und grenzen Sie sie voneinander ab.
3. Was besagt der Media Equation-Ansatz?
4. Grenzen Sie das CASA- und das CAM-Modell voneinander ab.
5. Warum werden Computer möglicherweise als soziale Akteur:innen wahrgenommen? Diskutieren Sie kritisch die in der For-

schung vorgebrachten Positionen und schlagen Sie eigene Überlegungen zur Beantwortung dieser Frage vor.
6. Welche Eigenschaften können künstliche Entitäten aufweisen? Nennen Sie Gestaltungsmerkmale von Robotern oder Agenten.
7. Wo sehen Sie methodische, ethische oder moralische Herausforderungen der MCI?
8. Welche Forschungsperspektiven vermuten Sie im Bereich der MCI in den kommenden Jahren?

8 Lernen, Wissen, Kompetenzen

Lernen, Wissen und Medienkompetenz unterscheiden sich von den anderen Bereichen der Medienselektion, -rezeption und -wirkung: Medienkompetenz und Wissen werden intentional vermittelt, denn ganz spezifische Wissensbereiche und Fertigkeiten sollten mit Medien erschlossen, erhalten und verbessert werden. Somit zielt auch die medienpsychologische Forschung in diesen Bereichen klar darauf ab, ob und wie diese Weiterentwicklung und spezifische Lern- und Wissensziele erreicht werden können. Die medienpsychologische Perspektive ist in diesen Bereichen weniger neutral und beobachtend, denn hier erforschen wir nicht nur, ob Medien eine Wirkung haben und wie stark diese ist, sondern definieren auch bestimmte Entwicklungsziele und evaluieren diese anhand normativer Zielvorgaben. Zu Beginn des Kapitels widmen wir uns dem Lernen mit Medien (▶ Kap. 8.1). Daran anschließend geht es um das Wissen als Lernergebnis und auch als Voraussetzung der Medienrezeption (▶ Kap. 8.2). Abschließend sehen wir uns den Bereich der Medienkompetenz an (▶ Kap. 8.3). Alle drei Bereiche dieses Kapitels sind an der Schnittstelle zur pädagogischen Psychologie und Medienpädagogik zu verorten.

8.1 Lernen mit Medien

Insbesondere Online-Medien, z. B. Wikipedia, Tutorials auf Youtube oder sogenannte MOOCs (»Massive Open Online Courses«), also Vorlesungen oder Seminare, die komplett internet-basiert stattfinden, haben die Art und Weise, wie wir Wissen teilen, vermitteln und erwerben, nachhaltig verändert (für einen Überblick siehe Schwan & Cress, 2017). Die Erforschung der Nutzung und Gestaltung von Lernmedien nimmt daher innerhalb der Medienpsychologie einen wichtigen Stellenwert ein.

> **Definitionen**
>
> Als *Lernmedien* werden Lerninhalte bezeichnet, die nach didaktischen Kriterien aufbereitet wurden und unter Einsatz von Medien (z. B. Lehrbuch, Lehrvideo oder Unterrichtssoftware) an Lernende vermittelt werden (Nieding et al., 2015). Häufig werden dabei verschiedene Typen medialer Darstellung kombiniert, weshalb oft auch die Rede von multimedialem Lernen ist.
>
> Unter *Multimedia* wird in der medienpsychologischen Forschung jegliche Kombination von verbalen (gesprochener oder geschriebener Text) mit piktorialen Darstellungen (z. B. Bilder, Diagramme, Animationen) verstanden (Scheiter et al., 2017).

Medienpsychologische Forschung bezieht sich auf alle denkbaren Formen von Lernmedien, etwa den Einsatz von Abbildungen (Eitel & Scheiter, 2015) und Videos (Merkt & Schwan, 2016) im Lernkontext oder die Wirkung dreidimensionaler Visualisierungen (Schwan & Papenmeier, 2017), interaktiver Inhalte (Shelton et al., 2016), multimedialer Lernanwendungen (Schüler et al., 2015) und virtueller Realitäten (Arntz et al., 2019) bei der Wissensvermittlung. Die Forschung greift dabei auch Impulse auf, die sich aus zunächst nicht akademisch genutzten Mediengattungen ergeben, z. B. Video- und Computerspielen oder Social Media. Aktuelle Forschung widmet sich z. B. der Rolle von Avataren beim Lernen in virtuellen Umgebungen (Chae et al., 2016) oder der Nutzung sozialer Netzwerkseiten im Kontext des Wissenserwerbs (Utz & Levordashka, 2017).

Innerhalb der medienpsychologischen Forschung werden Lernmedien häufig als Formen *multipler externer Repräsentationen* betrachtet (Nieding et al., 2015). Medien stellen demnach externe Speicher von Informationen dar, die von Lernenden kognitiv verarbeitet und zueinander in Beziehung gesetzt werden müssen. Lerninhalte werden durch verschiedene Arten der medialen Darstellung vermittelt und dabei werden häufig verschiedene externe Repräsentationen miteinander kombiniert (z. B. in Multimedia-Anwendungen). Ein wichtiges Anliegen der medienpsychologischen Forschung ist es zu verstehen, wie die Eigenschaften von Lernmedien mit dem kognitiven System der Lernenden interagieren. Ziel ist es, aus den so gewonnenen Erkenntnissen Gestaltungsrichtlinien für effiziente Lernmedien abzuleiten.

Ähnlich wie bei der allgemeinen Medienrezeption (▶ Kap. 4) nehmen die kognitiven Ressourcen der Rezipient:innen auch bei der Nutzung von Lernmedien einen zentralen Stellenwert ein. Die *Cognitive Load Theory* von John Sweller (1988) unterscheidet drei Formen der kognitiven Beanspruchung, die bei der Verarbeitung von Lernmedien auftreten (Sweller et al., 2011):

- Der *Intrinsic Cognitive Load* bezieht sich auf die Belastung, die durch die Komplexität der Lernaufgabe (z. B. Anzahl der zu verarbeitenden Informationseinheiten) entsteht. Der Intrinsic Cognitive Load ist somit aufgabeninhärent und kann nicht durch die Gestaltung des Lernmediums verringert werden.
- Der *Extraneous Cognitive Load* bezieht sich auf kognitive Belastungen, die durch die Gestaltung des Lernmediums entstehen und somit zu unnötiger zusätzlicher Beanspruchung führen.
- Der *Germane Cognitive Load* entsteht durch höhere kognitive Verarbeitungsprozesse, die über die reine Enkodierung und Speicherung der vermittelten Informationen hinausgehen. Solche kognitiven Prozesse, z. B. die Verknüpfung mit bestehendem Wissen, sind besonders lernförderlich.

Genau wie das Limited Capacity Model (Lang, 2017; ▶ Kap. 4.1), geht auch die Cognitive Load Theory davon aus, dass unsere kognitive Kapazität begrenzt ist. Die Forschung zur Gestaltung von Lernmedien zielt somit darauf ab, den durch das Medium verursachten Zusatzaufwand (Extraneous Cognitive Load) zu minimieren und lernförderliche Verarbeitungsprozesse (Germane Cognitive Load) zu maximieren (Nieding et al., 2015).

Eine Reihe theoretischer Ansätze gibt Hinweise darauf, welche Gestaltungskriterien bei der Erstellung von Lernmedien erfolgversprechend sind. Besonders wichtig sind dabei Überlegungen zur *Codalität* und *Modalität* unterschiedlicher medialer Repräsentationen (Salomon, 1979). Der Begriff der Codalität bezieht sich auf die Tatsache, dass unterschiedliche Medien auf unterschiedlichen Symbolsystemen oder »Codes« basieren. So können Informationen in Lernmedien auf der Basis *verbaler* Informationen (z. B. Text) und *piktorialer* Informationen (z. B. Abbildungen) repräsentiert werden. Modalität beschreibt, dass unterschiedliche mediale Repräsentationen unterschiedliche Sinnesmodalitäten ansprechen. Während geschriebener Text über das *visuelle* System verarbeitet wird, wird gesprochener Text über das *auditive* System verarbeitet.

Beispiel

Multicodalität und Multimodalität
Lernmedien können ganz unterschiedliche Kombinationen von Codalität und Modalität aufweisen. Werden von einem Lernmedium verschiedene Symbolsysteme verwendet oder unterschiedliche Sinnesmodalitäten angesprochen, spricht man von Multicodalität bzw. Multimodalität. Ein Lehrbuchtext, der zur Vermittlung der Lerninhalte beispielsweise Abbildungen in Kombination mit geschriebenem Text einsetzt, wäre somit multicodal, aber nur unimodal: Das Lernmedium greift zwar sowohl auf piktoriale (Abbildung) als auch auf verbale (Text) Codes zurück. Beide Formen der Repräsentation werden aber vom visuellen kognitiven System verarbeitet. Eine Multimedia-Anwendung, die Animationen mit gesprochenem Text kom-

8.1 Lernen mit Medien

> biniert, wäre hingegen sowohl multicodal als auch multimodal, weil hier verschiedene Codes (piktorial und verbal) verwendet werden und sowohl das visuelle als auch das auditive kognitive System an der Verarbeitung beteiligt sind (Mayer, 2001, 2014).

Die *Cognitive Theory of Multimedia Learning* (Mayer, 2001, 2014) wendet grundlegende kognitionspsychologische Erkenntnisse zur Funktion des Arbeitsgedächtnisses und zur Struktur mentaler Repräsentationen auf den Bereich des Lernens mit multicodalen und multimodalen Repräsentationen an. Ausgehend vom Modell des Arbeitsgedächtnisses nach Baddeley (1992) nimmt die Theorie an, dass auditiv-verbale und visuell-piktoriale Informationen auf zwei getrennten kognitiven Kanälen verarbeitet werden. Darüber hinaus werden verbale und piktoriale Informationen im Arbeitsgedächtnis unterschiedlich enkodiert und führen zu separaten mentalen Repräsentationen. Daraus leitet Mayer (2001, 2014) eine Reihe zentraler Gestaltungsgrundsätze für multimediale Lernmedien ab:

- Das *Multimedia-Prinzip*: Die Kombination von verbalen und piktorialen Repräsentationen führt zu komplexeren mentalen Modellen und steigert damit den Lernerfolg.
- Das *Modalitäts-Prinzip*: Die Präsentation von Informationen auf verschiedenen Sinnesmodalitäten (z. B. Animation in Kombination mit gesprochenem Text) entlastet die kognitiven Ressourcen und erleichtert das Lernen.
- Das *Redundanz-Prinzip*: Die Präsentation redundanter Informationen (z. B. geschriebener Text in Kombination mit auditiver Wiedergabe desselben Textes) belastet das Arbeitsgedächtnis unnötig und erschwert das Lernen.
- Das *Kontiguitäts-Prinzip*: Zusammengehörige piktoriale und verbale Informationen werden besser gelernt, wenn sie zeitgleich und in räumlicher Nähe zueinander präsentiert werden.

Die Gültigkeit dieser Prinzipien für den Lernerfolg mit multimedialen Lernmedien ist in zahlreichen Studien untersucht worden und zeigt sich auch in den Ergebnissen von Meta-Analysen (z. B. Schroeder &

Cenkci, 2018). Insgesamt stellt multimediale Wissensvermittlung also ein erfolgreiches Anwendungsfeld medienpsychologischer Erkenntnisse dar. Gleichzeitig zeigt die aktuelle Forschung auch zahlreiche Herausforderungen auf. So stellen multimediale Repräsentationen mitunter hohe Anforderungen an ihre Nutzer:innen und konfrontieren diese z. B. mit der Aufgabe, multicodale und multimodale Informationen kognitiv zu integrieren, also etwa verbale und visuelle Informationen zu einem konsistenten mentalen Modell zusammenzufügen (Scheiter et al., 2017). Häufig fehlen den Lernenden dafür die Voraussetzungen, z. B. das nötige Vorwissen oder die Erfahrung im Umgang mit multimedialem Lernstoff. Neben der lernförderlichen Gestaltung von Lernmedien ist somit die Anleitung von Lernenden und die Vermittlung von effizienten Strategien zum Umgang mit dem Lernmaterial eine weitere zentrale Voraussetzung für erfolgreiches Lernen mit Medien (Renkl & Scheiter, 2017).

Eine Herausforderung für die medienpsychologische Forschung zu Lernmedien stellt die Tatsache dar, dass einmal empirisch gesicherte Erkenntnisse zur kognitiven Verarbeitung eines Mediums nicht ohne Weiteres auf neue Formen multimedialer Wissensvermittlung anwendbar sind. So sind etwa die in der *Cognitive Theory of Multimedia Learning* postulierten kognitiven Verarbeitungsprozesse und die daraus abgeleiteten Gestaltungsprinzipien nicht direkt auch auf Hypertext-basierte multimediale Lernanwendungen übertragbar. Sogenannte »Hypermedia« sind solche medialen Darstellungen, deren Inhalte nicht linear, also in einer festen Abfolge rezipiert werden (wie z. B. bei einem Video), sondern die das Hin- und Herspringen zwischen verschiedenen Inhalten erlauben (z. B. über Links zwischen verschiedenen Webseiten) und die Nutzer:innen somit selbstgesteuert durch die Lerninhalte navigieren lassen (Gerjets, 2017). Zusätzlich zu den Verarbeitungsschritten, die sich im Zuge des multimedialen Lernens mit linear aufgebauten Medien stellen, ergeben sich hier weitere Anforderungen an die Nutzer:innen (z. B. die Integration von Informationen über verschiedene Quellen hinweg), die bei der Gestaltung von Lernprozessen berücksichtigt werden müssen (Gerjets, 2017).

> **Exkurs: Inzidentelles Lernen in Social Media**
>
> Die medienpsychologische Forschung zu Lernmedien beschäftigt sich in der Regel mit *formalem Lernen*, also bewusst intendiertem Lernen mit explizit zu diesem Zweck entwickelten Lernmaterialien. Häufig findet Lernen mit Medien aber auch *inzidentell* statt, also als zufälliger Nebeneffekt der Mediennutzung. Ein gutes Beispiel dafür ist das Lernen von Fremdsprachen. Im Internet, in Social Media oder auf Videoplattformen wie Youtube werden wir häufig mit fremdsprachigen Inhalten konfrontiert. Dass wir dabei quasi »im Vorbeigehen« Sprachkompetenz erwerben können, zeigt ein Experiment von Arndt und Woore (2018). Die 80 Teilnehmer:innen, allesamt Nichtmuttersprachler in Englisch, wurden auf zwei Experimentalgruppen aufgeteilt. Unter einem Vorwand, der vom eigentlichen Untersuchungsziel ablenken sollte, wurde die erste Gruppe instruiert, drei englischsprachige Blog-Einträge zu lesen, wohingegen die zweite Gruppe drei kurze englischsprachige Youtube-Videos ansah. In die Medieninhalte waren insgesamt sechs Pseudo-Wörter eingebettet, die im Englischen in dieser Form aber nicht existieren (z. B. wurde das englische Wort »interesting« in allen Beiträgen durch das Pseudo-Wort »dangy« ersetzt). Im Anschluss an die Rezeption erfolgten verschiedene Tests zum lexikalischen Lernen, bei denen z. B. das Verständnis der Bedeutung eines Wortes und die Kenntnis der Rechtschreibung erfasst und die sechs Pseudo-Wörter in Kombination mit echten englischen Wörtern abgefragt wurden. Die Ergebnisse sprechen klar für inzidentelle Lerneffekte: In beiden Gruppen hatten die Teilnehmer:innen im Durchschnitt die Bedeutung von drei bis vier der sechs Pseudo-Wörter gelernt, ohne dass ihnen dies vorab als Ziel vorgegeben wurde. Während sich bezüglich der Wortbedeutung keine signifikanten Unterschiede zeigten, schnitten die Teilnehmer:innen in der Blog-Bedingung bezüglich der Rechtschreibung der Pseudo-Wörter signifikant besser ab.

Die Inhalte des digitalen Lernens können sehr divers sein und erstrecken sich von generellen Problemlösungsansätzen und themenspezifischen Verhandlungsprozessen (z. B. Bause et al., 2018; Thiemann et al., 2019) bis hin zum konkreten Erlernen einer Fremdsprache (*second language acquisition*; im Überblick Lin, 2015).

Neben den Lernangeboten und -inhalten ist die Beziehungsebene des Lernens von großer Bedeutung für die Medienpsychologie. Digitales Lernen kann in Dyaden, in kleinen oder großen Lerngruppen oder auch individuell außerhalb eines offiziellen Kontextes stattfinden. Cress (2019) schlägt dazu eine »Netzwerkperspektive« vor und weiter, dass diese verschiedenen Kontexte nicht als getrennte Institutionen oder Gemeinschaften verstanden werden sollten, sondern dass Lernen vor allem dann erfolgreich sein kann, wenn eine starke Vernetzung der wissensgenerierenden und partizipierenden Gemeinschaften stattfindet. Medien können dabei Bindeglieder sein, beispielsweise Wikipedia, mit der innerhalb der Schule recherchiert wird und die auch Eltern nutzen, wenn zu Hause politische Diskussionen stattfinden.

In digitalen Lerngruppen können sich Lernende mittels CvK (▶ Kap. 6) zu einem Thema oder einer spezifischen Aufgabenstellung austauschen (z. B. Erdmann et al., 2017; Kyewski & Krämer, 2018). Vielfach eingesetzte Anwendungen sind sogenannte *Massive Open Online Courses* (MOOCs), in denen Materialien, Aufgabenstellungen, Hintergrundinformationen und Interaktionsmöglichkeiten zur Verfügung stehen. Lernende können auf Materialien zugreifen, Dokumente hochladen und aktiv mit anderen Gruppenmitgliedern diskutieren. Dieser aktive Austausch und die Diskussionen zwischen Lernenden stellen den zentralen Aspekt der CvK beim Lernen dar. Das Lernen mit und in sozialen Medien bietet im Gegensatz zum Lernen ohne Medien einige Vorteile, beispielsweise kann ein größeres Publikum von den Lerninhalten profitieren, der Austausch zwischen Lernenden und Lehrenden kann zeit- und ortsunabhängig stattfinden und die Lerngeschwindigkeit kann individuell angepasst werden. So können MOOCs dazu beitragen, die Zufriedenheit und den Lernerfolg von Lernenden zu steigern (Eimler et al., 2016). Neben den Vorteilen des Lernens mit CvK lassen sich jedoch auch Herausforderungen identifizieren. Ungleichverteilungen der Teilnahme an Gruppenarbeit und damit einhergehende Unzufriedenheit mit einem Online-Kurs stellen eine der zentralen Herausforderungen dar (Erdmann et al., 2017).

8.1 Lernen mit Medien

Die Motivation, online zu lernen, sowie der Erfolg des digitalen Lernens hängen von unterschiedlichen technischen und persönlichen Faktoren ab (vgl. im Überblick Panigrahi et al., 2018). Es konnte beispielsweise gezeigt werden, dass die wahrgenommene Nützlichkeit des digitalen Lernens (z. B. Ros et al., 2015) und die wahrgenommene Interaktivität der Lernmedien (Knight & Burn, 2011; Ros et al., 2015) einen positiven Einfluss auf die Bereitschaft, solche Lernmedien zu nutzen, haben. Stoyanova und Krämer (2020) zeigten, dass eine ausgeglichene Partizipation aller Teilnehmer:innen einer Gruppenarbeit in einem digitalen Online-Kurs mit erhöhter Zufriedenheit der Gruppenarbeit einhergeht. Cheng und Chau (2016) haben zudem herausgefunden, dass »networked learning«, operationalisiert durch die Interaktion zwischen Personen in einem lernbezogenen Diskussionsforum, einen positiven Einfluss auf den Lernerfolg und die Zufriedenheit mit dem Kurs hat.

In einer Studie mit 151 Studierenden, die während eines ganzen Semesters in einem MOOC kommunizierten und lernten, wurde die Wirksamkeit von motivierenden *Gamification*-Elementen unter Berücksichtigung des psychologischen Prozesses des sozialen Vergleichs (▶ Kap. 5.3) untersucht. Gamification wurde in dieser Studie anhand von Badges für gute Leistungen operationalisiert, welche in Bezug auf ihre Sichtbarkeit (nur für die lernende Person selbst vs. für alle Kursteilnehmer:innen) variiert wurden. Zudem gab es eine Kontrollgruppe, welche keine Badges erhielt. Die Autor:innen fanden heraus, dass Badges, die nur für die lernende Person selbst sichtbar waren, am positivsten evaluiert wurden. Die Autor:innen hatten basierend auf der Theorie des sozialen Vergleichs (Festinger, 1957) den stärksten Effekt für Badges erwartet, die auch für andere Kursteilnehmer:innen sichtbar waren (Kyewski & Krämer, 2018).

Es steht fest, dass computervermitteltes Lernen und Lehren eine bedeutende und enorm anwachsende Rolle in der medienpsychologischen Forschung einnehmen. Insgesamt gibt es bezüglich der Motivatoren des Lernens in computervermittelten Lernumgebungen noch viel Forschungsbedarf. Darüber hinaus fordern neue mediale Entwicklungen die medienpsychologische Forschung in diesem Bereich immer wieder aufs Neue heraus, ihre bisherigen Annahmen zu überprüfen und den spezifischen Eigenschaften neuer Lernmedien anzupassen.

8.2 Wissen

Das Wissen ist im Kontext der Medienpsychologie an verschiedenen Stellen des Rezeptionsprozesses relevant. Bei der Medienselektion entscheiden Menschen sich für oder gegen Medieninhalte in Abhängigkeit davon, was und wie viel sie über bestimmte Themen wissen. In diesem Sinne ist das Wissen eine unabhängige Variable. Im Prozess der Medienrezeption bestimmt das Vorwissen, wie stark der Cognitive Load ausgeprägt ist. Hier können wir das Wissen als eine Moderatorvariable verstehen. Das Wissen verstärkt oder schwächt die Verarbeitung der in Medien dargebotenen Inhalte und Informationen. Und schließlich wird das Wissen als Effekt der Medienrezeption untersucht, ist also eine abhängige Variable. In allen Prozessen spielt natürlich nicht nur die lineare Medienrezeption, sondern auch die interpersonale Kommunikation eine Rolle. Schon im vorigen Abschnitt wurde deutlich, dass Lernen viele soziale Aspekte hat und meistens kommunikativ stattfindet. Wir lernen nicht nur von und mit Medien, sondern vor allem auch von und gemeinsam mit Menschen. Wenn wir mit anderen über Politik sprechen und diskutieren, so hat das einen Einfluss auf die Verarbeitung der Inhalte, den Wissenserwerb und sogar auf die nachfolgenden Selektionsentscheidungen (Trepte & Schmitt, 2017). Wir unterscheiden zwei Formen des Wissens in unserer Definition.

> **Definitionen**
>
> *Deklaratives Wissen* beinhaltet Faktenwissen, also »Wissen, dass ...«. Zum Beispiel bezeichnet deklaratives Wissen das Wissen, dass gerade gewählt wird und um welche Wahl es sich handelt.
>
> *Prozedurales Wissen* bezieht sich auf das Beherrschen von Aktionssequenzen, also auf »Wissen, wie ...« Zum Beispiel bezeichnet prozedurales Wissen das Wissen, wie man als Wähler:in die eigene Stimme abgeben kann (Ackerman, 2008).

Wissen spielt auch in der psychometrischen Auffassung von Intelligenz eine Rolle. *Intelligenz als Prozess* bezieht sich auf das Erinnern und Schlussfolgern. *Intelligenz als Wissen* bezieht sich auf das deklarative Wissen. Beides wird in gängigen Intelligenztests abgefragt (Stemmler et al., 2016). Besonders spannend ist die Unterscheidung der *fluiden und kristallinen Intelligenz* für die Medienpsychologie, da hier eine Perspektive der Lebensspanne ins Spiel kommt (Horn, 1982). Die kristalline Intelligenz bezieht sich auf kognitive Fähigkeiten, in denen sich das Wissen aus vorherigen Lernprozessen »kristallisiert«. Es geht also um Inhalte des Denkens und Wissens. Die fluide Intelligenz bezieht sich auf die Fähigkeit, sich an neue Situationen anzupassen. Es geht also um Konzentration und Aufmerksamkeit. Studien über die Lebensspanne zeigen, dass der Höhepunkt der kristallinen Intelligenz im Alter zwischen 50 und 60 Jahren erreicht ist. Der Höhepunkt der fluiden Intelligenz liegt im Alter zwischen 20 und 25 Jahren (Ackerman, 2008). Dementsprechend müssen wir die prozessuale Verarbeitung von Informationen, wie wir sie im ersten Abschnitt dieses Kapitels kennengelernt haben, unterscheiden vom Wissenserwerb. Für die Medienpsychologie ist diese Perspektive der Lebensspanne von enormer Bedeutung, denn die Wissensvermittlung sollte in diesen Lebensphasen anders ansetzen. Wissens- und Lernmedien benötigen eine andere Gestaltung. Das gleiche gilt für viele andere Variablen, beispielsweise für Geschlecht.

In der medienpsychologischen Forschung wird das Wissen – wie eingangs zusammengefasst – als unabhängige-, Moderator-, und abhängige Variable verwendet. Das Wissen ist hochrelevant, um den Erfolg des Lernens und Kompetenzerwerbs zu messen und um nicht-intentionale Medienwirkungen zu verstehen. Weil das Wissen diese wichtige Rolle spielt, widmet man der Messung des Wissens besondere Aufmerksamkeit. Nur wenn wir valide und reliabel messen, können wir mit Sicherheit behaupten, dass die vermuteten Medienwirkungen auf das Wissen auch stattfinden. Das Wissen hat also in der Medienpsychologie die Funktion, die Prozesse des Lernens und der Medienkompetenz zu überprüfen, und damit eine Testfunktion. Um möglichst genau zu testen, wird das Wissen bereichsspezifisch erfasst, also beispielsweise als Wissen über Datenschutz und Online-Privatheit (Masur et al., 2017), Wissen über den Klimawandel (Loy, 2018), politisches Wissen (Trepte et al.,

2017) und nicht zuletzt als Wissen über Medien. Im folgenden Abschnitt werden wir uns dem Wissen über Medien als Teilbereich der Medienkompetenz widmen.

8.3 Medienkompetenz

Medienkompetenz hat in der medienpsychologischen Forschung zwei Teilziele. Das erste Ziel umfasst das Verstehen von Medien, also die Kompetenz rund um die Nutzung und kritische Betrachtung sowie den Genuss von Medien. Hier ist die Medienkompetenz also auf die Medien selbst ausgerichtet und es geht darum, in Bezug auf die Mediennutzung funktional zu handeln. Die Forschung in diesem Bereich beantwortet z. B. die Frage, ob Kinder Werbung von redaktionellem Inhalt oder Realität von Fiktion unterscheiden können (Nieding et al., 2017; Rozendaal & Figner, 2019). Das zweite Ziel ist, Medien so zu nutzen, dass andere Ziele erreicht werden. Es werden Interventionen entwickelt und getestet, um konkrete dysfunktionale Nutzungsweisen wie eine exzessive Nutzung von Social Media oder Mobbing und Bullying zu bekämpfen (Pieschl, 2018), um Menschen für den Umgang mit extremistischer Propaganda zu rüsten und damit Radikalismus und Fundamentalismus vorzubeugen (Schmitt et al., 2020), oder um den kritischen Umgang mit Medieninhalten zu erlernen, die einen riskanten Umgang mit Drogen oder riskante Sexualpraktiken hervorrufen könnten (Vahedi et al., 2018). Hier wird Medienkompetenz also als Pufferfaktor verstanden (Pieschl, 2018).

Definition

Medienkompetenz (*Media Literacy*) beinhaltet die Fähigkeit, Medien kritisch, selbstbestimmt und verantwortlich nutzen, verstehen, bewerten und gestalten zu können. Medienkompetenz wird als Konti-

8.3 Medienkompetenz

> nuum verstanden, sie variiert also zwischen den Polen hoher und niedriger Medienkompetenz (Baacke, 1999; Groeben, 2002).

Im Zentrum der medienpsychologischen Auseinandersetzung steht natürlich der Mensch und nicht – wie in der Didaktik – die Entwicklung von Interventionen oder Schulungsmaterial. Groeben (2002, 2004) definiert als Ziel der Medienkompetenz das gesellschaftlich handlungsfähige Subjekt, also Individuen, die in der Lage sind, sich nicht nur mit und trotz Medien in der Gesellschaft zurecht zu finden, sondern sich diese pro-aktiv zu Nutze zu machen. Damit etabliert der Psychologe Norbert Groeben ein Menschen- und Medienbild, das vor allem das individuelle Wachstum, die intellektuelle und persönliche Weiterentwicklung und den Genuss in den Vordergrund stellt. Diese Herangehensweise erscheint gerade vor dem Hintergrund der schieren Anzahl an Stunden, die heute mit Medien verbracht werden, sinnvoll und angebracht. Anstatt also Medienkompetenz als einen Schutzschild zu begreifen, proklamiert Groeben (2004), dass zum medienkompetenten Handlungsspektrum die Entwicklung der eigenen Identität mithilfe von Medien und die Nutzung von Medien zur Orientierung im privaten und beruflichen Alltag gehören können, und nicht zuletzt auch, dass wir uns mit Medien ganz ohne Zweck- und Zielbindung amüsieren können und sollten.

Im Folgenden fassen wir die wichtigsten Dimensionen der Medienkompetenz zusammen (Baacke, 1999; Groeben, 2004).

1. *Mediennutzung*
Die Dimension »Mediennutzung« umschreibt die *Fähigkeit*, Medieninhalte zu enkodieren, also sinnvoll in vorhandene Denk- und Gedächtnisstrukturen zu integrieren. Darüber hinaus ist die interaktive Mediennutzung angesprochen, die über das (passive) Rezipieren von Medien hinausgeht. Diese Dimension umfasst somit die technologisch-instrumentellen *Fertigkeiten* des Medienumgangs von der Selektion bis hin zur Enkodierung und Anwendung.
2. *Medienkontextualisierung*
Diese Dimension beinhaltet das Wissen über das Mediensystem, wie

z. B. über die Arbeit von Redaktionen, die Arbeitsweisen von Journalist:innen, das Wissen über verschiedene Programmformate und -genres, über die Finanzierung der Medien sowie über die Struktur des dualen Rundfunksystems. Sie beschreibt, wie Medien konstruiert werden und auch welchen persönlichen Einflüssen (z. B. Geschlechterstereotypen) die Produzent:innen und Kommunikator:innen unterliegen. Der Produktionsprozess ist durch soziale, kulturelle, ökonomische und politische Kontextfaktoren beeinflusst.

3. *Medienkunde*
Diese Dimension umfasst die Fähigkeit, zwischen Fiktion und Realität sowie zwischen Parasozialität (Beziehung zu Mediencharakteren) und Orthosozialität (Beziehung zu Personen aus der eigenen »realen« Umwelt) unterscheiden zu können. Auch das Wissen über künstlerische, rechtliche und wirtschaftliche Rahmenbedingungen, über die Arbeitsweisen von Medienunternehmen und ihre Erlösmodelle, sowie über die Intention und möglichen Wirkungen von Medieninhalten sind hiermit angesprochen.

4. *Mediengestaltung*
Die Dimension »Mediengestaltung« beinhaltet die Fertigkeit, vorhandene Medienangebote zu erstellen, zu verändern und weiterzuentwickeln. Damit ist sowohl die Produktion vorgegebener Formate (z. B. Beiträge innerhalb von Social Media) als auch eine eigenständige Entwicklung (z. B. Produktion eines Fernsehbeitrages für einen offenen TV-Kanal) oder Weiterentwicklung gemeint (z. B. im Sinne des »Moddings«, also der Veränderung der Software eines Computerspiels). Diese Dimension trägt der Entwicklung Rechnung, dass zur Mediennutzung vermehrt auch Medienproduktion gehört. Das impliziert die Veränderung von Medieninhalten, den Umgang mit interaktiven Medien und vor allem auch die Erstellung von eigenen Medieninhalten. Die eigene Mediengestaltung erhält vor allem vor dem Hintergrund der Identitätsentwicklung großen Stellenwert in einer Medienlandschaft, die eine Vielzahl von mitzugestaltenden Medien anbietet.

5. *Medienkritik*
Die Dimension »Medienkritik« umfasst das Erfassen und Verstehen problematischer Prozesse des Mediensystems, die Anwendung sol-

cher Entwicklungen auf den eigenen Lebenszusammenhang und ihre ethische Reflexion. Diese Dimension beinhaltet die Fähigkeit, Medieninhalte und -angebote im Hinblick auf ihre Qualität zu beurteilen. Dazu gehört beispielsweise die Fähigkeit, Zeitungsartikel vor dem Hintergrund der politischen Orientierung der Autor:innen beurteilen zu können.

6. *Mediengenuss*
Diese Dimension beschreibt die Fähigkeit, sich zu unterhalten, ohne sich im Medienangebot zu verlieren, es beschreibt die Identifikation ohne Selbstaufgabe und die Grenzziehung zwischen Genuss und Sucht.

7. *Medienpartizipation*
Diese Dimension beinhaltet die Fähigkeit, in einer mediatisierten Gesellschaft am Diskurs über Medieninhalte und -systeme teilnehmen zu können, die Motivation zur Anschlusskommunikation, und dass Medien aktiv genutzt werden, um konkrete (politische) Ziele zu erreichen.

In dieser Konzeption ist Medienkompetenz sehr allgemein gehalten und auf diesem Abstraktionsniveau nicht immer praktisch anwendbar. Deshalb gibt es über diese allgemeinen theoretischen Dimensionen hinaus theoretische Konzeptionen, die sich auf spezifische Aspekte der Literacy beziehen. *Advertising Literacy* bezieht sich auf die Trennung von Werbung und redaktionellen Inhalten und beinhaltet die kritische Reflexion der Erlösmodelle in Medien (Rozendaal & Figner, 2019). *Privacy Literacy* bezieht sich auf den reflektierten Umgang mit Privatheit während der Nutzung des Internets (Masur, 2020). *Media Sign Literacy* untersucht, inwiefern Kinder in der Lage sind, Symbole in Medieninhalten so zu dechiffrieren, dass diese zu ihrem Erwerb von Schulwissen (Lesen, Rechnen) beitragen.

Interessant ist, dass Medienkompetenz nicht nur als Pufferfaktor gilt, sondern ebenso zum Risikofaktor werden kann, beispielsweise wenn Jugendliche ihre technischen Kompetenzen zum Cybermobbing einsetzen (Pieschl, 2018). Ein Risikofaktor kann Medienkompetenz auch sein, wenn das Wissen über die Funktionsweisen des Internets dazu führen, dass sich Internetnutzer:innen als ohnmächtig erleben und mangelnde

Datensicherheit im Internet resignativ zur Kenntnis nehmen (Schäwel et al., 2021).

Medienkompetenz ist ein medienpsychologisches Konstrukt und ein Fachbegriff, der in der öffentlichen Diskussion häufig verwendet wird. Ebenso wie beim Wissen, wird die Medienkompetenz zur Evaluation der Wirkung von Medienangeboten im Sinne eines inzidentellen Lernens und für konkrete Interventionen verwendet, und sollte damit messbar sein. Nur wenn eine verlässliche Operationalisierung der Medienkompetenz vorliegt, kann eine gemeinsame Sprachregelung über das Ausmaß der Medienkompetenz verschiedener Alters- und Bevölkerungsgruppen getroffen werden. Insbesondere für Kinder erscheint der Erwerb der Medienkompetenz und die Möglichkeit, die Medienkompetenz zu messen, vor dem Hintergrund allgegenwärtiger Medien bedeutsam. Für medienpädagogische Interventionen ist es erforderlich, dass gemessen werden kann, wie hoch die Medienkompetenz jeweils vor und nach einer Intervention ist. Über die Erfassung der Medienkompetenz wird in der Medienpsychologie ebenso wie in der Medienpädagogik diskutiert.

Koc und Barut (2016) haben die »New Media Literacy Scale (NMLS)« entwickelt und getestet. Sie schlagen vier Dimensionen vor: Functional consuming, critical consuming, functional presuming, critical presuming. Sie fassen also die Hauptanreize sozialer Medien zusammen: Rezeption und Produktion. Dabei orientierten sie sich am theoretischen Rahmen von Lin et al. (2013), legten ihre Items zur Exploration und Ermittlung der Inhaltsvalidität zunächst Fokusgruppen und dann einem Expert:innengremium vor, führten dann einen Pilot-Test und schließlich eine finale Testung mit 1 226 Studierenden durch, um die o. g. Faktoren zu extrahieren. Die Skala wurde bereits häufig aufgegriffen und verwendet. Diese vorbildliche Vorgehensweise ist leider nicht die Regel. Kritisch anzumerken ist, dass viele Instrumente zur Erfassung der Medienkompetenz nicht an den Modellen der Medienkompetenz orientiert sind. Die Gründe, warum Theorie und Messung hier offensichtlich wenig anknüpfen, sind einfach nachvollziehbar: Instrumente, die für praktische Anwendungen (z. B. in der Schule) konzipiert werden, müssen sich an den Zielvorgaben von Institutionen orientieren. Die verfügbaren Instrumente adressieren dann vornehmlich die Informations-, die technische und die Bedienungskompetenz und sind zu wenig an den vorbereitenden reflexiven Fähigkeiten und der Medienkritik ausgerichtet. Gerade diese beiden Kompetenzen sollten jedoch vorliegen, um unabhängig von spezifischen Anwendungskontexten kompetent zu sein. Die Medienkompetenz hat als medienpsychologisches Forschungsfeld viele herausfordernde Aspekte. Erstens beinhaltet der Begriff immer eine *normative Komponente*. Für die Auseinandersetzung mit der Medienkompetenz muss festgelegt und quantifiziert werden, was unter einer medienkompetenten Nutzung verstanden wird. Sowohl der *Prozess* der kompetenten Mediennutzung (z. B. kritisch, mitgestaltend) als auch das *Ziel* (z. B. Wissen, Handlungsfähigkeit, Freude) müssten vorgegeben werden. Die Anzahl und der Facettenreichtum bestehender Medienangebote treffen auf Mediennutzer:innen, die sich im Hinblick auf ihre Rezeptionssituation, ihre Vorerfahrung, ihre Persönlichkeit, ihre Verarbeitungskapazitäten bis hin zu ihrer Aufmerksamkeit bei der Rezeption bestimmter Angebote unterscheiden. All diese Unterschiede haben – das zeigt die medienpsychologische Forschung sehr deutlich – einen erheblichen Einfluss auf den Rezeptionsprozess und auch auf das Ergebnis bzw. die Medienwirkungen. Dementsprechend müsste man für eine sinnvolle Definition der normativen Zielvorgaben der Medienkompetenz auch all diese Variablen berücksichtigen. Eine derart kleinteilige Auffassung der Medienkompetenz wäre vermutlich nicht leistbar. Damit stellt das Erfordernis, normative Ziele zu definieren und dies befriedigend und wissenschaftlich zu tun, eine echte Herausforderung des Forschungsfeldes dar. Was wir aber tun können und was in der Forschung bereits unternommen wurde, ist, abstrakte Zieldefinitionen vorzuschlagen und diese dann möglichst gut und konkret auf die Bereiche, in denen Interventionen durchgeführt werden, zuzuschneiden. Es gibt überzeugende Beispiele, die Wissen und Kompetenzen theoretisch verstehen und vermitteln, und die an der Schnittstelle von Psychologie und Pädagogik und in Kooperation von Wissenschaft und Praxis entwickelt wurden – z. B. das Programm CONTRA, mit dem in Schulen Medienkritikfähigkeit im Hinblick auf die Rezeption extremistischer Online-Nachrichten vermittelt wird (Schmitt et al., 2020).

Zusammenfassung

Grundsätzlich können wir feststellen, dass jegliche Form der Auseinandersetzung mit Medien auch einen Lernprozess mit sich bringt. Wenn wir von Lernen, Wissen und Kompetenzen in der medienpsychologischen Forschung sprechen, ist jedoch zumeist intentionales Lernen und der intentionale Kompetenzerwerb gemeint. Es geht also darum, Prozesse in Gang zu setzen, mit denen bestimmte, vorher festgesetzte Ziele erreicht werden. Damit hat dieser Forschungsbereich eine pädagogische und normative Dimension und es muss im Vorhinein definiert werden, welche Lernziele intendiert sind und wie deren Erreichung gemessen werden soll. Die Dimensionen der Medienkompetenz erweisen sich als hilfreich, weil sie vor dem Hintergrund einzelner Angebote und Nutzerpersönlichkeiten reflektiert werden können. Dimensionen wie »Medien verstehen« oder »Medien kritisieren« sind als Raster für alle Formen der Rezeption geeignet. Der Skalenentwicklung und Messung von Wissen und Kompetenz wird in der Medienpsychologie auch zukünftig besondere Aufmerksamkeit geschenkt werden, schon allein aufgrund des Grundverständnisses der Wissens- und Mediengesellschaft.

Literaturempfehlungen

Hobbs, R. & Mihailidis, P. (2019). *The international encyclopedia of media literacy* (2 vols.). Wiley-Blackwell.
Nieding, G., Ohler, P. & Rey, G. D. (2015). *Lernen mit Medien*. Ferdinand Schöningh.
Schwan, S. & Cress, U. (Eds.). (2017). *The psychology of digital learning: Constructing, exchanging, and acquiring knowledge with digital media*. Springer.

Fragen zur Selbstüberprüfung

1. Welche Formen kognitiver Belastung unterscheidet die Cognitive Load Theory?
2. Was bedeutet Codalität und Modalität und welche Prinzipien lassen sich aus der Cognitive Theory of Multimedia Learning zur Gestaltung von Lernmedien ableiten?

3. Definieren Sie Wissen und zeigen Sie verschiedene Bereiche des Wissens auf, die für die Medienpsychologie relevant sind.
4. Beschreiben Sie die wichtigsten Dimensionen der Medienkompetenz.
5. Warum ist das Thema Normativität im Kontext der medienpsychologischen Betrachtung der Medienkompetenz so relevant?

Literatur

Ackerman, P. L. (2008). Knowledge and cognitive aging. In F. I. M. Craik & T. A. Salthouse (Hrsg.), *The handbook of aging and cognition* (3. Aufl., S. 445–489). Psychology Press.

Adachi, P. J. C. & Willoughby, T. (2016). The longitudinal association between competitive video game play and aggression among adolescents and young adults. *Child Development, 87,* 1877–1892. https://doi.org/10.1111/cdev.12556

Adachi, P. J. C., Ryan, R. M., Frye, J., McClurg, D. & Rigby, C. S. (2018).»I can't wait for the next episode!« Investigating the motivational pull of television dramas through the lens of self-determination theory. *Motivation Science, 4,* 78–94. https://doi.org/10.1037/mot0000063

Albarracin, D. & Shavitt, S. (2018). Attitudes and attitude change. *Annual Review of Psychology, 69,* 299–327. https://doi.org/10.1146/annurev-psych-122216011911

Allcott, H. & Gentzkow, M. (2017). Social media and fake news in the 2016 election. *Journal of Economic Perspectives, 31,* 211–236. https://doi.org/10.1257/jep.31.2.211

Altman, I. (1975). *The environment and social behavior: Privacy, personal space, territory, crowding.* Brooks/Cole Publ.

Anderson, C. A. & Bushman, B. J. (2002). Human aggression. *Annual Review of Psychology, 53,* 27–51. https://doi.org/10.1146/annurev.psych.53.100901.135231

Anderson, C. A. & Bushman, B. J. (2018). Media violence and the General Aggression Model. *Journal of Social Issues, 74,* 386–413. https://doi.org/10.1111/josi.12275

Anderson, C. A. & Dill, K. E. (2000). Video games and aggressive thoughts, feelings, and behavior in the laboratory and in life. *Journal of Personality and Social Psychology, 78*(4), 772–790. https://doi.org/10,1037//0022-35 14.78.4.772

Anderson, C. A., Shibuya, A., Ihori, N., Swing, E. L., Bushman, B. J., Sakamoto, A., Rothstein, H. & Saleem, M. (2010). Violent video game effects on aggression, empathy, and prosocial behavior in eastern and western countries: A meta-analytic review. *Psychological Bulletin, 136,* 151–173. https://doi.org/10.1037/a0018251

Antheunis, M. L., Schouten, A. P. & Walther, J. B. (2019). The hyperpersonal effect in online dating: Effects of text-based CMC vs. videoconferencing before meeting face-to-face. *Media Psychology*, 1–20. https://doi.org/10.1080/15213269.2019.1648217

Appel, H., Gerlach, A. L. & Crusius, J. (2016). The interplay between Facebook use, social comparison, envy, and depression. *Current Opinion in Psychology, 9*, 44–49. https://doi.org/10.1016/j.copsyc.2015.10.006

Appel, M., Slater, M. D. & Oliver, M. B. (2019). Repelled by virtue? The dark triad and eudaimonic narratives. *Media Psychology, 22*(5), 769–794. https://doi.org/10.1080/15213269.2018.1523014

Arendt, F. (2015). Toward a dose-response account of media priming. *Communication Research, 42*, 1089–1115. https://doi.org/10.1177%2F0093650213482970

Arendt, F., Peter, C. & Beck, J. (2017). Idealized female beauty, social comparisons, and awareness intervention material. Evidence for preventive effects in young women. *Journal of Media Psychology, 29*, 188–197. https://doi.org/10.1027/1864-1105/a000181

Arndt, H. L. & Woore, R. (2018). Vocabulary learning from watching YouTube videos and reading blog posts. *Language Learning & Technology, 22*, 124–142. https://doi.org/10125/44660

Arntz, A., Eimler, S. C. & Hoppe, H. U. (2020). Augmenting the Human-Robot Communication Channel in Shared Task Environments. In A. Nolte, C. Alvarez, R. Hishiyama, I.-A. Chounta, M. J. Rodríguez-Triana & T. Inoue (Hrsg.), *Collaboration Technologies and Social Computing* (Bd. 12324, S. 20–34). Springer International Publishing. https://doi.org/10.1007/978-3-030-58157-2_2

Arntz, A., Eimler, S., Handmann, U. & Keßler, D. (2019). Teaching practical tasks with virtual reality and augmented reality – An experimental study comparing learning outcomes. *21st General online research conference.* Köln, Germany.

Aubrey, J. S. & Smith, S. E. (2016). The impact of exposure to sexually oriented media on the endorsement of hookup culture: A panel study of first-year college students. *Mass Communication and Society, 19*, 74–101. https://doi.org/10.1080/15205436.2015.1070875

Baacke, D. (1999). Medienkompetenz: theoretisch erschließend und praktisch erfolgreich. *Medien & Erziehung, 43*(1), 7–12.

Baddeley, A. (1992). Working memory. *Science, 255*, 556–559. https://doi.org/10.1126/science.1736359

Bakker, B. N. & de Vreese, C. H. (2020). *The psychological roots of news consumption: Evidence from Germany, the Netherlands, Spain and the United States.* Unpublished Manuscript.

Bandura, A. (1965). Vicarious processes: A case of no-trial learning. In L. Berkowitz (Hrsg.), *Advances in experimental social psychology* (Bd. 2, S. 1–55). Academic Press.

Bandura, A. (1986). *Social foundations of thought and action: A social cognitive theory*. Prentice-Hall.

Bandura, A. (1997). *Self-efficacy: The exercise of control.* Freeman.

Bandura, A. (2001). Social cognitive theory of mass communication. *Media Psychology, 3*, 265–299. https://doi.org/10.1207/S1532785XMEP0303_03

Barasch, A., Zauberman, G. & Diehl, K. (2018). How the intention to share can undermine enjoyment: Photo-taking goals and evaluation of experiences. *Journal of Consumer Research*, *44*(6), 1220–1237. http://dx.doi.org/10.2139/ssrn.3113448

Barnes, S. B. (2006). A privacy paradox: Social networking in the United States. *First Monday*, *11*(9). https://doi.org/10.5210/fm.v11i9.1394

Bartsch, A. & Hartmann, T. (2017). The role of cognitive and affective challenge in entertainment experience. *Communication Research*, *44*, 29–53. https://doi.org/10.1177%2F0093650214565921

Bartsch, A., Vorderer, P., Mangold, R. & Viehoff, R. (2008). Appraisal of emotions in media use: Toward a process model of meta-emotion and emotion regulation. *Media Psychology*, *11*, 7–27. https://doi.org/10.1080/15213260701813447

Bause, I. M., Brich, I. R., Wesslein, A.-K. & Hesse, F. W. (2018). Using technological functions on a multi-touch table and their affordances to counteract biases and foster collaborative problem solving. *International Journal of Computer-Supported Collaborative Learning*, *13*(1), 7–33. https://doi.org/10.1007/s11412-018-9271-4.

Bayer, J. B., Triệu, P. & Ellison, N. B. (2020). Social media elements, ecologies, and effects. *Annual Review of Psychology*, *71*, 471–497. https://doi.org/10.1146/annurev-psych-010419-050944

Bente, G. & Novotny, E. (2019). Bodies and Minds in Sync: Forms and Functions of Interpersonal Synchrony in Human Interaction. In K. Floyd & R. Weber (Hrsg.), *The Handbook of Communication Science and Biology* (1. Aufl., S. 416–428). Routledge.

Berg, J. H. & Derlega, V. J. (1987). Themes in the study of self-disclosure. In V. J. Derlega (Hrsg.), *Self-disclosure: Theory, research, and therapy* (S. 1–8). Plenum Press.

Beyens, I., Eggermont, S. & Nathanson, A. I. (2016). Understanding the relationship between mothers' attitudes toward television and children's television exposure: A longitudinal study of reciprocal patterns and the moderating role of maternal stress. *Media Psychology*, *19*(4), 638–665. https://doi.org/10.1080/15213269.2016.1142383

Bilandzic, H. (2017). Lautes Denken. In L. Mikos & C. Wegener (Hrsg.), *Qualitative Medienforschung. Ein Handbuch.* (2. Aufl., S. 406–415). UVK.

Bilandzic, H. & Busselle, R. (2017). Beyond metaphors and traditions: Exploring the conceptual boundaries of narrative engagement. In F. Hakemulder, M. Kuijpers, E. Tan, K. Bálint & M. Doicaru (Hrsg.), *Narrative absorption* (S. 11–27). John Benjamins Publishing.

Bilandzic, H., Schramm, H. & Matthes, J. (2015). *Medienrezeptionsforschung*. UVK.

Blake, C. (2013). Eye-Tracking: Grundlagen und Anwendungsfelder. In W. Möhring und D. Schlütz (Hrsg.), *Handbuch standardisierte Erhebungsverfahren in der Kommunikationswissenschaft* (S. 376–388). Springer.

Blanz, M. (2014). Definitorische und deskriptive Aspekte von Kommunikation. In M. Blanz, A. Florack & U. Piontkowski (Hrsg.), *Kommunikation: Eine interdisziplinäre Einführung* (S.13–37). W. Kohlhammer.

Blascovich, J., Loomis, J., Beall, A. C., Swinth, K. R., Hoyt, C. & Bailenson, J. N. (2002). Immersive virtual environment technology as a methodological tool for social psychology. *Psychological Inquiry, 13*, 103–124. https://doi.org/10.1207/S15327965PLI1302_01

Blum-Ross, A. & Livingstone, S. (2017). »Sharenting,« parent blogging, and the boundaries of the digital self. *Popular Communication, 15*(2), 110–125. https://doi.org/10.1080/15405702.2016.1223300

Bond, B. J. (2016). Following your »friend«: Social media and the strength of adolescents' parasocial relationships with media personae. *Cyberpsychology, Behavior, and Social Networking, 19*, 656–660. https://doi.org/10.1089/cyber.2016.0355

Bond, B. J. (2018). Parasocial relationships with media personae: Why they matter and how they differ among heterosexual, lesbian, gay, and bisexual adolescents. *Media Psychology, 21*, 457–485. https://doi.org/10.1080/15213269.2017.1416295

Bowman, N. D. & Tamborini, R. (2013). »In the mood to game«: selective exposure and mood management processes in computer game play. *New Media & Society, 17*(3), 375–393. https://doi.org/10.1177/1461444813504274

Boyle, S. C., LaBrie, J. W., Froidevaux, N. M. & Witkovic, Y. D. (2016). Different digital paths to the keg? How exposure to peers' alcohol-related social media content influences drinking among male and female first-year college students. *Addictive Behavior, 57*, 21–29. https://doi.org/10.1016/j.addbeh.2016.01.011

Braddock, K. & Dillard, J. P. (2016). Meta-analytic evidence for the persuasive effect of narratives on beliefs, attitudes, intentions, and behaviors. *Communication Monographs, 83*, 446–467. https://doi.org/10.1080/03637751.2015.1128555

Breuer, J., Bishop, L. & Kinder-Kurlanda, K. (2020). The practical and ethical challenges in acquiring and sharing digital trace data: Negotiating public-private partnerships. *New Media & Society, 22*(11), 2058–2080. https://doi.org/10.1177/1461444820924622

Breuer, J., Vogelgesang, J., Quandt, T. & Festl, R. (2015). Violent video games and physical aggression: Evidence for a selection effect among adolescents. *Psychology of Popular Media Culture, 4*, 305–328. https://doi.org/10.1037/ppm0000035

Brigham, T. J. (2017) Merging Technology and Emotions: Introduction to Affective Computing. *Medical Reference Services Quarterly, 36*(4), 399–407. https://doi.org/10.1080/02763869.2017.1369289

Brown, W. J. (2015). Examining four processes of audience involvement with media personae: Transportation, parasocial interaction, identification, and worship. *Communication Theory, 25*, 259–283. https://doi.org/10.1111/comt.12053

Bryant, J. & Zillmann, D. (1984). Using television to alleviate boredom and stress: Selective exposure as a function of inducing excitational states. *Journal of Broadcasting, 28*, 1–20. https://doi.org/10.1080/08838158409386511

Burgoon, J. K. (1982). Privacy and communication. *Annals of the International Communication Association*, 6(1), 206–249. https://doi.org/10.1080/23808985.1982.11678499

Buunk, B. P., Collins, R. L., Taylor, S. E., VanYperen, N. W. & Dakof, G. A. (1990). The affective consequences of social comparison: Either direction has its ups and downs. *Journal of Personality and Social Psychology*, 59, 1238–1249. https://doi.org/10.1037/0022-3514.59.6.1238

Cacioppo, J. T. & Petty, R. E. (1982). The need for cognition. *Journal of Personality and Social Psychology*, 42, 116–131. https://doi.org/10.1037/0022-3514.42.1.116

Cacioppo, J. T., Tassinary, L. G. & Berntson, G. G. (2019). *Handbook of psychophysiology* (4. Aufl.). Cambridge University Press.

Calvo, R., D'Mello, S., Gratch, J. & Kappas, A. (2015). *The Oxford handbook of affective computing*. Oxford University Press.

Cantor, J. (2002). Fright reactions to mass media. In J. Bryant & D. Zillmann (Hrsg.), *Media effects: Advances in theory and research* (S. 287–306). Lawrence Erlbaum Associates.

Carolus, A., Binder, J. F., Muench, R., Schmidt, C., Schneider, F. & Buglass, S. L. (2019). Smartphones as digital companions: Characterizing the relationship between users and their phones. *New Media & Society*, 21(4), 914–938. https://doi.org/10.1177/1461444818817074

Carpenter, C. J. (2015). A meta-analysis of the ELM's argument quality × processing type predictions. *Human Communication Research*, 41, 501–534. https://doi.org/10.1111/hcre.12054

Carr, C. T. (2020). CMC Is dead, long live CMC! Situating computer-mediated communication scholarship beyond the digital age. *Journal of Computer-Mediated Communication*, 25(1), 9–22. https://doi.org/10.1093/jcmc/zmz018

Chae, J. (2018). Explaining females' envy toward social media influencers. *Media Psychology*, 21(2), 246–262. https://doi.org/10.1080/15213269.2017.1328312

Chae, S. W., Lee, K. C. & Seo, Y. W. (2016). Exploring the effect of avatar trust on learners' perceived participation intentions in an e-learning environment. *International Journal of Human-Computer Interaction*, 32, 373-393. https://doi.org/10.1080/10447318.2016.1150643

Chatterjee, J. S., Sangalang, A. & Cody, M. J. (2017). Entertainment-Education. In P. Rössler (Hrsg.), *The international encyclopedia of media effects* (S. 478–479). Wiley Blackwell.

Chen, X., Wei, S., Davison, R. M. & Rice, R. E. (2019). How do enterprise social media affordances affect social network ties and job performance? *Information Technology & People*, 33(1), 361–388. https://doi.org/10.1108/ITP-11-2017-0408

Cheng, C. & Li, A. Y.-l. (2014). Internet addiction prevalence and quality of (real) life: A meta-analysis of 31 nations across seven world regions. *Cyberpsychology, Behavior and Social Networking*, 17, 755–760. https://doi.org/10.1089/cyber.2014.0317

Cheng, C., Wang, H.-Y., Sigerson, L. & Chau, C.-L. (2019). Do the socially rich get richer? A nuanced perspective on social network site use and online social capital accrual. *Psychological Bulletin*, *145*(7), 734–764. https://doi.org/10.1037/bul0000198

Cheng, G. & Chau, J. (2016). Exploring the relationships between learning styles, online participation, learning achievement and course satisfaction: An empirical study of a blended learning course. *British Journal of Educational Technology*, *47*(2), 257–278. https://doi.org/10.1111/bjet.12243

Clark, H. H. (1992). *Arenas of language use*. University of Chicago Press.

Cohen, E. L. & Klimmt, C. (2021). Stepping in and out of media characters: Identification and dynamic shifts in users' positioning towards entertainment messages. In P. Vorderer & C. Klimmt (Hrsg.), *The Oxford handbook of entertainment theory* (S. 267–284). Oxford University Press.

Cohen, J. (2006). Audience identification with media characters. In J. Bryant & P. Vorderer (Hrsg.), *Psychology of entertainment* (S. 183–197). Lawrence Erlbaum Associates.

Cohen, J. (2009). Mediated relationships and media effects: Parasocial interaction and identification. In R. L. Nabi & M. B. Oliver (Hrsg.), *The SAGE handbook of media processes and effects* (S. 223–236). SAGE.

Cohen, J., Appel, M. & Slater, M. D. (2020). Media, identity, and self. In M. B. Oliver, A. A. Raney & J. Bryant (Hrsg.), *Media effects. Advances in theory and research* (4. Aufl., S. 179–194). Routledge.

Cohen, J., Oliver, M. B. & Bilandzic, H. (2018). The differential effects of direct address on parasocial experience and identification: Empirical evidence for conceptual difference. *Communication Research Reports*, *36*, 78–83. https://doi.org/10.1080/08824096.2018.1530977

Cohen, S. & Wills, T. A. (1985). Stress, social support, and the buffering hypothesis. *Psychological Bulletin*, *98*(2), 310–357. https://doi.org/10.1037/0033-2909.98.2.310

Collins, T. P., Crawford, J. T. & Brandt, M. J. (2017). No evidence for ideological asymmetry in dissonance avoidance. *Social Psychology*, *48*(3), 123–134. https://doi.org/10.1027/1864-9335/a000300

Collmann, J. & Matei, S. A. (2016). *Ethical reasoning in big data: An exploratory analysis*. Springer.

Cooper, J. (2012). Cognitive dissonance theory. In P. A. M. Van Lange, A. W. Kruglanski & E. T. Higgins (Hrsg.), *Handbook of theories of social psychology* (Bd. 1, S. 377–397). SAGE.

Cooper, N., Tompson, S., O'Donnell, M. B. & Falk, E. B. (2015). Brain activity in self- and value-related regions in response to online antismoking messages predicts behavior change. *Journal of Media Psychology*, *27*, 93–109. https://doi.org/10.1027/1864-1105/a000146

Corcoran, K., Crusius, J. & Mussweiler, T. (2011). Social comparison: Motives, standards, and mechanisms. In D. Chadee (Hrsg.), *Theories in social psychology* (S. 119–139). Wiley-Blackwell.

Cotton, J. L. (1985). Cognitive dissonance in selective exposure. In D. Zillmann & J. Bryant (Hrsg.), *Selective exposure to communication* (S. 11–34). Lawrence Erlbaum Associates.

Cowie, R. (2015). Ethical issues in affective computing. In R. Calvo, S. D'Mello, J. Gratch & A. Kappas (Hrsg.), *The Oxford handbook of affective computing*. Oxford University Press. https://doi.org/10.1093/oxfordhb/9780199942237.013.006

Cress, U. (2019). Learning inside and between networks: How the network perspective determines topics and methods of research. In Y. Kali, A. Schejter & A. Baram-Tsabari (Hrsg.), *Learning in a networked society* (S. 245–255). Springer. https://dx.doi.org/10.1007/978-3-030-14610-8_13

Crowley, J. L. (2017). A framework of relational information control: A review and extension of information control research in interpersonal contexts. *Communication Theory, 27*(2), 202–222. https://doi.org/10.1111/comt.12115

Cui, D. & Ji, Q. (2019). What makes social Q&A site use enjoyable? The role of using modes and intrinsic needs satisfaction. *Psychology of Popular Media Culture, 8*, 190–197. https://doi.org/10.1037/ppm0000177

D'Alessio, D. & Allen, M. (2010). The selective exposure hypothesis and media choice processes. In R. W. Preiss, B. M. Gayle, N. Burell, M. Allen & J. Bryant (Hrsg.), *Mass media effects research. Advances through meta-analysis* (S. 103–118). Routledge.

DeAndrea, D. C. (2014). Advancing warranting theory. *Communication Theory, 24*(2), 186–204. https://doi.org/10.1111/comt.12033

DeVito, M. A., Birnholtz, J. & Hancock, J. T. (2017). Platforms, people, and perception. In C. P. Lee, S. Poltrock, L. Barkhuus, M. Borges & W. Kellogg (Hrsg.), *Proceedings of the 2017 ACM conference on computer supported cooperative work and social computing* (S. 740–754). ACM. https://doi.org/10.1145/2998181.2998192

Dibble, J. L., Hartmann, T. & Rosaen, S. F. (2016). Parasocial interaction and parasocial relationship: Conceptual clarification and a critical assessment of measures. *Human Communication Research, 42*, 21–44. https://doi.org/10.1111/hcre.12063

Diekmann, A. (2018). *Empirische Sozialforschung: Grundlagen, Methoden, Anwendungen* (12. Aufl.). Rororo Rowohlts Enzyklopädie: Bd. 55678. Rowohlt Taschenbuch Verlag.

Diener, E., Lucas, R. E. & Oishi, S. (2018). Advances and open questions in the science of subjective well-being. *Collabra. Psychology, 4*(1). https://doi.org/10.1525/collabra.115

Dienlin, T. & Metzger, M. J. (2016). An extended privacy calculus model for SNSs: Analyzing self-disclosure and self-withdrawal in a representative US sample. *Journal of Computer-Mediated Communication, 21*(5), 368–383. https://doi.org/10.1111/jcc4.12163

Dienlin, T. (2017). *The psychology of privacy: Analyzing processes of media use and interpersonal communication*. Dissertation. Hohenheim: Universität Hohenheim. http://opus.uni-hohenheim.de/volltexte/2017/1315/

Dienlin, T., Johannes, N., Bowman, N. D., Masur, P. K., Engesser, S., Kümpel, A. S., Lukito, J., Bier, L. M., Zhang, R., Johnson, B. K., Huskey, R., Schneider, F. M., Breuer, J., Parry, D. A., Vermeulen, I., Fisher, J., Banks, J., Weber, R., Ellis, D. A., Smits, T., Ivory, J. D., Trepte, S., McEwan, B., Rinke, E. M., Neubaum, G., Winter, S., Carpenter, C. J., Krämer, N., Utz, S., Unkel, J., Wang, X., Davidson, B. I., Kim, N., Stevenson Won, A., Domahidi, E., Lewis, N. A. & de Vreese, C. D. (2020). An agenda for open science in communication. *Journal of Communication*. Advance online publication. https://doi.org/10.1093/joc/jqz052

Dienlin, T., Masur, P. K. & Trepte, S. (2021). Analyzing the Privacy Paradox Using a Nationally Representative Three-Wave Panel Study. *New Media & Society* [Online First].

Dill, K. E. (Hrsg.). (2013). *The Oxford handbook of media psychology*. Oxford University Press.

Dillard, J. P. (2020). Currents in the study of persuasion. In M. B. Oliver, A. A. Raney & J. Bryant (Hrsg.), *Media effects. Advances in theory and research* (4. Aufl., S. 115–129). Routledge.

Dillman Carpentier, F. R. (2017). Priming. In P. Rössler (Hrsg.), *The international encyclopedia of media effects* (S. 1595–1608). Wiley Blackwell.

Dinev, T. & Hart, P. (2006). An extended privacy calculus model for e-commerce transactions. *Information Systems Research*, *17*(1), 61–80. https://doi.org/10.1287/isre.1060.0080

Dixon, T. L. (2020). Media stereotypes. In M. B. Oliver, A. A. Raney & J. Bryant (Hrsg.), *Media effects. Advances in theory and research* (4. Aufl., S. 243–257). Routledge.

Domahidi, E. (2018). The associations between online media use and users' perceived social resources: A meta-analysis. *Journal of Computer-Mediated Communication*, *23*(4), 181–200. https://doi.org/10.1093/jcmc/zmy007

Donsbach, W. (1991). *Medienwirkung trotz Selektion. Einflußwirkungen auf die Zuwendung zu Zeitungsinhalten*. Böhlau.

Donsbach, W. & Mothes, C. (2012). The dissonant self: Contribution from dissonance theory to a new agenda for studying political communication. In Salmon (Hrsg,), *Communication Yearbook 36* (S. 3–44). Routledge.

Döring, N. (2017). Vom Internetsex zum Robotersex. Forschungsstand und Herausforderungen für die Sexualwissenschaft. *Zeitschrift für Sexualforschung*, *30* (1), 35–57. https://doi.org/10.1055/s-0043-101471

Döring, N. & Bortz, J. (2016). *Forschungsmethoden und Evaluation in den Sozial- und Humanwissenschaften* (5. Aufl.). Springer.

Dunkel-Schetter, C. & Brooks, K. (2009). Nature of social support. In H. T. Reis & S. Sprecher (Hrsg.), *Encyclopedia of human relationships* (S. 1565–1570). Sage Publications.

Dvir-Gvirsman, S. (2019). Political social identity and selective exposure. *Media Psychology*, *22*(6), 867–889. https://doi.org/10.1080/15213269.2018.1554493

Eimler, S. C., Neubaum, G., Mannsfeld, M., Krämer, N. C. (2016). Altogether Now! Mass and Small Group Collaboration in (Open) Online Courses: A Case Study. In: Cress U., Moskaliuk J. & Jeong H. (Hrsg.) *Mass Collaboration and Education. Computer-Supported Collaborative Learning Series* (S. 285–304). Springer.

Eitel, A. & Scheiter, K. (2015). Picture or text first? Explaining sequence effects when learning with pictures and text. *Educational Psychology Review, 27*, 153–180. https://doi.org/10.1007/s10648-014-9264-4

Ellemers, N. & Haslam, S. A. (2012). Social identity theory. In P. A. M. Van Lange, A. W. Kruglanski & E. T. Higgins (Hrsg.), *Handbook of theories of social psychology* (Bd. 2., S. 388–398). Sage.

Ellithorpe, M. E. & Brookes, S. E. (2018). I didn't see that coming: Spoilers, fan theories, and their influence on enjoyment and parasocial breakup distress during a series finale. *Psychology of Popular Media Culture, 7*, 250–263. https://doi.org/10.1037/ppm0000134

Elson, M., Mohseni, M. R., Breuer, J., Scharkow, M. & Quandt, T. (2014). Press CRTT to measure aggressive behavior: The unstandardized use of the Competitive Reaction Time Task in aggression research. *Psychological Assessment, 26*, 419–432. https://doi.org/10.1037/a0035569

Erdmann, J., Christmann, N., Elson, M., Hecking, T., Herrmann, T., Hoppe, H. U. & Wichmann, A. (2017). Challenges in implementing small group collaboration in large online courses. In *CSCL 2017 Proceedings*.

Ernst, A. (2019, Oktober). Trumps neues Aufbäumen gegen kritische Medien. *Sueddeutsche.de*. https://www.sueddeutsche.de/medien/usa-donald-trump-fake-news-1.4655584

Evans, S. K., Pearce, K. E., Vitak, J. & Treem, J. W. (2017). Explicating affordances: A conceptual framework for understanding affordances in communication research. *Journal of Computer-Mediated Communication, 22*(1), 35–52. https://doi.org/10.1111/jcc4.12180

Ewoldsen, D. R. & Rhodes, N. (2020). Media priming and accessibility. In M. B. Oliver, A. A. Raney & J. Bryant (Hrsg.), *Media effects. Advances in theory and research* (4. Aufl., S. 83–99). Routledge.

Eyal, K. & Cohen, J. (2006). When good friends say goodbye: A parasocial breakup story. *Journal of Broadcasting & Electronic Media, 50*, 502–523. https://doi.org/10.1207/s15506878jobem5003_9

Eysenck, M. W. & Keane, M. T. (2015). *Cognitive psychology: A student's handbook* (7. Aufl.). Psychology Press.

Fahr, A. & Hofer, M. (2013). Psychophysiologische Messmethoden. In W. Möhring & D. Schlütz (Hrsg.): *Handbuch standardisierte Erhebungsverfahren in der Kommunikationswissenschaft* (S. 347–365). Springer VS.

Fardouly, J., Pinkus, R. T. & Vartanian, L. R. (2017). The impact of appearance comparisons made through social media, traditional media, and in person in women's everyday lives. *Body Image, 20*, 31–39. https://doi.org/10.1016/j.bodyim.2016.11.002

Ferguson, C. J. (2015). Do angry birds make for angry children? A meta-analysis of video game influences on children's and adolescents' aggression, mental health, prosocial behavior, and academic performance. *Perspectives on Psychological Science, 10*, 646–666. https://doi.org/10.1177/1745691615592234

Festinger, L. (1957). *A theory of cognitive dissonance*. Stanford University Press.

Festinger, L., Pepitone, A. & Necomb, T. (1952). Some consequences of deindividuation in a group. *Journal of Abnormal Psychology, 47*(2), 382–389. https://doi.org/10.1037/h0057906

Fikkers, K. M., Piotrowski, J. T., Lugtig, P. & Valkenburg, P. M. (2016). The role of perceived peer norms in the relationship between media violence exposure and adolescents' aggression. *Media Psychology, 19*, 4–26. https://doi.org/10.1080/15213269.2015.1037960

Fisher, J. T., Keene, J. R., Huskey, R. & Weber, R. (2018). The limited capacity model of motivated mediated message processing: Taking stock of the past. *Annals of the International Communication Association, 42*(4), 270–290. https://doi.org/10.1080/23808985.2018.1534552

Fong, T., Nourbakhsh, I. & Dautenhahn, K. (2003). A survey of socially interactive robots. *Robotics and Autonomous Systems*, Volume 42(3–4), 143–166. https://doi.org/10.1016/S0921-8890(02)00372-X

Forscher, P. S., Lai, C. K., Axt, J. R., Ebersole, C. R., Herman, M., Devine, P. G. & Nosek, B. A. (2019). A meta-analysis of procedures to change implicit measures. *Journal of Personality and Social Psychology, 117*(3), 522–559. https://doi.org/10.1037/pspa0000160

Fosch-Villaronga, E. & Albo-Canals, J. (2019). »I'll take care of you,« said the robot, Paladyn, *Journal of Behavioral Robotics, 10*(1), 77–93. https://doi.org/10.1515/pjbr-2019-0006

Fox, J., Ahn, S. J., Janssen, J. H., Yeykelis, L., Segovia, K. Y. & Bailenson, J. N. (2015). Avatars versus agents: A meta-analysis quantifying the effect of agency on social influence. *Human–Computer Interaction, 30*(5), 401–432. https://doi.org/10.1080/07370024.2014.921494

Fox, J. & McEwan, B. (2017). Distinguishing technologies for social interaction: The perceived social affordances of communication channels scale. *Communication Monographs, 84*(3), 298–318. https://doi.org/10.1080/03637751.2017.1332418

Fox, J. & Vendemia, M. A. (2016). Selective self-presentation and social comparison through photographs on social networking sites. *Cyberpsychology, Behavior and Social Networking, 19*(10), 593–600. https://doi.org/10.1089/cyber.2016.0248

Frees, B. & Koch, W. (2018). ARD/ZDF-Onlinestudie 2018: Zuwachs bei medialer Internetnutzung und Kommunikation. *Media Perspektiven, o. Jg.*, 9, 398–413.

Früh, W. (2017). *Inhaltsanalyse: Theorie und Praxis* (8. Aufl.). UVK.

Fumero, A., Marrero, R. J., Voltes, D. & Peñate, W. (2018). Personal and social factors involved in internet addiction among adolescents: A meta-analysis. *Computers in Human Behavior, 86*, 387–400. https://doi.org/10.1016/j.chb.2018.05.005

Gabbiadini, A., Riva, P., Andrighetto, L., Volpato, C. & Bushman, B. J. (2016). Acting like a tough guy: Violent-sexist video games, identification with game characters, masculine beliefs & Empathy for Female Violence Victims. *PloS ONE, 11*(4), e0152121. https://doi.org/10.1371/journal.pone.0152121

Gambino, A., Fox, J. & Ratan, R. (2020). Building a stronger CASA: Extending the computers are social actors paradigm. *Human-Machine Communication, 1*, 71–86. https://doi.org/10.30658/hmc.1.5

Gao, X., Pan, W., Li, C., Weng, L., Yao, M. & Chen, A. (2017). Long-Time exposure to violent video games does not show desensitization on empathy for pain: An fMRI study. *Frontiers in Psychology, 8*, Article 650. https://doi.org/10.3389/fpsyg.2017.00650

Gascon, J. G., Doherty, S. M. & Liu, D. (2016). Investigation of Videogame Flow. *Proceedings of the Human Factors and Ergonomics Society Annual Meeting, 59*(1), 1853–1857. https://doi.org/10.1177/1541931215591400

Gazzaniga, M. S., Halpern, D. F. & Heatherton, T. F. (2017). *Psychologie*. Beltz.

Gentile, D. A., Bender, P. K. & Anderson, C. A. (2017). Violent video game effects on salivary cortisol, arousal, and aggressive thoughts in children. *Computers in Human Behavior, 70*, 39–43. https://doi.org/10.1016/j.chb.2016.12.045

Gentile, D. A., Li, D., Khoo, A., Prot, S. & Anderson, C. A. (2014). Mediators and moderators of long-term effects of violent video games on aggressive behavior: Practice, thinking, and action. *JAMA Pediatrics, 168*, 450–457. https://doi.org/10.1001/jamapediatrics.2014.63

Gerjets, P. (2017). Learning and problem-solving with hypermedia in the twenty-first century: From hypertext to multiple web sources and multimodal adaptivity. In S. Schwan & U. Cress (Hrsg.), *The psychology of digital learning* (S. 171–186). Springer.

Gervais, B. T. (2015). Incivility online: Affective and behavioral reactions to uncivil political posts in a web-based experiment. *Journal of Information Technology & Politics, 12*(2), 167–185. https://doi.org/10.1080/19331681.2014.997416

Ghaznavi, J. & Taylor, L. D. (2015). Bones, body parts, and sex appeal: An analysis of #thinspiration images on popular social media. *Body Image, 14*, 54–61. https://doi.org/10.1016/j.bodyim.2015.03.006

Gibson, J. J. (1979). *The ecological approach to visual perception*. Lawrence Erlbaum Associates.

Gingerich, A. C. & Lineweaver, T. T. (2014). OMG! Texting in class = u fail:(. Empirical evidence that text messaging during class discrupts comprehension. *Teaching of Psychology, 41*, 44–51. https://doi.org/0.1177/0098628313514177

Glaser, B. & Strauss, A. (1967). *The discovery of grounded theory*. Aldine.

Gläser, J. & Laudel, G. (2020). *Experteninterviews und qualitative Inhaltsanalyse als Instrumente rekonstruierender Untersuchungen* (7. Aufl.). VS Verlag.

Gleich, U. & Burst, M. (1996). Parasoziale Beziehungen von Fernsehzuschauern mit Personen auf dem Bildschirm. *Medienpsychologie, 8*, 182–200.

Gnambs, T. & Appel, M. (2018). Narcissism and social networking behavior: A meta-analysis. *Journal of Personality, 86*(2), 200–212. https://doi.org/10.1111/jopy.12305

Granow, V. C., Reinecke, L. & Ziegele, M. (2018). Binge-Watching and Psychological Well-Being: Media Use Between Lack of Control and Perceived Autonomy. *Communication Research Reports, 35*, 392–401. https://doi.org/10.1080/08824096.2018.1525347

Green, M. C., Bilandzic, H., Fitzgerald, K. & Paravati, E. (2020). Narrative effects. In M. B. Oliver, A. A. Raney & J. Bryant (Hrsg.), *Media effects. Advances in theory and research* (4. Aufl., S. 130–145). Routledge.

Green, M. C. & Brock, T. C. (2002). In the mind's eye: Transportation-imagery model of narrative persuasion. In M. C. Green, J. J. Strange & T. C. Brock (Hrsg.), *Narrative impact: Social and cognitive foundations* (S. 315–341). Lawrence Erlbaum Associates.

Greenwood, D. (2017). Social comparison theory. In P. Rössler (Hrsg.), *The international encyclopedia of media effects* (S. 1804–1812). Wiley Blackwell.

Greitemeyer, T. & Mügge, D. O. (2014). Video games do affect social outcomes: A meta-analytic review of the effects of violent and prosocial video game play. *Personality and Social Psychology Bulletin, 40*, 578–589. https://doi.org/10.1177/0146167213520459

Greitemeyer, T. & Sagioglou, C. (2017). The longitudinal relationship between everyday sadism and the amount of violent video game play. *Personality and Individual Differences, 104*, 238–242. https://doi.org/10.1016/j.paid.2016.08.021

Groeben, N. (2002). Dimensionen der Medienkompetenz: Deskriptive und normative Aspekte. In N. Groeben & B. Hurrelmann (Hrsg.), *Medienkompetenz. Voraussetzungen, Dimensionen, Funktionen* (S. 160–197). Juventa.

Groeben, N. (2004). Medienkompetenz. In R. Mangold, P. Vorderer & G. Bente (Hrsg.), *Lehrbuch der Medienpsychologie* (S. 27–50). Hogrefe.

Guzman, A. L. & Lewis, S. C. (2020). Artificial intelligence and communication: A Human–Machine Communication research agenda. *New Media & Society, 22*(1), 70–86. https://doi.org/10.1177/1461444819858691

Hartmann, M., Wirth, W., Vorderer, P., Klimmt, C., Schramm, H. & Böcking, S. (2015). Spatial presence theory: State of the art and challenges ahead. In M. Lombard, F. Biocca, J. Freeman, W. IJsselsteijn & R. J. Schaevitz (Hrsg.), *Immersed in media: Telepresence theory, measurement & technology* (S. 115–135). Springer.

Hartmann, T. (2010). *Parasoziale Interaktionen und Beziehungen*. Nomos.

Hartmann, T. (2013). Media entertainment as a result of recreation and psychological growth. In E. Scharrer (Hrsg.), *Media effects/media psychology, Bd. 5. The International Encyclopedia of Media Studies, A. Valdivia (Gen. Hrsg.)* (S. 170–188). Wiley-Blackwell.

Hartmann, T. & Goldhoorn, C. (2011). Horton and Wohl revisited: Exploring viewers' experience of parasocial interaction. *Journal of Communication, 61*, 1104–1121. https://doi.org/10.1111/j.1460-2466.2011.01595.x

Hartmann, T., Krakowiak, K. M. & Tsay-Vogel, M. (2014). How violent video games communicate violence: A literature review and content analysis of moral disengagement factors. *Communication Monographs, 81*, 310–332. https://doi.org/10.1080/03637751.2014.922206

Hartmann, T., Schramm, H. & Klimmt, C. (2004). Personenorientierte Medienrezeption: Ein Zwei-Ebenen-Modell parasozialer Interaktion. *Publizistik, 49*(1), 25–47. https://doi.org/10.1007/s11616-004-0003-6

Hassan, R. (2019). Digitality, virtual reality and the ›empathy machine‹. *Digital Journalism, 8*(2), 195–212. https://doi.org/10.1080/21670811.2018.1517604

Hesse, F. W., Sassenberg, K. & Schwan, S. (2016). Editorial: Psychologie und Wissensmedien. *Psychologische Rundschau, 67*, 83–86. https://dx.doi.org/10.10 26/0033-3042/a000299

Hessel, S. (2017). »My friend Cayla« – eine nach § 90 TKG verbotene Sendeanlage? *JurPC* Web-Dok. 0013/2017

Higgins, E. T. (2012). Accessibility theory. In P. A. M. Van Lange, A. W. Kruglanski & E. T. Higgins (Hrsg.), *Sage social psychology programme. Handbook of theories of social psychology* (Bd. 1., S. 75–96). SAGE.

Higgins, E. T., Bargh, J. A. & Lombardi, W. J. (1985). Nature of priming effects on categorization. *Journal of Experimental Psychology: Learning, Memory, and Cognition, 11*(1), 59–69. https://doi.org/10.1037/0278-7393.11.1.59

Hobbs, R. & Mihailidis, P. (2019). *The international encyclopedia of media literacy*. Bd. I–II. Wiley-Blackwell.

Hoeken, H., Kolthoff, M. & Sanders, J. (2016). Story perspective and character similarity as drivers of identification and narrative persuasion. *Human Communication Research, 42*, 292–311. https://doi.org/10.1111/hcre.12076

Hofer, M. (2016). *Presence und Involvement*. Nomos.

Hofer, M. & Fahr, A. (2016). Apparative Messungen in der Werbewirkungsforschung. In G. Siegert, W. Wirth, P. Weber & J. A. Lischka (Hrsg.), *Handbuch Werbeforschung* (S. 573–592). Springer Fachmedien. https://doi.org/10.1007/978-3-531-18916-1_25

Hoffmann, L. (2017). *That robot touch that means so much: On the psychological effects of human-robot touch:* Dissertation. https://duepublico2.uni-due.de/receive/duepublico_mods_00043331.

Hogg, M. A. & Abrams, D. (1990). Social motivation, self-esteem and social identity. In D. Abrams & M. A. Hogg (Hrsg.), *Social identity theory: Constructive and critical advances* (S. 28–47). Harvester Wheatsheaf.

Holloway, D. & Green, L. (2016). The Internet of toys. *Communication Research and Practice, 2*(4), 506–519. https://doi.org/10.1080/22041451.2016.1266324

Horn, J. L. (1982). The theory of fluid and crystallized intelligence in relation to concepts of cognitive psychology and aging in adulthood. In F. I. M. Craik & S. Trehub (Hrsg.), *Aging and cognitive processes* (S. 847–870). Plenum Press.

Horstmann, A. C. & Krämer, N. C. (2019). Great expectations? Relation of previous experiences with social robots in real life or in the media and expectancies based on qualitative and quantitative assessment. *Frontiers in Psychology, 10*, 939. https://doi.org/10.3389/fpsyg.2019.00939

Horstmann, A. C., Bock, N., Linhuber, E., Szczuka, J. M., Straßmann, C. & Krämer, N. C. (2018). Do a robot's social skills and its objection discourage interactants from switching the robot off? *PloS One, 13*(7), e0201581. https://doi.org/10.1371/journal.pone.0201581

Horton, D. & Wohl, R. R. (1956). Mass communication and para-social interaction: Observation on intimacy at a distance. *Psychiatry, 19*(3), 215–229.

Horz, H. (2020). *Medienpsychologie. Basiswissen Psychologie*. VS, Verl. für Sozialwissenschaften.

Hosseinpanah, A., Krämer, N. C. & Straßmann, C. (2018). Empathy for everyone? In M. Imai, T. Norman, E. Sklar & T. Komatsu (Hrsg.), *Proceedings of the 6th International Conference on Human-Agent Interaction* (S. 184–190). ACM. https://doi.org/10.1145/3284432.3284442

Hoyt, C. L., Blasovich, J. & Swinth, K. R. (2003). Social inhibition in virtual environments. *Teleoperators & Virtual Environments, 12*, 183–195. https://doi.org/10.1080/15213260701300865

Huang, H.-Y. (2016). Examining the beneficial effects of individual's self-disclosure on the social network site. *Computers in Human Behavior, 57*, 122–132. https://doi.org/10.1016/j.chb.2015.12.030

Janicke, S. H. & Raney, A. A. (2018). Modeling the antihero narrative enjoyment process. *Psychology of Popular Media Culture, 7*, 533–546. https://doi.org/10.1037/ppm0000152

Johannes, N., Meier, A., Reinecke, L., Ehlert, S., Setiawan, D. N., Walasek, N., Dienlin, T., Buijzen, M. & Veling, H. (2019). The relationship between online vigilance and affective well-being in everyday life: combining smartphone logging with experience sampling. *Media Psychology*, 1–25. https://doi.org/10.1080/15213269.2020.1768122

Johnson, B. K., Ewoldsen, D. R. & Slater, M. D. (2015). Self-control depletion and narrative: Testing a prediction of the TEBOTS model. *Media Psychology, 18*, 196–220. https://doi.org/10.1080/15213269.2014.978872

Johnson, B. K. & Rosenbaum, J. E. (2015). Spoiler Alert: Consequences of narrative spoilers for dimensions of enjoyment, appreciation, and transportation. *Communication Research, 42*, 1068–1088. https://doi.org/10.1177/0093650214564051

Jonason, P. K. & Webster, G. D. (2010). The Dirty Dozen: A concise measure of the dark triad. *Psychological Assessment, 22*, 420–432. https://doi.org/10.1037/a0019265

Joyce, N. & Harwood, J. (2014). Context and identification in persuasive mass communication. *Journal of Media Psychology, 26*(1), 50–57. https://doi.org/10.1027/1864-1105/a000110

Kang, S.-H. & Gratch, J. (2012). Socially anxious people reveal more personal information with virtual counselors that talk about themselves using intimate human back stories. *Studies in Health Technology and Informatics, 181*, 202–206.

Keib, K., Espina, C., Lee, Y.-I., Wojdynski, B. W., Choi, D. & Bang, H. (2017). Picture this: The influence of emotionally valenced images, on attention, selection, and sharing of social media news. *Media Psychology, 21*(2), 202–221. https://doi.org/10.1080/15213269.2017.1378108

Keles, B., McCrae, N. & Grealish, A. (2020). A systematic review: The influence of social media on depression, anxiety and psychological distress in adolescents. *International Journal of Adolescence and Youth*, *25*(1), 79–93. https://doi.org/10.1080/02673843.2019.1590851

Kelly, K. M. (2006). Individual differences in reactions to rejection. In M. R. Leary (Hrsg.), *Interpersonal rejection* (S. 290–315). Oxford Univ. Press. https://doi.org/10.1093/acprof:oso/9780195130157.003.0011

Kessler, T. & Fritsche, I. (2018). *Sozialpsychologie*. Springer.

Keyling, T. (2014). Automatisierte Inhaltsanalyse. In M. Welker, M. Taddicken, J.-H. Schmidt & N. Jackob (Hrsg.), *Handbuch Online-Forschung. Sozialwissenschaftliche Datengewinnung und -auswertung in digitalen Netzen*. S. 233–254. Herbert von Halem Verlag.

Kiesler, S., Siegel, J. & McGuire, T. W. (1984). Social psychological aspects of computer-mediated communication. *American Psychologist, 39*, 1123–1134. https://doi.org/10.1037/0003-066X.39.10.1123

Kircaburun, K., Jonason, P. K. & Griffiths, M. D. (2018). The Dark Tetrad traits and problematic social media use: The mediating role of cyberbullying and cyberstalking. *Personality and Individual Differences, 135*, 264–269. https://doi.org/10.1016/j.paid.2018.07.034

Klein, O., Spears, R. & Reicher, S. (2007). Social identity performance: Extending the strategic side of SIDE. *Personality and Social Psychology Review. An Official Journal of the Society for Personality and Social Psychology, Inc, 11*(1), 28–45. https://doi.org/10.1177/1088868306294588

Klimmt, C., Hefner, D. & Vorderer, P. (2009). The video game experience as ›true‹ identification: A theory of enjoyable alterations of players' self perception. Communication Theory, 19(4), 351–373. https://doi.org/10.1111/j.1468-2885.2009.01347.x

Klimmt, C., Hefner, D., Vorderer, P., Roth, C. & Blake, C. (2010). Identification with video game characters as automatic shift of self-perceptions. *Media Psychology, 13*(4), 323–338. https://10.1080/15213269.2010.524911

Klimmt, C. & Possler. (2020). Video games. In M. B. Oliver, A. A. Raney & J. Bryant (Hrsg.), *Media effects. Advances in theory and research* (4. Aufl., S. 342–356). Routledge.

Klowait, N. (2018). The quest for appropriate models of human-likeness: anthropomorphism in media equation research. *AI & SOCIETY, 33*(4), 527–536. https://doi.org/10.1007/s00146-017-0746-z

Kneer, J., Elson, M. & Knapp, F. (2016). Fight fire with rainbows: The effects of displayed violence, difficulty, and performance in digital games on affect, aggression, and physiological arousal. *Computers in Human Behavior, 54*, 142–148. https://doi.org/10.1016/j.chb.2015.07.034

Knight, S.-A. & Burn, J. M. (2011). A preliminary introduction to the OTAM: Exploring users' perceptions of their on-going interaction with adopted technologies. *Australasian Journal of Information Systems, 17*(1). https://doi.org/10.3127/ajis.v17i1.541

Knobloch-Westerwick, S. (2015a). Thinspiration: Self-improvement versus self-evaluation social comparisons with thin-ideal media portrayals. *Health Communication, 30*, 1089–1101. https://doi.org/10.1080/10410236.2014.921270

Knobloch-Westerwick, S. (2015b). *Choice and preference in media use*. Routledge. https://doi.org/10.4324/9781315771359

Knobloch-Westerwick, S., Westerwick, A. & Sude, D. J. (2020). Media choice and selective exposure. In M. B. Oliver, A. A. Raney & J. Bryant (Hrsg.), *Routledge communication series. Media effects: Advances in theory and research* (S. 146–162). Routledge.

Koban, K., Breuer, J., Rieger, D., Mohseni, M. R., Noack, S., Bente, G. & Ohler, P. (2019). Playing for the thrill and skill. Quiz games as means for mood and competence repair. *Media Psychology, 22*(5), 743–768. https://doi.org/10.1080/15213269.2018.1515637

Koc, M. & Barut, E. (2016). Development and validation of New Media Literacy Scale (NMLS). *Computers in Human Behavior 63*, 834–843. https://doi.org/10.1016/j.chb.2016.06.035

Koch, T., Peter, C. & Müller, P. (2019). *Das Experiment in der Kommunikations- und Medienwissenschaft: Grundlagen, Durchführung und Auswertung experimenteller Forschung*. Springer Fachmedien Wiesbaden. https://doi.org/10.1007/978-3-658-19754-4

Kokolakis, S. (2017). Privacy attitudes and privacy behaviour: A review of current research on the privacy paradox phenomenon. *Computers & Security, 64*, 122–134. https://doi.org/10.1016/j.cose.2015.07.002

Krahé, B., Möller, I., Huesmann, L. R., Kirwil, L., Felber, J. & Berger, A. (2011). Desensitization to media violence: Links with habitual media violence exposure, aggressive cognitions, and aggressive behavior. *Journal of Personality and Social Psychology, 100*, 630–646. https://doi.org/10.1037/a0021711

Krämer, N. C. & Manzeschke, A. (2021). Social reactions to socially interactive agents and their ethical implications. In B. Lugrin, C. Pelachaud & D. Traum (Eds.), *Handbook on Socially Interactive Agents: 20 years of research on Embodied Conversational Agents, Intelligent Virtual Agents, and Social Robotics*. ACM Books.

Krämer, N. C. & Schäwel, J. (2020). Mastering the challenge of balancing self-disclosure and privacy in social media. *Current Opinion in Psychology, 31*, 67–71. https://doi.org/10.1016/j.copsyc.2019.08.003

Krämer, N. C., Eimler, S., von der Pütten, A. & Payr, S. (2011). Theory of companions: What can theoretical models contribute to applications and understanding of human-robot interaction? *Applied Artificial Intelligence, 25*, 474–502. https://doi.org/10.1080/08839514.2011.587153

Krämer, N. C., Karacora, B., Lucas, G., Dehghani, M., Rüther, G. & Gratch, J. (2016). Closing the gender gap in STEM with friendly male instructors? On the effects of rapport behavior and gender of a virtual agent in an instructional interaction. *Computers & Education, 99*, 1–13. https://doi.org/10.1016/j.compedu.2016.04.002

Krämer, N. C., Kopp, S., Becker-Asano, C. & Sommer, N. (2013). Smile and the world will smile with you–The effects of a virtual agent's smile on users' evaluation and behavior. *International Journal of Human-Computer Studies*, *71*(3), 335–349. https://doi.org/10.1016/j.ijhcs.2012.09.006

Krämer, N. C., Lucas, G., Schmitt, L. & Gratch, J. (2018). Social snacking with a virtual agent – On the interrelation of need to belong and effects of social responsiveness when interacting with artificial entities. *International Journal of Human-Computer Studies*, *109*, 112–121. https://doi.org/10.1016/j.ijhcs.2017.09.001

Krämer, N. C., Neubaum, G. & Eimler, S. C. (2017). A brief history of (social) Cyberspace. In J. Hołyst (Ed.), *Cyberemotions: collective emotions in Cyberspace* (pp. 11–35). Springer.

Krämer, N. C., Rosenthal-von der Pütten, A. & Eimler, S. (2012). Human-agent and human-robot interaction Theory: Similarities to and differences from human-human interaction. In M. Zacarias & J. V. de Oliveira (Hrsg.), *Studies in Computational Intelligence. Human-computer interaction: The agency perspective* (Bd. 396, S. 215–240). Springer Berlin Heidelberg. https://doi.org/10.1007/978-3-642-25691-2_9

Krämer, N. C., Rosenthal-von der Pütten, A. M. & Hoffmann, L. (2015). Social effects of virtual and robot companions. In S. S. Sundar (Hrsg.), *Handbooks in communication and media. The handbook of the psychology of communication technology* (S. 137–159). Wiley Blackwell. https://doi.org/10.1002/9781118426456.ch6

Krämer, N. C., Schwan, S., Unz, D. & Suckfüll, M. (Hrsg.). (2016). *Medienpsychologie: Schlüsselbegriffe und Konzepte*. Kohlhammer.

Krause, H.-V., Baum, K., Baumann, A. & Krasnova, H. (2019). Unifying the detrimental and beneficial effects of social network site use on self-esteem: A systematic literature review. *Media Psychology*, 1–38. https://doi.org/10.1080/15213269.2019.1656646

Krauss, R. M. & Fussell, S. R. (1991). Perspective-taking in communication: Representations of others' knowledge in reference. *Social Cognition*, *9*(1), 2–24. https://doi.org/10.1521/soco.1991.9.1.2

Krcmar, M. (2020). Social cognitive theory. In M. B. Oliver, A. A. Raney & J. Bryant (Eds.), *Media effects. Advances in theory and research* (4. Aufl., S. 100–114). Routledge.

Krishnan, A. & Hunt, D. S. (2019). TTYL:-) … Nonverbal cues and perceptions of personality and homophily in synchronous mediated communication. *Information, Communication & Society*, 1–17. https://doi.org/10.1080/1369118X.2019.1635183

Kromrey, H., Roose, J. & Strübing, J. (2016). *Empirische Sozialforschung* (13. Aufl.). UVK.

Kunczik, M. & Zipfel, A. (2005). *Publizistik: Ein Studienhandbuch*. Böhlau.

Kyewski, E. & Krämer, N. C. (2018). To gamify or not to gamify? An experimental field study of the influence of badges on motivation, activity, and performance in an online learning course. *Computers & Education*, *118*, 25–37. https://doi.org/10.1016/j.compedu.2017.11.006

Lang, A. (2000). The limited capacity model of mediated message processing. *Journal of Communication, 50*(1), 46–70. https://doi.org/10.1111/j.1460-2466.2000.tb02833.x

Lang, A. (2017). Limited capacity model of motivated mediated message processing (LC4MP). In P. Rössler (Hrsg.), *The international encyclopedia of media effects* (S. 851–860). Wiley Blackwell.

Latonero, M. (2018). *Governing artificial intelligence.* Data & Society. https://datasociety.net/wp-content/uploads/2018/10/DataSociety_Governing_Artificial_Intelligence_Upholding_Human_Rights.pdf

Lazarsfeld, P. F., Berelson, B. R. & Gaudet, H. (1944). *The people's choice: How the voter makes up his mind in a presidential campaign.* Duell, Sloan & Pierce.

Lea, M., Spears, R. & Watt, S. E. (2007). Visibility and anonymity effects on attraction and group cohesiveness. *European Journal of Social Psychology, 37*(4), 761–773. https://doi.org/10.1002/ejsp.398

Leary, M. R. (1993). The interplay of private self-processes and interpersonal factors in self-presentation. In J. Suls (Hrsg.), *Psychological perspectives on the self* (Bd. 4, S. 127–155). Lawrence Erlbaum Associates.

Leary, M. R. & Kowalski, R. M. (1990). Impression management: A literature review and two-component model. *Psychological Bulletin, 107*(1), 34–47. https://doi.org/10.1037/0033-2909.107.1.34

Lee, E.-J. (2020). Authenticity model of (mass-oriented) computer-mediated communication: conceptual explorations and testable propositions. *Journal of Computer-Mediated Communication, 25*(1), 60–73. https://doi.org/10.1093/jcmc/zmz025

Lee, M., Lucas, G., Mell, J., Johnson, E. & Gratch, J. (2019). What's on your virtual mind? In C. Pelachaud, J.-C. Martin, H. Buschmeier, G. Lucas & S. Kopp (Hrsg.), *Proceedings of the 19th ACM International Conference on Intelligent Virtual Agents (IVA '19)* (pp. 38–45). Association for Computing Machinery. https://doi.org/10.1145/3308532.3329465

Lee, S. & Lang, A. (2015). Redefining media content and structure in terms of available resources. *Communication Research, 42,* 599–625. https://doi.org/10.1177/0093650213488416

Lee, S. Y. & Jang, K. (2019). Antecedents of impression management motivations on social network sites and their link to social anxiety. *Media Psychology, 22*(6), 890–904. https://doi.org/10.1080/15213269.2019.1580588

Li, J., Kizilcec, R., Bailenson, J. & Ju, W. (2016). Social robots and virtual agents as lecturers for video instruction. *Computers in Human Behavior, 55,* 1222–1230. https://doi.org/10.1016/j.chb.2015.04.005

Li, S. & Zhang, G. (2018). Intergroup communication in online forums: The effect of group identification on online support provision. *Communication Research.* https://doi.org/10.1177/0093650218807041

Liebers, N. & Schramm, H. (2019). Parasocial interactions and relationships with media characters – An inventory of 60 years of research. *Communication Research Trends, 38*(2), 4–31.

Lin, H. (2015). A meta-synthesis of empirical research on the effectiveness of computer-mediated communication (CMC) in SLA. *Language, Learning and Technology, 19*(2), 85–117.

Lin, R. & Utz, S. (2015). The emotional responses of browsing Facebook: Happiness, envy, and the role of tie strength. *Computers in Human Behavior, 52*, 29–38. https://doi.org/10.1016/j.chb.2015.04.064

Lin, T.-B., Li, J.-Y., Deng, F. & Lee, L. (2013). Understanding new media literacy: An explorative theoretical framework. *Educational Technology & Society, 16*(4), 160–170.

Liszio, S., Graf, L., Basu, O. & Masuch, M. (2020). Pengunaut trainer: a playful vr app to prepare children for mri examinations – in-depth game design analysis. In *Proceedings of the ACM Interaction Design and Children Conference 2020*, 470–482.

Liu, D., Ainsworth, S. E. & Baumeister, R. F. (2016). A meta-analysis of social networking online and social capital. *Review of General Psychology, 20*(4), 369–391. https://doi.org/10.1037/gpr0000091

Liu, D., Baumeister, R., Yang, C. & Baijing, H. (2019). Digital communication media use and psychological well-being: A meta-analysis. *Journal of Computer-Mediated Communication, 24*, 259–274. https://doi.org/10.1093/ccc/zmz013

Liu, D. & Campbell, W. K. (2017). The Big Five personality traits, Big Two metatraits and social media: A meta-analysis. *Journal of Research in Personality, 70*, 229–240. https://doi.org/10.1016/j.jrp.2017.08.004

Lombard, M. & Jones, T. (2015). Defining presence. In M. Lombard, F. Biocca, J. Freeman, W. IJsselsteijn & R. J. Schaevitz (Hrsg.), *Immersed in media: Telepresence theory, measurement & technology* (S. 13–34). Springer.

Loy, L. S. (2018). *Communicating climate change: How proximising climate change and global identity predict engagement*. Dissertation. Universität Hohenheim. http://opus.uni-hohenheim.de/volltexte/2018/1538/

Lup, K., Trub, L. & Rosenthal, L. (2015). Instagram #instasad?: Exploring associations among instagram use, depressive symptoms, negative social comparison, and strangers followed. *Cyberpsychology, Behavior, and Social Networking, 18*, 247–252. https://doi.org/10.1089/cyber.2014.0560

Lynch, T. & Martins, N. (2015). Nothing to fear? An analysis of college student's fear experiences with video games. *Journal of Broadcasting & Electronic Media, 59*, 298–317. https://doi.org/10.1080/08838151.2015.1029128

Marikyan, D., Papagiannidis, S. & Alamanos, E. (2019). A systematic review of the smart home literature: A user perspective. *Technological Forecasting and Social Change, 138*, 139–154. https://doi.org/10.1016/j.techfore.2018.08.015

Mascheroni, G. (2018). Researching datafied children as data citizens. *Journal of Children and Media, 12*(4), 517–523. https://doi.org/10.1080/17482798.2018.15 21677

Mastro, D. & Figueroa-Caballero, A. (2018). Measuring extremes: A quantitative content analysis of prime time TV depictions of body type. *Journal of Broadcas-

ting & Electronic Media, 62, 320–336. https://doi.org/10.1080/08838151.2018.1451853

Masur, P. K. (2018). *Situational privacy and self-disclosure*. Dissertation. Springer International Publishing. https://doi.org/10.1007/978-3-319-78884-5

Masur, P. K. (2020). How online privacy literacy supports self-data protection and self-determination in the age of information. Media and Communications, 8(2), 258–269. https://doi.org/10.17645/mac.v8i2.2855

Masur, P. K., Teutsch, D. & Trepte, S. (2017). Entwicklung und Validierung der Online-Privatheitskompetenzskala (OPLIS) [engl. Development and validation of the online privacy literacy scale]. *Diagnostica*, 63, 256–268. https://doi.org/10.1026/0012-1924/a000179

Mayer, R. E. (2001). *Multimedia learning*. Cambridge University Press.

Mayer, R. E. (Hrsg.). (2014). *The Cambridge handbook of multimedia learning* (2. Aufl.). Cambridge University Press.

Mayring, P. (2016). *Einführung in die qualitative Sozialforschung* (6. Aufl.). Beltz.

McCarthy, R. J., Coley, S. L., Wagner, M. F., Zengel, B. & Basham, A. (2016). Does playing video games with violent content temporarily increase aggressive inclinations? A pre-registered experimental study. *Journal of Experimental Social Psychology*, 67, 13–19. https://doi.org/10.1016/j.jesp.2015.10.009

McCrae, R. R. & John, O. P. (1992). An Introduction to the five factor model and its application. *Journal of Personality*, 60, 175–215. https://doi.org/10.1111/j.1467-6494.1992.tb00970.x

McKinley, C. J., Mastro, D. & Warber, K. M. (2014). Social identity theory as a framework for understanding the effects of exposure to positive media images of self and other on intergroup outcomes. *International Journal of Communication*, 8(1), 1049–1068.

Meier, A. (2018). Alles eine Frage der digitalen Autonomie? Die Rolle von Autonomie in der digitalen Kommunikation für psychologische Grundbedürfnisse und psychische Gesundheit im Alltag. *Medien & Kommunikationswissenschaft*, 66, 407–427. https://doi.org/10.5771/1615-634X-2018-4-407

Meier, A., Domahidi, E. & Günther, E. (2021). Computer-mediated communication and mental health: A computational scoping review of an interdisciplinary field. In S. Yates & R. E. Rice (Hrsg.), *The oxford handbook of digital technology and society* (pp. 79–110). Oxford University Press.

Meier, A., Gilbert, A., Börner, S. & Possler, D. (2020). Instagram Inspiration: How Upward Comparison on Social Network Sites Can Contribute to Well-Being. *Journal of Communication*, 70(5), 721–743. https://doi.org/10.1093/joc/jqaa025

Meier, A. & Reinecke, L. (2020). *Computer-mediated communication, social media, and mental health: A conceptual and empirical meta-review*. https://doi.org/10.31234/osf.io/573ph

Merkt, M. & Schwan, S. (2016). Lernen mit digitalen Videos. Der Einfluss einfacher interaktiver Kontrollmöglichkeiten. *Psychologische Rundschau*, 67, 94–101. https://doi.org/10.1026/0033-3042/a000301

Mikos, L. & Wegener, C. (Hrsg.). (2017). *Qualitative Medienforschung: Ein Handbuch* (2. Aufl.). UVK Verlagsgesellschaft mbH; UVK Lucius.

Miranda, D. & Blais-Rochette, C. (2018). Neuroticism and emotion regulation through music listening: A meta-analysis. *Musicae Scientiae, 30*(466), 1–14. https://doi.org/10.1177/1029864918806341

Mitchell, T. A. & Nelson, M. R. (2018). Brand placement in emotional scenes: Excitation transfer or direct affect transfer? *Journal of Current Issues & Research in Advertising, 39*, 206–219. https://doi.org/10.1080/10641734.2018.1428252

Möhring, W. & Schlütz, D. (2019). *Die Befragung in der Medien- und Kommunikationswissenschaft: Eine praxisorientierte Einführung* (3. Aufl.). Springer VS.

Moors, A. (2018). Appraisal theory of emotion. In V. Zeigler-Hill & T. Shackelford (Hrsg.), *Encyclopedia of personality and individual differences* (S. 232–240). Springer.

Moreno, M. A. & D'Angelo, J. (2019). Social media intervention design: Applying an affordances framework. *Journal of Medical Internet Research, 21*(3), e11014. https://doi.org/10.2196/11014

Mori, M. (1970). The uncanny valley. *Energy, 7*(4), 33–35.

Moyer-Gusé, E. & Dale, K. (2017). Narrative persuasion theories. In P. Rössler (Hrsg.), *The international encyclopedia of media effects* (S. 1345–1355). Wiley Blackwell.

Mussweiler, T. (2003). Comparison processes in social judgment: Mechanisms and consequences. *Psychological Review, 110*(3), 472–489. https://doi.org/10.1037/0033-295x.110.3.472

Mussweiler, T., Rüter, K. & Epstude, K. (2006). The why, who, and how of social comparison: A social-cognition perspective. In S. Guimond (Hrsg.), *Social comparison and social psychology: Understanding cognition, intergroup relations, and culture* (S. 33–54). Cambridge University Press.

Myers, T. A. & Crowther, J. H. (2009). Social comparison as a predictor of body dissatisfaction: A meta-analytic review. *Journal of Abnormal Psychology, 118*, 683–698. https://doi.org/10.1037/a0016763

Nabi, R. L. (2020). Media and emotion. In M. B. Oliver, A. A. Raney & J. Bryant (Hrsg.), *Media effects. Advances in theory and research* (4. Aufl., S. 163–178). Routledge.

Nabi, R. L. & Prestin, A. (2017). Social learning theory and social cognitive theory. In P. Rössler (Hrsg.), *The international encyclopedia of media effects* (S. 1855–1867). Wiley Blackwell.

Nakamura, J. & Csikszentmihalyi, M. (2009). The concept of flow. In C. R. Snyder & S. J. Lopez (Hrsg.), *Handbook of positive psychology* (2. Aufl., S. 195–206). Oxford University Press.

Nass, C., Fogg, B. J. & Moon, Y. (1996). Can computers be teammates? *International Journal of Human-Computer Studies, 45*, 669–678. https://doi.org/10.1006/ijhc.1996.0073

Nass, C. & Moon, Y. (2000). Machines and mindlessness: Social responses to computers. *Journal of Social Issues, 56(1)*, 81–103. https://doi.org/10.1111/0022-4537.00153

Nass, C., Moon, Y., Kim, E.-Y. & Fogg, B. J. (1997). Computers are social actors: A review of current research. In B. Friedmann (Hrsg.), *Moral and ethical issues in humancomputer interaction* (S. 137–162). CSLI Press.

Neyer, F. J. & Asendorpf, J. B. (2018). *Psychologie der Persönlichkeit* (6. Aufl.). Springer.

Nieding, G., Ohler, P., Diergarten, A. K., Möckel, T., Rey, G. D. & Schneider, W. (2017). The development of media sign literacy–A longitudinal study with 4-year-old children. *Media Psychology, 20(3)*, 401–427. https://doi.org/10.1080/15213269.2016.1202773

Nieding, G., Ohler, P. & Rey, G. D. (2015). *Lernen mit Medien*. Ferdinand Schöningh.

Nowak, K. L. & Fox, J. (2018). Avatars and computer-mediated communication: A review of the definitions, uses, and effects of digital representations. *Review of Communication Research, 6*, 30–53. https://doi.org/10.12840/issn.2255-4165.2018.06.01.015

Oliver, M. B. & Bartsch, A. (2011). Appreciation of entertainment. The importance of meaningfulness via virtue and wisdom. *Journal of Media Psychology, 23* (1), 29–33. https://doi.org/10.1027/1864-1105/a000029

Oliver, M. B. & Raney, A. (2011). Entertainment as pleasurable and meaningful: Identifying hedonic and eudaimonic motivations for entertainment consumption. *Human Communication Research, 59*, 984–1004. https://doi.org/10.1111/j.1460-2466.2011.01585.x

Oliver, M. B., Raney, A. A., Slater, M. D., Appel, M., Hartmann, T., Bartsch, A., Schneider, F. M., Janicke-Bowles, S. H., Krämer, N., Mares, M.-L., Vorderer, P., Rieger, D., Dale, K. R. & Das, E. (2018). Self-transcendent media experiences: Taking meaningful media to a higher level. *Journal of Communication, 68*, 380–389. https://doi.org/10.1093/joc/jqx020

Orben, A., Dienlin, T. & Przybylski, A. K. (2019). Social media's enduring effect on adolescent life satisfaction. *Proceedings of the National Academy of Sciences of the United States of America, 116(21)*, 10226–10228. https://doi.org/10.1073/pnas.1902058116

Ostendorf, F. & Angleitner, A. (2003). *NEO-Persönlichkeitsinventar (revidierte Form, NEO-PI-R) nach Costa und McCrae*. Hogrefe.

Paez, D., Delfino, G., Vargas-Salfate, S., Liu, J. H., Gil De Zúñiga, H., Khan, S. & Garaigordobil, M. (2019). A longitudinal study of the effects of internet use on subjective well-being. *Media Psychology*, 1–35. https://doi.org/10.1080/15213269.2019.1624177

Panigrahi, R., Srivastava, P. R. & Sharma, D. (2018). Online learning: Adoption, continuance, and learning outcome–A review of literature. *International Journal of Information Management, 43*, 1–14. https://doi.org/10.1016/j.ijinfomgt.2018.05.005

Paulhus, D. L. (2014). Toward a taxonomy of dark personalities. *Current Directions in Psychological Science, 23*, 421–426. https://doi.org/10.1177/0963721414 5.47737

Paulhus, D. L. & Williams, K. (2002). The dark triad of personality: Narcissism, Machiavellianism, and Psychopathy. *Journal of Research in Personality, 36*, 556–568. https://doi.org/10.1016/S0092-6566(02)00505-6

Pelet, J.-É., Ettis, S. & Cowart, K. (2017). Optimal experience of flow enhanced by telepresence: Evidence from social media use. *Information & Management, 54*, 115–128. https://doi.org/10.1016/j.im.2016.05.001

Peter, C. (2016). *Fernsehen als Zerrspiegel. Relevanz und Bedingungen sozialer Vergleichsprozesse im Rahmen der Fernsehnutzung*. Springer VS.

Peter, J. & Kühne, R. (2018). The new frontier in communication research: Why we should study social robots. *Media and Communication, 6*(3), 73. https://doi.org/10.17645/mac.v6i3.1596

Petty, R. E., Brinol, P. & Priester, J. R. (2009). Mass media attitude change: Implications of the elaboration likelihood model of persuasion. In J. Bryant & M. B. Oliver (Hrsg.), *Media effects: Advances in theory and research* (3. Aufl., S. 125–164). Routledge.

Petty, R. E. & Cacioppo, J. T. (1986). The elaboration likelihood model of persuasion. In L. Berkowitz (Hrsg.), *Advances in Experimental Social Psychology* (Bd. 19, S. 124–205). Academic Press.

Petty, R. E. & Wegener, D. T. (1999). The elaboration likelihood model: Current status and controversies. In S. Chaiken & Y. Trope (Hrsg.), *Dual process theories in social psychology* (S. 41–72). Guilford Press.

Phillips, E., Zhao, X., Ullman, D. & Malle, B. F. (2018). What is Human-like? Decomposing Robots' Human-like Appearance Using the Anthropomorphic roBOT (ABOT) Database. In *Proceedings of the 2018 ACM/IEEE International Conference on Human-Robot Interaction*, 105–113. https://doi.org/10.1145/3171221.3171268

Picard, R. W. (1997). *Affective computing*. MIT Press.

Pieschl., S. (2018). Ist Medienkompetenz ein protektiver Faktor gegen problematische Mediennutzung? In O. D. Kothgassner & A. Felnhofner (Hrsg.), *Klinische Cyberpsychologie und Cybertherapie* (1. Aufl., 180–188).

Piotrowski, J. T. & Fikkers, K. M. (2020). Media violence and aggression. In M. B. Oliver, A. A. Raney & J. Bryant (Hrsg.), *Media effects. Advances in theory and research* (4. Aufl., S. 211–226). Routledge.

Potter, R. F. & Bolls, P. D. (2012). *Psychophysiological measurement and meaning: Cognitive and emotional processing of media*. Routledge.

Prescott, A. T., Sargent, J. D. & Hull, J. G. (2018). Metaanalysis of the relationship between violent video game play and physical aggression over time. *Proceedings of the National Academy of Sciences of the United States of America, 115*, 9882–9888. https://doi.org/10.1073/pnas.1611617114

Putnam, R. D. (2000). *Bowling alone: The collapse and revival of American community*. Simon & Schuster.

Quinn, K. (2016). Why we share: A uses and gratifications approach to privacy regulation in social media use. *Journal of Broadcasting & Electronic Media, 60*(1), 61–86. https://doi.org/10.1080/08838151.2015.1127245

Rains, S. A., Kenski, K., Coe, K. & Harwood, J. (2017). Incivility and political identity on the internet: Intergroup factors as predictors of incivility in discussions of news online. *Journal of Computer-Mediated Communication, 22*(4), 163–178. https://doi.org/10.1111/jcc4.12191

Rains, S. A., Levine, T. R. & Weber, R. (2018). Sixty years of quantitative communication research summarized: lessons from 149 meta-analyses. *Annals of the International Communication Association, 42*, 105–124. https://doi.org/10.1080/23808985.2018.1446350

Rains, S. A., Tsetsi, E., Akers, C., Pavlich, C. A. & Appelbaum, M. (2019). Factors influencing the quality of social support messages produced online: The role of responsibility for distress and others' support attempts. *Communication Research, 46*(6), 866–886. https://doi.org/10.1177/0093650218796371

Raney, A. A. (2017). Affective disposition theory. In P. Rössler (Hrsg.), *The international encyclopedia of media effects* (S. 1–11). Wiley Blackwell.

Raney, A. A. & Bryant, J. (2020). Entertainment and enjoyment as media effect. In M. B. Oliver, A. A. Raney & J. Bryant (Hrsg.), *Media effects. Advances in theory and research* (4. Aufl., S. 324–341). Routledge.

Raney, A. A. & Janicke, S. H. (2013). How we enjoy and why we seek out morally complex characters in media entertainment. In R. Tamborini (Hrsg.), *Media and the moral mind* (S. 152–169). Routledge.

Raney, A. A., Janicke, S. H., Oliver, M. B., Dale, K. R., Jones, R. P. & Cox, D. (2018). Profiling the audience for self-transcendent media: A national survey. *Mass Communication and Society, 21*, 296–319. https://doi.org/10.1080/15205436.2017.1413195

Ratan, R. A., Fordham, J. A., Leith, A. P. & Williams, D. (2019). Women keep it real: Avatar gender choice in the League of Legends. *Cyberpsychology, Behavior, and Social Networking, 22*, 254–257. https://doi.org/10.1089/cyber.2018.0302

Ravaja, N., Aula, P., Falco, A., Laaksonen, S., Salminen, M. & Ainamo, A. (2015). Online news and corporate reputation. *Journal of Media Psychology, 27*(3), 118–133. https://doi.org/10.1027/1864-1105/a000149

Read, G. L., Ballard, M., Emery, L. J. & Bazzini, D. G. (2016). Examining desensitization using facial electromyography: Violent videogames, gender, and affective responding. *Computers in Human Behavior, 62*, 201–211. https://doi.org/10.1016/j.chb.2016.03.074

Reer, F. & Krämer, N. C. (2020). A Self-Determination Theory-based laboratory experiment on social aspects of playing multiplayer first-person shooters. *Entertainment Computing*. Advance online publication. https://doi.org/10.1016/j.entcom.2020.100353

Reeves, B. & Nass, C. (1996). *The media equation: How people treat computers, television, and new media like real people and places.* CSLI Publications.

Reicher, S. D., Spears, R. & Postmes, T. (1995). A social identity model of deindividuation phenomena. In W. Stroebe & M. Hewstone (Hrsg.), *European reviews of social psychology* (Bd. 6, S. 161–197). Wiley.

Reinecke, L. (2017). Mood Management Theory. In P. Rössler, C. A. Hoffner & L. van Zoonen (Hrsg.), *The Wiley Blackwell-ICA international encyclopedias of communication. The international encyclopedia of media effects* (Bd. 23, S. 1–13). John Wiley & Sons Inc. https://doi.org/10.1002/9781118783764.wbieme0085

Reinecke, L. & Oliver, M. B. (2016). Media use and well-being: Status quo and open questions. In L. Reinecke & M. B. Oliver (Hrsg.), *The Routledge handbook of media use and well-being: International perspectives on theory and research on positive media effects* (pp. 3–13). Routledge.

Reinecke, L. & Rieger, D. (2016). Unterhaltung. In N. C. Krämer, S. Schwan, D. Unz & M. Suckfüll (Hrsg.), *Medienpsychologie. Schlüsselbegriffe und Konzepte* (2. Aufl., S. 283–292). Kohlhammer.

Reinecke, L. & Rieger, D. (2021). Media entertainment as a self-regulatory resource: The recovery and resilience in entertaining media use (R2EM) Model. In P. Vorderer & C. Klimmt (Hrsg.), *The Oxford handbook of entertainment theory* (S. 755–780). Oxford University Press.

Reinecke, L., Tamborini, R., Grizzard, M., Lewis, R. J., Eden, A. & Bowman, N. D. (2012). Characterizing mood management as need satisfaction: The effects of intrinsic needs on selective exposure and mood repair. *Journal of Communication*, 62, 437–453. https://doi.org/10.1111/j.1460-2466.2012.01649.x

Reinecke, L., Vorderer, P. & Knop, K. (2014). Entertainment 2.0? The role of intrinsic and extrinsic need satisfaction for the enjoyment of Facebook use. *Journal of Communication*, 64, 417–438. https://doi.org/10.1111/jcom.12099

Rekabsaz, N. & Schedl, M. (2020). Do neural ranking models intensify gender bias? Accepted publication at the 34rd *ACM SIGIR Conference on Research and Development in Information Retrieval*. Xi'an, China.

Renkewitz, F. & Keiner, M. (2019). How to detect publication bias in psychological research. *Zeitschrift Für Psychologie*, 227(4), 261–279. https://doi.org/10.1027/2151-2604/a000386

Renkl, A. & Scheiter, K. (2017). Studying visual displays: How to instructionally support learning. *Educational Psychology Review*, 29, 599–621. https://doi.org/10.1007/s10648-015-9340-4

Rieger, D., Frischlich, L., Wulf, T., Bente, G. & Kneer, J. (2015). Eating ghosts: The underlying mechanisms of mood repair via interactive and noninteractive media. *Psychology of Popular Media Culture*, 4(2), 138–154. https://doi.org/10.1037/ppm0000018

Rigby, C. S. & Ryan, R. M. (2017). Time well-spent? Motivation for entertainment media and its eudaimonic aspects through the lens of Self-Determinatoin Theory. In L. Reinecke & M. B. Oliver (Hrsg.), *The Routledge handbook of media use and well-being: International perspectives on theory and research on positive media effects* (S. 34–48). Routledge.

Rogers, R. (2017). The motivational pull of video game feedback, rules, and social interaction: Another self-determination theory approach. *Computers in Human Behavior, 73,* 446–450. https://doi.org/10.1016/j.chb.2017.03.048

Ros, S., Hernández, R., Caminero, A., Robles, A., Barbero, I., Maciá, A. & Holgado, F. P. (2015). On the use of extended TAM to assess students' acceptance and intent to use third-generation learning management systems. *British Journal of Educational Technology, 46*(6), 1250–1271. https://doi.org/10.1111/bjet.12199

Rosenthal-von der Pütten, A. M., Krämer, N. C., Gratch, J. & Kang, S.-H. (2010). »It doesn't matter what you are!« Explaining social effects of agents and avatars. *Computers in Human Behavior, 26*(6), 1641–1650. https://doi.org/10.1016/j.chb.2010.06.012

Rosenthal-von der Pütten, A. M., Krämer, N. C. & Herrmann, J. (2018). The effects of humanlike and robot-specific affective nonverbal behavior on perception, emotion, and behavior. *International Journal of Social Robotics, 10*(5), 569–582. https://doi.org/10.1007/s12369-018-0466-7

Rosenthal-von der Pütten, A. M., Krämer, N. C., Maderwald, S., Brand, M. & Grabenhorst, F. (2019). Neural mechanisms for accepting and rejecting artificial social partners in the uncanny valley. *The Journal of Neuroscience. The Official Journal of the Society for Neuroscience, 39*(33), 6555–6570. https://doi.org/10.1523/JNEUROSCI.2956-18.2019

Rössler, P. (2011). *Skalenhandbuch Kommunikationswissenschaft.* Springer VS. https://doi.org/10.1007/978-3-531-94179-0

Rössler, P. (2017). *Inhaltsanalyse* (3. Aufl.). Konstanz, München: UVK.

Rössler, P. & Geise, S. (2013). Standardisierte Inhaltsanalyse: Grundprinzipien, Einsatz und Anwendung. In W. Möhring & D. Schlütz (Hrsg.), *Handbuch standardisierte Erhebungsverfahren in der Kommunikationswissenschaft* (S. 269–287). Springer VS.

Rozendaal, E. & Figner, B. (2019). Effectiveness of a school-based intervention to empower children to cope with advertising. *Journal of Media Psychology,* 1–12. https://doi.org/10.1027/1864-1105/a000262

Ryan, R. M. & Deci, E. L. (2000). Self-determination theory and the facilitation of intrinsic motivation, social development, and well-being. *American Psychologist, 55*(1), 68–78. https://doi.org/10.1037110003-066X.55.1.68

Ryan, R. M. & Deci, E. L. (2017). *Self-determination theory: Basic psychological needs in motivation, development, and wellness.* Guilford Press.

Saiphoo, A. N. & Vahedi, Z. (2019). A meta-analytic review of the relationship between social media use and body image disturbance. *Computers in Human Behavior, 101,* 259–275. https://doi.org/10.1016/j.chb.2019.07.028

Saleem, M. & Ramasubramanian, S. (2019). Muslim Americans' responses to social identity threats: Effects of media representations and experiences of discrimination. *Media Psychology, 22*(3), 373–393. https://doi.org/10.1080/15213269.2017.1302345

Salomon, G. (1979). *Interaction of media, cognition, and learning.* Jossey-Bass.

Samson, L. & Potter, R. F. (2016). Empathizing and systemizing (un)justified mediated violence: Psychophysiological indicators of emotional response. *Media Psychology*, *19*(1), 156–180. https://doi.org/10.1080/15213269.2015.1037959

Scharkow, M. (2013). Automatische Inhaltsanalyse. In W. Möhring & S. Schlütz (Hrsg.), *Handbuch*. *Handbuch standardisierte Erhebungsverfahren in der Kommunikationswissenschaft* (S. 289–306). Springer VS.

Schäwel, J. (2019). *How to raise users' awareness of online privacy: An empirical and theoretical approach for examining the impact of persuasive privacy support measures on users' self-disclosure on online social networking sites*. DuEPublico: Duisburg-Essen Publications online, University of Duisburg-Essen, Germany. https://doi.org/10.17185/DUEPUBLICO/70691

Schäwel, J., Frener, R., Masur, P.K. & Trepte, S. (2021). Learning by doing oder doing by learning? Die Wechselwirkung zwischen Online-Privatheitskompetenz und Datenschutzverhalten. *Medien- und Kommunikationswissenschaft*, *69*, 2.

Schäwel, J. & Trepte, S. (2021). *Reciprocal spirals of self-presentation on- and off the net*. Conference of the International Communication Association (ICA), Denver.

Scheiter, K., Schüler, A. & Eitel, A. (2017). Learning from multimedia: Cognitive processes and instructional support. In S. Schwan & U. Cress (Hrsg.), *The psychology of digital learning* (S. 1–19). Springer.

Scherer, K. R. & Moors, A. (2019). The emotion process: Event appraisal and component differentiation. *Annual Review of Psychology*, *70*, 719–745. https://doi.org/10.1146/annurev-psych-122216-011854

Schlenker, B. R. (1980). *Impression management: The self-concept, social identity, and interpersonal relations*. Brooks.Schlenker, B. R. (2012). Self-presentation. In M. R. Leary & J. P. Tangney (Hrsg.), *Handbook of self and identity*. The Guilford Press.

Schlenker, B. R. (1980). *Impression management: The self-concept, social identity, and interpersonal relations*. Brooks.

Schlenker, B. R. (2012). Self-presentation. In M. R. Leary & J. P. Tangney (Hrsg.), *Handbook of self and identity*. The Guilford Press.

Schlenker, B. R. & Leary, M. R. (1982). Social anxiety and self-presentation: A conceptualization and model. *Psychological Bulletin*, *92*(3), 641–669. https://doi.org/10.1037/0033-2909.92.3.641

Schlosser, A. E. (2020). Self-disclosure versus self-presentation on social media. *Current Opinion in Psychology*, *31*, 1–6. https://doi.org/10.1016/j.copsyc.2019.06.025

Schlütz, D. & Möhring, W. (2018). Between the devil and the deep blue sea: Negotiating ethics and method in communication research practice. *Studies in Communication and Media*, *7*(1), 31–58. https://doi.org/10.5771/2192-4007-2018-1-30

Schmader, T., Block, K. & Lickel, B. (2015). Social identity threat in response to stereotypic film portrayals: Effects on self-conscious emotion and implicit ingroup attitudes. *Journal of Social Issues*, *71*(1), 54–72. https://doi.org/10.1111/josi.12096

Schmidt, J. H. (2019). Soziale Medien: Funktionen, Praktiken, Formationen. In J. H. Schmidt & M. Taddicken (Hrsg.), *Handbuch soziale Medien*. Springer.

Schmidt-Atzert, L., Peper, M. & Stemmler, G. (2014). *Emotionspsychologie* (2. Aufl.). Kohlhammer Verlag.

Schmierbach, M., Chung, M.-Y., Wu, M. & Kim, K. (2014). No one likes to lose. The effect of game difficulty on competency, flow, and enjoyment. *Journal of Media Psychology, 26*, 105–110. https://doi.org/10.1027/1864-1105/a000120

Schmitt, J. B., Ernst, J. & Rieger, D., Roth, H.-J. (Hrsg.). (2020). *Propaganda und Prävention: Forschungsergebnisse, didaktische Ansätze, interdisziplinäre Perspektiven zur pädagogischen Arbeit zu extremistischer Internetpropaganda*. Springer. https://doi.org/10.1007/978-3-658-28538-8

Schmitt, M. (2004). Persönlichkeitspsychologische Grundlagen. In R. Mangold, P. Vorderer & G. Bente (Hrsg.), *Lehrbuch der Medienpsychologie* (S. 151–175). Hogrefe.

Schneider, F. M., Bartsch, A. & Oliver, M. B. (2019). Factorial validity and measurement invariance of the Appreciation, Fun, and Suspense scales across US-American and German samples. *Journal of Media Psychology: Theories, Methods, and Applications, 31*(3), 149–156. https://doi.org/10.1027/1864-1105/a000236

Schramm, H. (2016). Parasoziale Interaktion (PSI). In N. C. Krämer, S. Schwan, D. Unz & M. Suckfüll (Hrsg.), *Medienpsychologie. Schlüsselbegriffe und Konzepte* (2. Aufl., S. 297–302). Kohlhammer.

Schramm, H. & Oliver, M. B. (2012). Comparing entertainment and emotions. In F. Esser & T. Hanitzsch (Hrsg.), *Handbook of comparative communication research* (S. 370–381). Routledge.

Schroeder, N. L. & Cenkci, A. T. (2018). Spatial contiguity and spatial split-attention effects in multimedia learning environments: A meta-analysis. *Educational Psychology Review, 30*, 679–701. https://doi.org/10.1007/s10648-018-9435-9

Schüler, A., Arndt, J. & Scheiter, K. (2015). Processing multimedia material: Does integration of text and pictures result in a single or two interconnected mental representations? *Learning and Instruction, 35*, 62–72. https://doi.org/10.1016/j.learninstruc.2014.09.005

Schwan, S. & Cress, U. (Hrsg.). (2017). *The psychology of digital leraning: Constructing, exchanging, and acquiring knowledge with digital media*. Springer.

Schwan, S. & Papenmeier, F. (2017). Learning from animations: From 2D to 3D? In R. Plötzner & R. Lowe (Hrsg.), *Learning from dynamic visualizations: Innovations in research and application* (S. 31–49). Springer.

Schwind, V., Leicht, K., Jäger, S., Wolf, K. & Henze, N. (2017). Is there an uncanny valley of virtual animals? A quantitative and qualitative investigation. *International Journal of Human-Computer Studies, 111*, 49–61. https://doi.org/10.1016/j.ijhcs.2017.11.003

Serholt, S. & Barendregt, W. (2016). Robots tutoring children. In ACM (Hrsg.), *Proceedings of the 9th Nordic Conference on Human-Computer Interaction – NordiCHI '16* (S. 1–10). ACM Press. https://doi.org/10.1145/2971485.2971536

Shelton, C. C., Warren, A. E. & Archambault, L. M. (2016). Exploring the use of interactive digital storytelling video: Promoting student engagement and learning in a university hybrid course. *TechTrends, 60*, 465–474. https://doi.org/10.1007/s11528-016-0082-z

Sherry, J. (2004). Flow and media enjoyment. *Communication Theory, 14*(4), 328–347. https://doi.org/10.1111/j.1468-2885.2004.tb00318.x

Sherry, J. (2017). Flow theory. In P. Rössler (Hrsg.), *The international encyclopedia of media effects* (S. 621–626). Wiley Blackwell.

Simpson, C. C. & Mazzeo, S. E. (2017). Skinny is not enough: A content analysis of fitspiration on Pinterest. *Health Communication, 32*, 560–567. https://doi.org/10.1080/10410236.2016.1140273

Sindermann, C., Elhai, J. D., M., M. & Montag, C. (2020). Age, gender, personality, ideological attitudes and individual differences in a person's news spectrum: How many and who might be prone to »filter bubbles« and »echo chambers« online? *Heliyon, 6*(1), e03214. https://doi.org/10.1016/j.heliyon.2020.e03214

Singhal, A. & Rogers, E. M. (2002). A theoretical agenda for entertainment-education. *Communication Theory, 12*, 117–135. https://doi.org/10.1111/j.1468-2885.2002.tb00262.x

Sink, A. & Mastro, D. (2016). Depictions of gender on primetime television: A quantitative content analysis. *Mass Communication and Society, 20*, 3–22. https://doi.org/10.1080/15205436.2016.1212243

Six, U., Gleich, U. & Gimmler, R. (Hrsg.). (2007). *Kommunikationspsychologie und Medienpsychologie*. Beltz PVU.

Slater, M. D. & Cohen, E. L. (2017). Identification, TEBOTS, and vicarious wisdom of experience: Narrative and the self. In L. Reinecke & M. B. Oliver (Hrsg.), *The Routledge handbook of media use and well-being: International perspectives on theory and research on positive media effects* (S. 118–130). Routledge.

Slater, M. D. & Rouner, D. (2002). Entertainment education and elaboration likelihood: Understanding the processing of narrative persuasion. *Communication Theory, 12*, 173–191. https://doi.org/10.1111/j.1468-2885.2002.tb00265.x

Slater, M. D. (2007). Reinforcing spirals: The mutual influence of media selectivity and media effects and their impact on individual behavior and social identity. *Communication Theory, 17*(3), 281–303. https://doi.org/10.1111/j.1468-2885.2007.00296.x

Slater, M. D. (2015). Reinforcing spirals model: Conceptualizing the relationship between media content exposure and the development and maintenance of attitudes. *Media Psychology, 18*(3), 370–395. https://doi.org/10.1080/15213269.2014.897236

Slater, M. D., Henry, K. L., Swaim, R. C. & Anderson, L. L. (2003). Violent media content and aggressiveness in adolescents: A downward spiral model. *Communication Research, 30*, 713–736. https://doi.org/10.1177/0093650203258281

Slater, M. D., Johnson, B. K., Cohen, J., Comello, M. L. G. & Ewoldsen, D. R. (2014). Temporarily expanding the boundaries of the self: Motivations for entering the story world and implications for narrative effects. *Journal of Communication, 64*, 439–455. https://doi.org/10.1111/jcom.12100

Smith, S. L., Lachlan, K., Pieper, K. M., Boyson, A. R., Wilson, B. J., Tamborini, R. & Weber, R. (2004). Brandishing guns in American media: Two studies examining how often and in what context firearms appear on television and in popular video games. *Journal of Broadcasting & Electronic Media, 48*(4), 584–606. https://doi.org/10.1207/s15506878jobem4804_4

Smith, S., Lachlan, K. & Tamborini, R. (2003). Popular Video Games: Quantifying the Presentation of Violence and Its Context. *Journal of Broadcasting & Electronic Media, 47*(1). 58–76. https://doi.org/10.1207/s15506878jobem4701_4

Soliman, M. & Guetl, C. (2010). Intelligent pedagogical agents in immersive virtual learning environments: A review. *The 33. International Convention MIPRO*, Opatija, 827–832.

Soutter, A. R. B. & Hitchens, M. (2016). The relationship between character identification and flow state within video games. *Computers in Human Behavior, 55*, 1030–1038. https://doi.org/10.1016/j.chb.2015.11.012

Spears, R. & Lea, M. (1994). Panacea or panopticum? The hidden power in computer-mediated communication. *Communication Research, 21*(4), 427–459. https://doi.org/10.1177/009365094021004001

Spears, R. & Postmes, T. (2015). Group identity, Social influence, and collective action online. In S. S. Sundar (Hrsg.), *Handbooks in communication and media. The handbook of the psychology of communication technology* (S. 23–46). Wiley Blackwell. https://doi.org/10.1002/9781118426456.ch2

Spottswood, E. L. & Hancock, J. T. (2017). Should I share that? Prompting social norms that influence privacy behaviors on a social networking site. *Journal of Computer-Mediated Communication, 22*(2), 55–70. https://doi.org/10.1111/jcc4.12182

Stein, J.-P. & Ohler, P. (2017). Venturing into the uncanny valley of mind–The influence of mind attribution on the acceptance of human-like characters in a virtual reality setting. *Cognition, 160*, 43–50. https://doi.org/10.1016/j.cognition.2016.12.010

Stemmler, G., Hagemann, D., Amelang, M. & Spinath, F. M. (2016). *Differentielle Psychologie und Persönlichkeitsforschung* (8. Aufl.). Kohlhammer.

Stephanidis, C., Salvendy, G., Antona, M., Chen, J. Y. C., Dong, J., Duffy, V. G., Fang, X., Fidopiastis, C., Fragomeni, G., Fu, L. P., Guo, Y., Harris, D., Ioannou, A., Jeong, K., Konomi, S., Krömker, H., Kurosu, M., Lewis, J. R., Marcus, A., Meiselwitz, G., Moallem, A., Mori, H., Nah, F. F.-H., Ntoa, S., Rau, P-L. P., Schmorrow, D., Siau, K., Streitz, N., Wang, W., Yamamoto, S., Zaphiris, P, Zhou, J. (2019). Seven HCI grand challenges. *International Journal of Human–Computer Interaction, 35*(14), 1229–1269. https://doi.org/10.1080/10447318.2019.1619259

Steuer, J. (1992). Defining virtual reality: Dimensions determining telepresence. *Journal of Communication, 42*(4), 73–93. https://doi.org/10.1111/j.1460-2466.1992.tb00812.x

Stoyanova, F. & Krämer, N. C. (2020). Carrot-and-stick procedure without carrots: vicarious punishment prompts and system transparency in e-learning groups. *Proceedings of 18th International Conference e-Society* (S. 99–110). Sofia, Bulgaria.

Straßmann, C. (2019). *All eyes on the agent's appearance?!: Investigation of target-group-related social effects of a virtual agent's appearance in longitudinal human-agent interactions.* DuEPublico: Duisburg-Essen Publications online, University of Duisburg-Essen, Germany. https://doi.org/10.17185/duepublico/70205

Straßmann C., Grewe A., Kowalczyk C., Arntz A. & Eimler S.C. (2020a). Moral Robots? How Uncertainty and Presence Affect Humans' Moral Decision Making. In C. Stephanidis & M. Antona (Hrsg.), *Communications in Computer and Information Science*, 1224 (S. 488–495). Springer. https://doi.org/10.1007/978-3-030-50726-8_64

Straßmann, C. & Krämer, N. C. (2017). A categorization of virtual agent appearances and a qualitative Study on age-related user preferences. In J. Beskow, C. Peters, G. Castellano, C. O'Sullivan, I. Leite & S. Kopp (Hrsg.), *Intelligent Virtual Agents* (Bd. 10498, S. 413–422). Springer International Publishing. https://doi.org/10.1007/978-3-319-67401-8_51

Straßmann, C., Krämer, N. C., Buschmeier, H. & Kopp, S. (2020b). Age-Related Differences in the Evaluation of a Virtual Health Agent's Appearance and Embodiment in a Health-Related Interaction: Experimental Lab Study. *Journal of Medical Internet Research*, 22(4), e13726. https://doi.org/10.2196/13726

Stützer, C. M., Welker, M. & Egger, M. (Hrsg.). (2018). *Computational social science in the age of big data. Concepts, methodologies, tools, and applications.* Herbert von Halem Verlag.

Sukalla, F., Bilandzic, H., Bolls, P. D. & Busselle, R. W. (2016). Embodiment of narrative engagement. *Journal of Media Psychology*, 28(4), 175–186. https://doi.org/10.1027/1864-1105/a000153

Suls, J. & Wheeler, L. (2012). Social comparison theory. In P. A. M. Van Lange, A. W. Kruglanski & E. T. Higgins (Eds.), Sage social psychology programme. *Handbook of theories of social psychology.* (Bd. 1, 460–482). SAGE.

Sundar, S. S. (2015). *The handbook of the psychology of communication technology.* John Wiley & Sons.

Sundar, S. S. & Nass, C. (2000). Source orientation in human computer interaction: Programmer, networker, or independent social actor? *Communication Research*, 27(6), 683–703. https://doi.org/10.1177/009365000027006001

Sweller, J. (1988). Cognitive load during problem solving: Effects on learning. *Cognitive Science*, 12, 257–285. https://doi.org/10.1016/0364-0213(88)90023-7

Sweller, J., Ayres, P. & Kalyuga, S. (2011). *Cognitive load theory.* Springer.

Szycik, G. R., Mohammadi, B., Hake, M., Kneer, J., Samii, A., Munte, T. F. & Te Wildt, B. T. (2017). Excessive users of violent video games do not show emotional desensitization: An fMRI study. *Brain Imaging and Behavior*, 11, 736–743. https://doi.org/10.1007/s11682-016-9549-y

Tajfel, H. (1979). Individuals and groups in social psychology. *British Journal of Social and Clinical Psychology*, *18*, 183–190. https://doi.org/10.1111/j.2044-8260.1979.tb00324.x

Tal-Or, N. (2016). How co-viewing affects attitudes: The mediating roles of transportation and identification. *Media Psychology*, *19*, 381–405. https://doi.org/10.1080/15213269.2015.1082918

Tamborini, R. (2013). Model of intuitive morality and exemplars. In R. Tamborini (Hrsg.), *Media and the moral mind* (S. 43–74). Routledge.

Tamborini, R., Grizzard, M., Bowman, N. D., Reinecke, L., Lewis, R. J. & Eden, A. (2011). Media enjoyment as need satisfaction: The contribution of hedonic and non-hedonic needs. *Journal of Communication*, *61*, 1025–1042. https://doi.org/10.1111/j.1460-2466.2011.01593.x

Tamborini, R., Prabhu, S., Lewis, R. J., Grizzard, M. & Eden, A. (2018). The influence of media exposure on the accessibility of moral intuitions and associated affect. *Journal of Media Psychology*, *30*, 79–90. https://doi.org/10.1027/1864-1105/a000183

Tang, W. Y., Reer, F. & Quandt, T. (2020). Investigating sexual harassment in online video games: How personality and context factors are related to toxic sexual behaviors against fellow players. *Aggressive Behavior*, *46*(1), 127–135. https://doi.org/10.1002/ab.21873

Tarrant, M., North, A. C. & Hargreaves, D. J. (2001). Social categorization, self-esteem, and the estimated musical preferences of male adolescents. *The Journal of Social Psychology*, *141*(5), 565–581. https://doi.org/10.1080/00224540109600572

Thiemann, D., Hesse, F. W. & Kozlov, M. (2019). The benefits of collaboration in computer-mediated preference exchange in teams: A psychological perspective. *Computers in Human Behavior*, *97*, 24–34. https://doi.org/10.1016/j.chb.2019.02.032

Tiggemann, M. & Brown, Z. (2018). Labelling fashion magazine advertisements: Effectiveness of different label formats on social comparison and body dissatisfaction. *Body Image*, *25*, 97–102. https://doi.org/10.1016/j.bodyim.2018.02.010

Treem, J. W. & Leonardi, P. M. (2013). Social media use in organizations: Exploring the affordances of visibility, editability, persistence, and association. *Annals of the International Communication Association*, *36*(1), 143–189. https://doi.org/10.1080/23808985.2013.11679130

Treem, J. W., Leonardi, P. M. & van den Hooff, B. (2020). Computer-mediated communication in the age of communication visibility. *Journal of Computer-Mediated Communication*, *25*(1), 44–59. https://doi.org/10.1093/jcmc/zmz024

Trepte, S. (2004). Soziale Identität und Medienwahl. Eine binationale Studie zum Einfluss von Gender-Identität und nationaler Identität auf die Auswahl unterhaltender Medieninhalte. *Medien & Kommunikationswissenschaft*, *52*(2), 230–249. https://doi.org/10.5771/1615-634x-2004-2-230

Trepte, S. (2006). Social Identity Theory. In J. Bryant & P. Vorderer (Hrsg.), *Psychology of entertainment* (S. 255–271). Lawrence Erlbaum Associates.

Trepte, S. (2008). Consistency Theories. In W. Donsbach (Hrsg.), *The International Encyclopedia of Communication* (Bd. 3, S. 928–932). Blackwell.

Trepte, S. (2015). Social media, privacy, and self-disclosure: The turbulence caused by social media's affordances. *Social Media + Society*, *1*, 1–2. https://doi.org/10.1177/2056305115578681

Trepte, S. (2020). The social media privacy model: Privacy and communication in the light of social media affordances. *Communication Theory*. https://doi.org/10.1093/ct/qtz035

Trepte, S., Dienlin, T. & Reinecke, L. (2014). Influence of social support received in online and offline contexts on satisfaction with social support and satisfaction with life: A longitudinal study. *Media Psychology*, *18*(1), 74–105. https://doi.org/10.1080/15213269.2013.838904

Trepte, S. & Loy, L. (2017). Social identity theory and self-categorization theory. In P. Rössler, C. A. Hoffner & L. van Zoonen (Eds.), *The international encyclopedia of media effects* (pp. 1832–1845). John Wiley & Sons. https://doi.org/10.1002/9781118783764

Trepte, S., Loy, L., Schmitt, J. & Otto, S. (2017). Hohenheimer Inventar zum Politikwissen. Konstruktion und Rasch-Skalierung. *Diagnostica*, *63*(3), 206–218. https://doi.org/http://dx.doi.org/10.1026/0012-1924/a000180

Trepte, S., Masur, P. K. & Scharkow, M. (2018a). Mutual friends' social support and self-disclosure in face-to-face and instant messenger communication. *The Journal of Social Psychology*, *158*(4), 430–445. https://doi.org/10.1080/00224545.2017.1398707

Trepte, S. & Reinecke, L. (2013). The reciprocal effects of social network site use and the disposition for self-disclosure: A longitudinal study. *Computers in Human Behavior*, *29*(3), 1102–1112. https://doi.org/10.1016/j.chb.2012.10.002

Trepte, S., Reinecke, L. & Behr, K.-M. (2008). Qualitätserwartungen und ethischer Anspruch bei der Lektüre von Blogs und von Tageszeitungen. *Publizistik*, *53*(4), 509–534. https://doi.org/10.1007/s11616-008-0017-6

Trepte, S. & Scharkow, M. (2016). Friends and Lifesavers: How social capital and social support received in media environments contribute to well-being. In L. Reinecke & M. B. Oliver (Eds.), *The Routledge handbook of media use and wellbeing* (pp. 304–316). Routledge.

Trepte, S., Scharkow, M. & Dienlin, T. (2020). The privacy calculus contextualized: The influence of affordances. *Computers in Human Behavior*, *104*, 106–115. https://doi.org/10.1016/j.chb.2019.08.022

Trepte, S. & Schmitt, J. B. (2017). The effects of age on the interplay between news exposure, political discussion, and political knowledge. *Journal of Individual Differences*, *38*(1), 21–28. https://doi.org/10.1027/1614-0001/a000218

Trepte, S., Schmitt, J. B. & Dienlin, T. (2018b). Good news! How reading valenced news articles influences positive distinctiveness and learning from news. *Journal of Media Psychology*, *30*(2), 66–78. https://doi.org/10.1027/1864-1105/a000182

Trepte, S. & Wirth, W. (2004). Externe versus interne Validität in kommunikationswissenschaftlichen Experimenten. In W. Wirth, E. Lauf & A. Fahr (Hrsg.), *Forschungslogik und -design in der empirischen Kommunikationswissenschaft. Bd. 1: Einführung, Problematisierungen und Aspekte der Methodenlogik aus kommunikationswissenschaftlicher Perspektive* (S. 60–87). Herbert von Halem Verlag.

Tsang, S. J. (2019). Cognitive discrepancy, dissonance, and selective exposure. *Media Psychology*, 22(3), 394–417. https://doi.org/10.1080/15213269.2017.1282873

Tukachinsky, R. & O'Connor, C. (2017). Involvement with media content. In P. Rössler (Hrsg.), *The international encyclopedia of media effects* (pp. 814–827). Wiley Blackwell.

Turner, B. O., Huskey, R. & Weber, R. (2019). Charting a Future for fMRI in Communication Science. *Communication Methods and Measures*, 13(1), 1–18. https://doi.org/10.1080/19312458.2018.1520823

Turner, J. C. (1984). Social identification and psychological group formation. In C. Fraser, H. Tajfel & J. M. F. Jaspars (Hrsg.), *The social dimension: European developments in social psychology* (Bd. 2, S. 518–538). Cambridge University Press. https://doi.org/10.1017/CBO9780511759154.008

Turner, J. C., Brown, D. & Tajfel, H. (1979). Social comparison and group interest in ingroup favouritism. *European Journal of Social Psychology*, 9, 187–204. https://doi.org/10.1002/ejsp.2420090207

Utz, S. (2016). Is LinkedIn making you more successful? The informational benefits derived from public social media. *New Media & Society*, 18, 2685–2702. https://dx.doi.org/10.1177/1461444815604143

Utz, S. & Breuer, J. (2016). Informational benefits from social media use for professional purposes: Results from a longitudinal study. *Cyberpsychology: Journal of Psychosocial Research on Cyberspace*, 10(4), Artikel 1. https://doi.org/10.5817/CP2016-4-3

Utz, S. & Levordashka, A. (2017). Knowledge networks in social media. In S. Schwan & U. Cress (Hrsg.), The psychology of digital learning (S. 171–186). Springer.

Vahedi, Z., Sibalis, A. & Sutherland, J. E. (2018). Are media literacy interventions effective at changing attitudes and intentions towards risky health behaviors in adolescents? A meta-analytic review. *Journal of Adolescence*, 67, 140–152. https://doi.org/10.1016/j.adolescence.2018.06.007

Valkenburg, P. M. (2015). The limited informativeness of meta-analyses of media effects. *Perspectives on Psychological Science*, 10, 680–682. https://doi.org/10.1177/1745691615592237

Valkenburg, P. M. & Peter, J. (2013). The differential susceptibility to media effects model. *Journal of Communication*, 63, 221–243. https://doi.org/10.1111/jcom.12024

Valkenburg, P. M., Peter, J. & Walther, J. B. (2016). Media effects: Theory and research. *Annual Review of Psychology*, 67, 315–338. https://doi.org/10.1146/annurev-psych-122414-033608

Van Duyn, E. & Collier, J. (2019). Priming and fake news: The effects of elite discourse on evaluations of news media. *Mass Communication and Society*, 22, 29–48. https://doi.org/10.1080/15205436.2018.1511807

Van Lange, P. A. M., Kruglanski, A. W. & Higgins, E. T. (2012). *Handbook of theories of social psychology* (Bd. 1.). Sage.

Vansteenkiste, M., Ryan, R. M. & Soenens, B. (2020). Basic psychological need theory: Advancements, critical themes, and future directions. *Motivation and Emotion*, 44, 1–31. https://doi.org/10.1007/s11031-019-09818-1

Verduyn, P., Ybarra, O., Résibois, M., Jonides, J. & Kross, E. (2017). Do social network sites enhance or underminde subjective well-being? A critical review. *Social Issues and Policy Review*, 11, 274–302. https://doi.org/10.1111/sipr.12033

Vitak, J. (2012). The impact of context collapse and privacy on social network site disclosures. *Journal of Broadcasting & Electronic Media*, 56(4), 451–470. https://doi.org/10.1080/08838151.2012.732140

Vitouch, P. (1980). *Physiologische und psychologische Aspekte des Fernsehens. Physiologische und psychologische Aspekte des Fernsehens.* ORF-Berichte zur Medienforschung. Forschungsarbeit »25 Jahre Fernsehen«, Band 26. ORF.

Vogel, I. (2007). *Das Sad-Film Paradoxon. Ein theoretischer und empirischer Beitrag zum Anreiz trauriger Filme.* Shaker Verlag.

Vorderer, P. (2011). What's next? Remarks on the current vitalization of entertainment theory. *Journal of Media Psychology*, 22(1), 60–63.

Vorderer, P. & Hartmann, T. (2009). Entertainment and enjoyment as media effects. In J. Bryant & M. B. Oliver (Hrsg.), *Media effects: Advances in theory and research* (3. Aufl., S. 532–550). Routledge.

Vorderer, P. & Klimmt, C. (Hrsg.). (2021). *The Oxford handbook of entertainment theory.* Oxford University Press.

Vorderer, P. & Reinecke, L. (2012). Zwei-Prozess-Modelle des Unterhaltungserlebens: Unterhaltung im Schnittbereich hedonischer und non-hedonischer Bedürfnisbefriedigung. In L. Reinecke & S. Trepte (Hrsg.), *Unterhaltung in neuen Medien. Perspektiven zur Rezeption und Wirkung von Online-Medien und interaktiven Unterhaltungsformaten* (S. 12–29). Herbert von Halem Verlag.

Vorderer, P. & Reinecke, L. (2015). From mood to meaning: The changing model of the user in entertainment research. *Communication Theory*, 25, 447–453. https://doi.org/10.1111/comt.12082

Vorderer, P. & Trepte, S. (2000). Medienpsychologie. In J. Straub, A. Koschinka & H. Werbik (Hrsg.), *Psychologie in der Praxis. Anwendungs- und Berufsfelder einer modernen Wissenschaft* (S. 705–736). dtv.

Voss, R. (2018). *Wissenschaftliches Arbeiten ... leicht verständlich* (6. Aufl.). UTB Schlüsselkompetenzen. UVK Verlag; UTB.

Vossen, H. G. M., Piotrowski, J. T. & Valkenburg, P. M. (2016). The longitudinal relationship between media violence and empathy: Was it sympathy all along? *Media Psychology*, 20, 175–193. https://doi.org/10.1080/15213269.2015.1121825

Walther, J. B. (1992). Interpersonal effects in computer-mediated interaction: A relational perspective. *Communication Research, 19*(1), 52–90. https://doi.org/10.1177/009365092019001003

Walther, J. B. (1996). Computer-mediated communication: Impersonal, interpersonal, and hyperpersonal interaction. *Communication Research, 23*(1), 3–43. https://doi.org/10.1177/009365096023001001

Walther, J. B. (2007). Selective self-presentation in computer-mediated communication: Hyperpersonal dimensions of technology, language, and cognition. *Computers in Human Behavior, 23*(5), 2538–2557. https://doi.org/10.1016/j.chb.2006.05.002

Walther, J. B. (2011). Theories of computer-mediated communication and interpersonal relations. In M. L. Knapp & J. A. Daly (Hrsg.), *The SAGE handbook of interpersonal communication* (4. Aufl., S. 443–479). Thousand Oaks, CA SAGE.

Walther, J. B., Liang, Y. J., DeAndrea, D. C., Tong, S. T., Carr, C. T., Spottswood, E. L. & Amichai-Hamburger, Y. (2011). The effect of feedback on identity shift in computer-mediated communication. *Media Psychology, 14*(1), 1–26. https://doi.org/10.1080/15213269.2010.547832

Walther, J. B., van der Heide, B., Ramirez Jr., A., Burgoon, J. K. & Peña, J. (2015). Interpersonal and hyperpersonal dimensions of computer-mediated communication 3. In S. S. Sundar (Hrsg.), *Handbooks in communication and media. The handbook of the psychology of communication technology*. Wiley Blackwell.

Wang, H. & Singhal, A. (2016). East Los High: Transmedia edutainment to promote the sexual and reproductive health of young latina/o Americans. *American Journal of Public Health, 106*, 1002–1010. https://doi.org/10.2105/AJPH.2016.303072

Weber, R., Fisher, J. T., Hopp, F. R. & Lonergan, C. (2018). Taking messages into the magnet: Method–theory synergy in communication neuroscience. *Communication Monographs, 85*(1), 81–102. https://doi.org/10.1080/03637751.2017.1395059

Weber, R., Huskey, R. & Craighead, B. (2017). Flow experiences and well-being. In L. Reinecke & M. B. Oliver (Hrsg.), *The Routledge handbook of media use and well-being: International perspectives on theory and research on positive media effects* (S. 183-196). Routledge.

Westin, A. F. (1967). *Privacy and freedom*. Atheneum Press.

Whitfield, T. H. F., Rendina, H. J., Grov, C. & Parsons, J. T. (2018). Sexually explicit media and condomless anal sex among gay and bisexual men. *AIDS and Behavior, 22*, 681–689. https://doi.org/10.1007/s10461-017-1952-x

Winter, S., Neubaum, G., Eimler, S. C., Gordon, V., Theil, J., Hermann, J., Meinert, J. & Krämer, N. C. (2014). Another brick in the Facebook wall. *Computers in Human Behavior, 34*, 194–202. https://doi.org/10.1016/j.chb.2014.01.048

Winterhoff-Spurk, P. (1989). Medienpsychologie: Themen, Befunde und Perspektiven eines expandierenden Forschungsfeldes. *Psychologische Rundschau, 40*, 18–31.

Winterhoff-Spurk, P. (1998). Psychologie und Medienpsychologie – Perspektiven einer langen Freundschaft? *Medienpsychologie, 4*, 231–240.
Wirth, W. (2012). Präsenzerleben und Involvement in Neuen Medien. In L. Reinecke & S. Trepte (Hrsg.), *Unterhaltung in neuen Medien. Perspektiven zur Rezeption und Wirkung von Online-Medien und interaktiven Unterhaltungsformaten* (S. 100–121). Herbert von Halem Verlag.
Wirth, W., Hartmann, T., Böcking, S., Vorderer, P., Klimmt, C., Schramm, H., Saari, T., Laarni, J., Ravaja, N., Gouveia, F. R., Biocca, F., Sacau, A., Jäncke, L., Baumgartner, T. & Jäncke, P. (2007). A process model of the formation of spatial presence experiences. *Media Psychology, 9*(3), 493–525. https://doi.org/10.1080/15213260701283079
Wirth, W., Hofer, M. & Schramm, H. (2012). The role of emotional involvement and trait absorption in the formation of spatial presence. *Media Psychology, 15*, 19–43. https://doi.org/10.1080/15213269.2011.648536
Wolf, C. (2019). Machen soziale Medien depressiv? *Die Welt*, 20.3.2019, S. 22.
Wood, J. V. (1996). What is social comparison and how should we study it? *Personality and Social Psychology Bulletin, 22*, 520–537. https://doi.org/10.1177/0146167296225009
Wortman, C. B. & Dunkel-Schetter, C. (1987). Conceptual and methodological issues in the study of social support. In A. Baum & J. E. Singer (Hrsg.), *Handbook of psychology and health* (5. Aufl.). Lawrence Erlbaum Associates.
Xu, Q. (2017). Dual process models of persuasion. In P. Rössler (Hrsg.), *The international encyclopedia of media effects* (S. 418–430). Wiley Blackwell.
Xue, S. & Churchill, D. (2019). A review of empirical studies of affordances and development of a framework for educational adoption of mobile social media. *Educational Technology Research and Development, 67*(5), 1231–1257. https://doi.org/10.1007/s11423-019-09679-y
Yee, N., Bailenson, J. N. & Rickertsen, K. (2007). A meta-analysis of the impact of the inclusion and realism of human-like faces on user experiences in interfaces. In M. B. Rosson (Hrsg.), *Proceedings of the SIGCHI Conference on Human Factors in Computing Systems* (S. 1–10). ACM. https://doi.org/10.1145/1240624.1240626
Yoon, S., Kleinman, M., Mertz, J. & Brannick, M. (2019). Is social network site usage related to depression? A meta-analysis of Facebook-depression relations. *Journal of Affective Disorders, 248*, 65–72. https://doi.org/10.1016/j.jad.2019.01.026
Youyou, W., Kosinski, M. & Stillwell, D. (2015). Computer-based personality judgments are more accurate than those made by humans. *Proceedings of the National Academy of Sciences, 112*(4), 1036–1040. https://doi.org/10.1073/pnas.1418680112
Ziegele, M. & Reinecke, L. (2017). No place for negative emotions? The effects of message valence, communication channel, and social distance on users' willingness to respond to SNS status updates. *Computers in Human Behavior, 75*, 704–713. https://doi.org/10.1016/j.chb.2017.06.016

Zillmann, D. & Bryant, J. (1985). Affect, mood, and emotion as determinants of selective exposure. In D. Zillmann & J. Bryant (Hrsg.), *Selective exposure to communication* (S. 157–189). Routledge.

Zillmann, D. (1983). Transfer of excitation in emotional behavior. In J. T. Cacioppo & R. E. Petty (Hrsg.), *Social psychophysiology: A sourcebook* (S. 215–240). Guilford Press.

Zillmann, D. (1988a). Mood management through communication choices. *American Behavioral Scientist, 31*(3), 327–340. https://doi.org/10.1177/00027648803 1003005

Zillmann, D. (1988b). Mood Management: Using entertainment to full advantage. In L. Donohew, H. E. Sypher & E. T. Higgins (Hrsg.), *Communication, social cognition, and affect* (S. 147–171). Erlbaum.

Zillmann, D. (1989). Effects of prolonged consumption of pornography. In D. Zillmann & J. Bryant (Hrsg.), *Pornography: Research advances and policy considerations* (S. 127–157). Lawrence Erlbaum Associates.

Zillmann, D. (1996). The psychology of suspense in dramatic exposition. In P. Vorderer, H. J. Wulff & M. Friedrichsen (Hrsg.), *Suspense: Conceptualizations, theoretical analyses and empirical explorations* (S. 199–231). Lawrence Erlbaum Associates.

Zillmann, D. (2000). Mood management in the context of selective exposure theory. In M. E. Roloff (Hrsg.), *Communication Yearbook 23* (S. 123–145). SAGE.

Zillmann, D. (2004). Emotionspsychologische Grundlagen. In R. Mangold, P. Vorderer & G. Bente (Hrsg.), *Lehrbuch Medienpsychologie* (S. 101–128). Hogrefe.

Zillmann, D. (2006a). Dramaturgy for emotions from fictional narration. In J. Bryant & P. Vorderer (Hrsg.), *Psychology of entertainment* (S. 215–238). Lawrence Erlbaum Associates.

Zillmann, D. (2006b). Empathy: Affective reactivity to others' emotional experiences. In J. Bryant & P. Vorderer (Hrsg.), *Psychology of entertainment* (S. 151–181). Lawrence Erlbaum Associates.

Zimmer, M. & Kinder-Kurlanda, K. (Hrsg.). (2017). *Internet research ethics for the social age: New challenges, cases, and contexts.* Peter Lang.

Stichwortverzeichnis

A

Affekt 38
Affektive Dispositionen 100, 106, 109 f.
Agenten 203
Aktiviertheit 38
Aktivierungsschwelle 124
Anthropomorphismus 106
Antihelden 98
Appreciation 84, 103
Avatar 231

B

Befragung 33
– Längsschnitt- 34
– mündliche 34
– schriftliche 34
Big Five 58

C

CAM-Paradigma 209
CAS-Paradigma 209
Chronische Verfügbarkeit 124
Codalität 232
Cognitive Load 91
Cognitive Load Theory 231
– Extraneous Cognitive Load 231
– Germane Cognitive Load 231
– Intrinsic Cognitive Load 231
Cognitive Theory of Multimedia Learning 233 f.
Confirmation Bias 67
Counter Arguing 146
Cues-filtered-out-Ansatz 168

D

Design
– between-subjects 30
– within-subjects 31
Differential Susceptibility to Media Effects Model 158
Dissonanz 66
– -theorie 64
Dunkle Triade 61
Dysphorie 97, 101

E

Einstellungen 141
Elaboration-Likelihood-Model 113, 148
– periphere Route der Informationsverarbeitung 142
– zentrale Route der Informationsverarbeitung 142
Elektroenzephalografie 41
Elektrokardiografie 39
Elektromyografie 40
Emotion 76
Emotionale Desensibilisierung 154
Empathie 96, 106

Enjoyment 103
Entertainment Education 132
Erregung 92, 100 f., 154
Euphorie 97, 101
Excitation Transfer 100–102
Experiment
- Labor- 28
- Selektions- 29
- Wirkungs- 30
Ex-Post Rationalisierung 67
Extended Elaboration Likelihood Model 146
Externe Repräsentationen 231
Extraversion 58
Eye-Tracking 43

F

Face-to-Face-Kommunikation 14
feindseliger Attributionsstil 150
Flow 104, 118

G

Gedächtnis
- Arbeitsgedächtnis 89, 233
- assoziatives Gedächtnisnetzwerk 124
- Langzeitgedächtnis 90
Gewalthaltige Medien 124, 155
Gewissenhaftigkeit 58
Grand Theory 74

H

Hyperpersonal Model 174

I

Identifikation 109 f., 113
Individualkommunikation 14
Information Utility 81
Inhaltsanalyse 50
Interaktivität 115

Interview
- halb-strukturiertes 47
Involvement 114, 116, 118

K

Kommunikation
- Face-to-Face- 14
- Individual- 14
- Massen- 14
- medienvermittelte 15
Körperselbstbild 130

L

Lack of social context cues-Ansatz 168
Lernmedien 237
Limited Capacity Model 93, 232

M

Magnetresonanztomografie 42
Massenkommunikation 14
Massenmedien 14
Medien
- -rezeption 15
- -selektion 15
- -wirkung 15
Medienkompetenz 240
Medienpsychologie 15
Mentale Repräsentation 89, 233
Mentales Modell 116
Modalität 232
Model of Intuitive Morality and Exemplars (MIME) 100
Mood-Management-Theorie 78
Multimedia 230

N

Narrationen oder narrative Medieninhalte 145
Need for cognition 142

Neurotizismus 58

O

Obtrusivität 106
Offenheit für Erfahrungen 58, 60
Orientierungsreaktion 91

P

Parasoziale Beziehungen 109
Parasoziale Interaktionen 104, 107, 109 f., 114
Persistenz 106
Persona 105
Persuasion 113, 148
Presence (Präsenzerleben) 104, 114, 118
Priming 151
Publication Bias 156

S

Sad-Film-Paradoxon 80
Selbstkategorisierung 70
Selbstkonzept 69
Selbstwertgefühl 69
Selbstwirksamkeitserwartung 131 f.
Selective Accessibility Model 136
Self-Determination Theory 83
Social Capital
– Bonding 193
– Bridging 193
Soziale Distinktheit 71
Soziale Identität 69

Sozialer Vergleich 134
Soziales Lernen (Modelllernen) 128 f., 133, 150
Sozial-kognitive Theorie 133
Spannungserleben 98, 100 f.
Spoiler 102
Stereotype 125
Stimmungen 76

T

Temporary Expansion of the Boundaries of the Self 112
Theorie sozialer Kategorisierung 75
Think-aloud-Technik 47
Transportation-Imagery Model 146

U

Unterhaltungserleben 98, 103 f.

V

Validität
– Externe 32
– Interne 32
Variable
– unabhängige 28
Verträglichkeit 58
Vignetten 31
Vividness 115 f.

W

Werbewirkung 143